纪念荀慧生诞辰 115周年文集

北京戏曲艺术职业学院 编

学苑出版社

《纪念荀慧生诞辰115周年文集》编委会

编委会主任：刘　侗

编委会副主任：黄珊珊

主　编：王晓燕　丁　琳

编　委：许　翠　王凌雨　封　杰

摄　影：吴赣生　陈　明　王文博

一、荀慧生剧照

荀慧生《辛安驿》剧照

荀慧生《杜十娘》剧照

"三拉团圆" 荀慧生饰李桂枝

荀慧生饰平儿

荀慧生饰韩玉姐

荀慧生饰晴雯

二、纪念荀慧生诞辰 115 周年暨荀派艺术研讨会留影

研讨会合影

北京戏曲艺术职业学院名誉院长孙毓敏发言

中国艺术研究院戏曲研究所所长王馗发言

河北省艺术研究所所长周大明发言

中国戏曲学院京剧研究所副所长张关正发言

北京戏曲艺术职业学院院长刘侗总结发言

北京戏曲艺术职业学院副院长黄珊珊主持

北京戏曲艺术职业学院副院长许翠发言

三、编创剧目《玉堂春》剧照

（许翠饰苏三，曾宝玉饰王金龙）

剧照（一）

剧照（二）

剧照（三）

剧照（四）

剧照（五）

剧照（六）

剧照（七）

序

孙毓敏

为纪念著名京剧表演艺术家荀慧生先生诞辰115周年，促进荀派艺术的传承和发展，深入研究总结荀慧生在表演艺术及理论等方面的成就和经验，推进荀派艺术理论和学术研究工作，推动荀派艺术理论体系的构建，同时促进学院进一步提升京剧表演教育教学水平和人才培养质量，北京戏曲艺术职业学院（北京市艺术研究所）于2015年11月举办了"纪念荀慧生诞辰115周年暨荀派艺术研讨会"。北京戏曲艺术职业学院（北京市艺术研究所）将京剧表演艺术家、专家学者对荀慧生先生的表演艺术及表演艺术理论的研究文章，及采访实录集结成册，出版《纪念荀慧生诞辰115周年文集》。

荀慧生先生是京剧"四大名旦"之一，是中国京剧艺术发展史上具有重要影响的一代宗师。在60年的艺术生涯中，他塑造了一系列生动传神的艺术形象，深受广大观众所喜爱。荀慧生大师戏路宽广，演出剧目十分丰富。荀派艺术感情色彩浓郁，极富青春气息，传播面极广，以至20世纪30年代以来，戏剧界一直流行着"十旦九荀"之说。他一生创排新戏90余出，仅与剧作家陈墨香先生合作创编和改变就有45出，新剧目数量最多，在旦角四大流派中居首位。他一生收徒61人，人数众多，为传承中华文化、振兴京剧做出了杰出的贡献。纪念荀慧生，不仅为了传承荀派剧目，更是传承大师的创新精神，为发展流派探索新的道路。

荀慧生先生不仅有丰富的舞台经验，对于戏曲理论研究工作也有非常突出的贡献。他结合自己演出的丰富经验，深入浅出地探讨了关于戏曲表演、传承、发展等学术问题，曾发表论文《演人别演"行"》《虚拟与真实》《谈演员眼睛的运用及其他》《青年演员的培养问题》等，结集出版《荀慧生演剧散论》，该书具有特殊的美学价值和教学价值。同时，在北京市戏曲研究所（北京市艺术研究所前身）任所长期间，主持编辑了《京剧汇编》，筹备了《京剧剧目辞典》编纂工作，在推动戏曲理论研究方面亦做出了自己的贡献。

呈献在诸位读者面前的这本文集，不但为纪念荀慧生先生诞辰115周年而作，而且在京剧教学和人才培养方面具有特殊的意义。北京戏曲艺术职业学院坚持"规范教学、专家指导、突出实践、注重创新、服务社会、传承发展"的特色教学模式，通过学生严谨规范的学习继承，传承创新，使之薪火相传，绵延不断。此书的出版对中央号召的"精准传承"有一定的参考价值。

2017 年 11 月 22 日

目 录

编创剧目《玉堂春》/1

我演《玉堂春》，演"人"不演"行"……许翠 /3

艺宗荀派艺术，探索个性风格
——对苏三扮演者许翠的访谈……薛晓金 /9

戏要三分生，时时勤打磨
——对王金龙扮演者曾宝玉的访谈……薛晓金 /15

论文 /19

荀学理论 /21

"荀学"构建初探……孙毓敏 /23

向荀慧生先生及其流派艺术致敬……王馗 /31

荀派艺术魅力探微……于文青 /37

由戏剧性看荀派艺术之魅力……史晓丽 /43

浅谈荀派悲剧……吴熔秀 /51

"荀"美……傅彬 /61

荀慧生早年艺术探微……孙大乐 /67

与众不同的荀派艺术……孙毓敏 /75

荀派表演 /79

从《霍小玉》看"荀派"表演……张正芳 傅彬 /81
我对荀派表演的感悟……许翠 /91
从京剧《金玉奴》谈荀派的表演特色……李淑坤 /95
浅谈京剧《痴梦》的学、演、教……方开柳 /103

剧目特色 /113

《红娘》和《晴雯》剧本改编简评……周锡山 /115
尝鲜·品味·看大戏
——从《勘玉钏》中看到的……齐会英 /127
从《编剧琐谈》看荀慧生戏曲剧本创编法则……翟璐 /139
论荀慧生演剧思想及其对京剧现状的启示……刘新阳 /149
荀慧生移植梆子剧目的启示……刘威利 /163
深刻同情，由衷敬意
——从改编《霍小玉》谈荀派编剧思想的继承和发展……杨平 /171

艺术传承 /177

荀派艺术呼唤新一代的领军人物……陈培仲 /179
粉墨丹青任岫云……王越 陈卓 /185

研讨会实录 /195

纪念荀慧生诞辰115周年暨荀派艺术研讨会（一）/197
纪念荀慧生诞辰115周年暨荀派艺术研讨会（二）/219

编创剧目
《玉堂春》

我演《玉堂春》，演"人"不演"行"

许 翠

2015年，为纪念京剧大师荀慧生先生诞辰115周年，我复排了全本《玉堂春》，于2015年11月6日在北京长安大戏院演出，由中央电视台《空中剧院》录制，并于12月5日播出。此次演出获得了各方面广泛的关注和赞誉。最令我感动的是观众朋友们，不论是在北戏排演场，还是在长安大戏院，两场演出都盛况空前，座无虚席，长达三个多小时的演出中无人退场。不仅如此，还不断地报以热烈的掌声。虽然当天北京下起了冬天的第一场雪，但剧场内气氛热烈。有的观众因为没有买到票，表示非常遗憾；有的观众因为散戏较晚，打不到车只能步行回家……对于观众朋友们的这种厚爱，我们必须用最好的艺术予以回报。

我此次复排全本《玉堂春》，一是因为该剧是由荀慧生大师在1926年增益首尾，使故事更加完整具有很强的可看性；二是这出戏也是荀大师很受观众欢迎的代表剧目，是他每到一处，打炮、临别时必演之戏。我师父孙毓敏老师演《玉堂春》也是如此。此外我想向大家传达两层意义：其一，荀派不是"花旦"行当的代名词；其二，演戏要"情通理顺"，其最终目的是演"人"不演"行"。

怎样才能做到演戏"情通理顺"，演人不演"行"呢？荀大师说："所谓'情通理顺',不仅在于戏情戏理的通顺,而且要求角色形象、思想感情的真实合理。"根据这一理念,我对角色进行了分析。角色形象方面,苏三年方二八,是十六岁青春少女;再说思想感情、人物背景方面,苏三误落风尘却有从一而终、立志从良的心愿。

我是这样去理解和体现苏三这个角色形象和思想感情的:扮相要俊秀甜美,服装要靓丽明快,思想感情应表现出清纯倔强、外柔内刚、忠贞守节、不媚世俗。比如说,由于苏三生活在妓院这样的环境里,她的内心是苦闷、忧郁的,所以当鸨儿召唤苏三时,苏三的第一次上场身段是慢步迟缓的,表情是闷闷不乐的,眼神是忧郁无神的。而不能采用花旦轻松欢快的上场方式,这与角色的思想情感不符合。苏三是强颜欢笑假意应酬去接待客人,因此我用迟缓无奈的形体动作来表现苏三的思想情绪,使角色合情合理,更加准确。再比如,当苏三第一眼看到王金龙时的惊喜,我采用了陡然间眼神放光的表演方法,表情喜悦,吸气凝神,在演唱"好一个风度翩翩俊俏的书生"唱腔时,先是害羞、低声,后是激动,声音激昂、明快、清脆、俏皮,从而准确地表现出苏三的内心情感,同时获得了观众的热烈掌声。这种表演手段正是荀大师强调的"以情带声","重在唱情"。在唱到"小字苏三我叫郑丽春"时,"小字苏三"先用清唱不用音乐的形式,然后"我叫郑丽春"起音乐,演唱感觉像是说话,这种"唱腔语气化"的表演方式不仅符合苏三的情感,也正是荀派的特色与风格。

荀大师向来主张"改革和创新唱腔,也必须根据表演者个人的具体条件进行考虑"。他说:"比如,同是一出《玉堂春》,我和梅、程、尚三位就各有不同的唱法,不同的腔调。老前辈有老前辈的唱法,后起的青年又有他们的唱法,这不能简单地说谁对谁不对。因为各人有各人的嗓音条件、体形和表演特点,对与不对的标准,在于是否真正结合剧情和人物感情。结合了,不论哪种唱法,哪种腔调都对,都会被观众接受,流传后世。否则就不会被观众承认,遭到淘汰,这是必然的。"我们要继承和发扬荀大师的这种艺术观。

我师父孙毓敏老师就是在这一理论指导下,对《玉堂春》这出戏进行了修改和整理。其中包括唱词、唱腔、念白、表情、动作等几个方面。比如,唱词方面,把原来的"崇老伯呼唤我所为哪般"改为"问老伯呼唤我所为哪般"。虽是一字之差,显然用"问"字更有道理。因为苏三和崇公道初次见面,不知道对方姓什么。唱腔方面,把"冤枉能辩"、"负义儿男"这两句尾腔改成了荀派的味道,使其情绪更合理。念白方面,"起解"、"会审"里的不少韵白,一般念法较慢,强调其韵味,考虑到现代观众的审美需求,结合苏三的年龄,用荀派注重语意和语气的念法,不去过分强调韵味,比较接近口语,叫人容易听清楚、听明白。动作方面,把"起解"中重复的走"八字"路线改成扶着崇公道走泥坑、过小桥等虚拟动作,既表现了二人的父女之情,也体现了长途跋涉之艰难。师父以上等处的修改,使这出戏更加贴近人物符合剧情,我都继承了下来。

此次复排全本《玉堂春》,我认为首先要把故事演全,增加首尾也是荀派的特色和风格。孙老师演出的是从"起解"到"团圆"。我必须重新整理自己的演出版本,认真分析、体会角色,利用艺术技巧,把角色尽可能恰当地、细腻地表现出来,做到形神兼备。

首先我考虑到的是舞台的整体呈现,舞美、灯光、服装、化妆、角色的搭配等都要根据剧本的要求认真研究,虽然是老戏,我们却不能照搬老套。这出戏还有很多空间可以加工提高,前面的"游院",剧本原来的时间太长,要整理压缩。还有舞美原来是一桌两椅的老戏形式,大白光,没有场景环境,非常单调,已经不适合当代人的审美需求。我把后天幕、二幕以及每一场的场景环境和情景,都请舞美设计和灯光设计重新设计,使全剧舞美灯光融入剧情,让全剧面目一新,获得了观众的认可。

艺术离不开生活,一个演员的生活阅历、文化修养,决定了他(她)演绎人物的能力。《玉堂春》这出戏是京剧经典剧目。"起解"、"会审"因为唱工繁重,演员大多只重视演唱而忽略表演,更谈不到准确把握人物了。这样就使这出戏给观众的印象是很温，单调。加上舞美简单，老戏老演，只能听，不好看，记得我小时候也不喜欢看这出戏。要想改变观众的印象，我认为应该从表演上把握人物的思想感情，苏三这个角色多么有戏呀，戏不好看是因为演员不动情，只靠"死唱"当然感染不了观众。我认为演不好这出戏，还有一个误区，就是一味用行当的程式去表现人物。有人认为苏三前后是花旦，中间是青衣。这样人物能有贯穿的完整性吗？我觉得应该打破行当的局限，一切表演技巧都应符合角色的形象和思想情感，博采众长，借鉴一切表演手段，"情通理顺"地去准确塑造出一个活生生的、能打动观众的苏三形象。

在唱腔方面我注重唱"情"，比如，唱【南梆子】"梦魂萦绕闷闷悠悠"这句时，按照惯例【南梆子】第二句都是高腔上扬，利于观众叫好。但在此处唱词和人物的情感都不适合这样处理，不能单纯为叫好而唱。我采用的是低回委婉的声腔演唱方式，表现苏三与王金龙分手后的思念与忧伤。在表演方面我注重用情。比如，在"会审"中，每当苏三提到王金龙时，我都是用饱含深情的眼神去表达苏三对王金龙的爱，尤其是唱到"与三郎山盟海誓叙一叙衷情"时，情绪达到高潮，强烈的感染力获得观众热烈的喝彩，从而使演员与观众融为一体，达到用一个鲜活的人物形象，感染和打动观众的效果。最使我欣慰的是，很多第一次看京剧的观众都喜欢看这出戏，他们说："第一次看荀派《玉堂春》，原来苏三可以如此靓丽清爽，活泼娇媚。第一次看全本《玉堂春》，看到了一个俊秀柔美、善良多情、忠贞守节、追求真爱的苏三。"观众反馈的是喜爱我演的这个苏三形象，而不仅仅是唱得好。学生们也非常喜欢这出戏，迫切表示很想学。

我和师父都是本着"情通理顺"四个字的标准来分析和重新认识这出传统老戏。不管其技巧和唱腔属于哪一派、哪个行当，只要有道理、可用，观众欢迎，我们就用进去，努力做到"情通理顺"，演"人"不演"行"。实践证明，此次的演出通过孙老师和我认真研究，不断提高，是获得观众们欢迎的。荀令香老师曾说:"只是为继承而继承,路只会越走越窄,越继承越陈旧。"

"师父领进门,修行在个人。"师父把你领进一个什么样的门,这很重要。感谢我的师父孙老师,把我领进了一个正确的艺术之门,使我终身受益。

荀大师说:"今天,虽然观众给了我一个'荀派'之名,实际上不过是我博采众家之长然后加上自己的变化而已,我也希望我的学生学会我这一手,能再予以突破和发展,也只有这样,才能使这一流派注入新的血液,保持青春。"我们应该牢记这段话,虔诚地遵循这一艺术理念,使荀派艺术正确地传承和发展。

艺宗荀派艺术，探索个性风格
——对苏三扮演者许翠的访谈

薛晓金

薛晓金：为纪念荀慧生大师诞辰115周年，北京戏曲艺术职业学院排演了全本《玉堂春》，在长安大戏院的演出大获成功，中央电视台《空中剧院》播出后，反响热烈。你作为演出的策划人，为什么选取了这出大戏？

许翠：首先因为全本《玉堂春》是荀慧生先生首演的。一般《玉堂春》只演"起解"、"会审"。荀慧生有六大传统戏都是增益首尾演成全本，1926年荀先生从"嫖院"到"团圆"演出了全本《玉堂春》。其次，我20世纪90年代在北京风雷京剧团时经常领衔演出全本《玉堂春》。那个演出的版本是风雷京剧团著名表演艺术家吴纪敏老师的演出本，听说她的演出效果很好，后来我主演的全本《玉堂春》也很受北京观众欢迎。《玉堂春》是旦行的应工戏，旧时一个演员搭班或一个班社到外地演出的头三天，特别是第一天要演出拿手好戏，展示这个演员或班社的实力，叫作"打炮戏"。《玉堂春》就常被作为打炮戏，"四大名旦"都演过，我的老师孙毓敏称它是"旦角的《挑滑车》"，最能展示旦角的功力。当然，最重要的原因是我对《玉堂春》的感情。记得我刚调到中国京剧院不久，有一次救场在人民剧场演出《玉堂春》中的"会审"，原因是前一天主演突然嗓子出了问题，不能演出。京剧院院长吴江紧急寻找顶替人选，无奈时间紧，戏份重，无人愿意接替。吴院长只得找到我，让我无论如何也救一下场。我虽然在京剧院已主演了几出戏，但毕竟这次是临时救场，之前一次也没排过，上来就演，当时大家都悬着心。没想到演出效果出奇地好，观众掌声热烈，从此也使许多同行对我刮目相看。所以这次纪念演出，我首先想到的就是《玉堂春》。

薛晓金：请你谈一下全本《玉堂春》的主创人员。

许翠：这次排演《玉堂春》基本是学院的老师、学生。剧本是现成的，我根据演出时长进行了删减、调整，所以排练乃至舞台整体设计都是我负责，没有另外聘请导演。

薛晓金：集策划、制作、改编、导演、主演于一身。

许翠：可以这么说。我除了演戏之外的本事都是在学校练出来的，学生实习演出、教学实践往往因为经费紧张，咱们的老师需要身兼数职。此次演出的主创队伍基本是由学院京剧表演、京剧音乐、舞台美术等各个系和舞美队的老师组成。演出时加了古卷山水的布景，桌椅帔、屏风等，舞美制作费用不过十几万。这对于京剧老戏新演来说非常节俭。

薛晓金：全本《玉堂春》三个多小时的演出，唱做繁重，你自2006年调到学校来，主要投身于教学工作。将近十年没演过这么累的戏吧？你是怎样练功恢复体力的呢？

许翠：调到学校以来，演戏虽然比较少，但好在有年轻时打下的基础，所以这次并没有怎么格外练功。我上戏校时开蒙学的青衣，有文戏的基础。后来羡慕刀马旦的英姿飒爽，坚持改行学刀马旦，演过很多刀马旦的戏。再后来学过梅派花衫戏，演过《贵妃醉酒》《霸王别姬》等戏，后来才拜孙毓敏老师学习花旦。我属于精力旺盛型演员，又喜欢自己琢磨，愿意尝试多种样式的旦行艺术。在中国京剧院排演了《玉簪记》《十三妹》等戏，还主演了"音配像"许多剧目；在风雷京剧团的时候，我作为主演，常常一天连演两三场戏，有时候下午一个《杜十娘》，晚上一个《白蛇传》

纪念荀慧生诞辰115周年文集

连着演,也没感觉累。这次排演《玉堂春》,舞台上上下下、前前后后都要操心,反而排练是最放松、最愉快的事情。三个多小时的演出中,我注重声音的控制,让嗓音渐入佳境,到"会审"时反而更加出彩。

薛晓金:这次演出《玉堂春》与你在剧团时有什么不同?

许翠:这十年随着人生阅历的丰富,知识的积累,我感到自己演戏更加放松,更加成熟,得心应手。我看过程派、梅派的《玉堂春》,也看过很多荀派大家的《玉堂春》。我觉得这一人物不能按照纯粹花旦的演法,她首先就不适合花旦跑着上场的表演。可是她也不适合纯粹青衣的演法,这个小姑娘是青楼女子,虽然没读过什么书,但她机灵、聪明,能随机应变。你看她讨好押送她的崇公道,会说甜话,知道婉转;"会审"时她虽然害怕,也知道察言观色,打动主审官。青衣一般适合演端庄、文静的女性,但苏三个性更加活泼。

薛晓金:是的,我深有感触。以前我看过多次"起解"、"会审",但一直心理定位苏三应该是二十五六岁的女性。这次看了你的"起解",你跟崇公道抱怨时,一会儿噘着嘴,一会儿歪着头,身段轻盈,态度妩媚,我突然意识到,其实苏三这时候不过是19岁的少女。

许翠:青衣表演就不能歪头、噘嘴,迈轻快的小碎步。可是苏三又是一个悲剧性的人物,外柔内刚,不随波逐流,坚持爱情理想,纯用花旦表现就肤浅了。所以这里必须是演人物,不演行当。我尽量用生活化的表演糅进京剧程式中,在细节上下功夫,注意眼神、形体与唱念的配合,注重观赏性与技艺性结合,随着剧情的悲欢离合,去整体把握这个人物,而非片段性的展现。

薛晓金:荀慧生先生的戏也不能简单地归类为花旦,他擅长表现底层少女、少妇的情感,他强调"演人不演行",不受行当限制,根据需要进行大胆的突破,因此他塑造女性形象风格各异,具有大众化、生活化的特点。

许翠:我认为荀派最大的特点就是"演人不演行",根据戏里人物的个性寻找塑造人物的手段与方法。艺宗程派、梅派的弟子都以学得像程砚秋、梅兰芳为上，可是你看荀派弟子赵燕侠、童芷苓、吴素秋、孙毓敏、刘长瑜、宋长荣等，各有千秋，却各具特点，所以有人说荀派纪念演唱会最丰富多彩。

薛晓金：过去有"十旦九荀"的说法，看来不仅是说荀派弟子中表演大家多，更准确的是说荀派表演方法对旦行演员塑造个性人物最有帮助。即使不是荀派弟子，借鉴荀派艺术都是大有裨益的。

许翠：我喜爱书法，在我看来，梅先生是楷书，庄重平稳；程先生是篆书，内敛流畅，古拙空灵；荀先生是行草，流动舒展，轻松活泼。看似一挥而就，实则收放自如、疏密得体、浓淡相容，在分寸、节奏、松紧的把握上很有讲究。

薛晓金：看来你对中国古典艺术很有研究。中国戏曲是音乐、诗歌、舞蹈、美术等多种艺术的综合体，经过漫长的融合过程，到元代才成为一种完整、成熟的艺术形式，所以说中国戏曲最集中地体现了中国文化艺术特色，研究中国古典艺术对展现京剧的艺术底蕴是很重要的。

许翠：这些年我也读了一些中国历史、文学方面的书，读书确实提高人的理解力、认知力，我觉得戏曲演员要有些诗、书、画的修养，这样在舞台上才不会浮于表面地照猫画虎。

薛晓金：此次曾宝玉饰演的王金龙也很有风采，请你谈一谈你们的合作。

许翠：我和曾宝玉已经合作过很多年了。2006年我从中国京剧院调到学院，2007年他从北京京剧院调过来，我们就开始了合作，演过《棒打薄情郎》《香罗带》《金玉奴》《红娘》等剧目。曾宝玉是非常优秀的小生，一方面他的个头、扮相、嗓子好，另一方面有台缘，观众喜欢。他的表演规范，有阳刚气，所以他的武小生戏也很精彩。文戏中他又能表现出书卷气，台风飘逸洒脱。我俩演戏都很认真，私下关系也很好。这次演出高彤饰演的刘秉义也非常出色，当然以他的能力来说，演刘秉义是绰绰有余的。高彤是马派老生，他跟曾宝玉都是北京京剧院调过来的。你看他和曾宝玉的对手戏多棒，可以说丝丝入扣，配合默契。

薛晓金：以前看过高彤的《阎惜姣》，是根据《乌龙院》改编的，很好。真希望你们能多合作演戏，你们正是艺术走向成熟的时候，应该更多地在舞台上呈现给观众。

许翠：全本《玉堂春》演出后，许多观众反映没买上票，今年我们也打算再组织一次研讨会，继续打磨一下，争取跟长安大戏院合作再次演出。

薛晓金：期待着你们的精彩演出。

戏要三分生，时时勤打磨
——对王金龙扮演者曾宝玉的访谈

薛晓金

薛晓金：为纪念荀慧生大师诞辰115周年，北京戏曲艺术职业学院排演了全本《玉堂春》，在长安大戏院的演出大获成功。你饰演的王金龙与许翠饰演的苏三配合默契，可谓珠联璧合，请你谈一谈你在《玉堂春》中的表演。

曾宝玉：京剧小生有文武之分，其中文小生又可分为官生、雉尾生、巾生、穷生。现在通行的《玉堂春》演出一般包括"起解"、"会审"、"监会"和"团圆"，我们此次排演为全本《玉堂春》，前面加了"游院（嫖院）"。通行演法王金龙属于官生，出任山西巡按，穿官服。而加入"游院"后，王金龙就有巾生和穷生的表演。初遇苏三，两情相悦时是巾生，落魄潦倒时是穷生。因此，这出戏对小生的表演要求还是非常全面的，王金龙是头路小生的角色，戏份大，前辈艺术家姜妙香、叶盛兰先生都饰演过王金龙这一角色。

薛晓金：巾生、穷生、官生的表演风格迥然不同，在全本《玉堂春》中，你是怎样表现这种不同的？

曾宝玉：不同的表演风格主要是为人物服务的，必须围绕人物的身份、性格、命运设计表演程式。如前两场的王金龙是巾生，穿褶子，头戴学士巾。

从扮相上我主要把握装扮俊雅，动作程式上要表现潇洒飘逸、文质彬彬，唱念时嗓音干净、清脆、甜美，整体要有精气神。这样才能让观众耳目一新，让观众由衷地感到王金龙跟苏三是天造地设的一对璧人。王金龙后来钱财花尽，被鸨母赶出妓院，流落街头。这时就是穷生应工，表演时精气神必须懈下来，人穷志短，不能是原来趾高气扬的样子，此时要低声下气，要表现他的穷气、酸气还有怨气，但是不能把他弄丑了，要让观众觉得他既可笑、可怜，又不失可爱。

薛晓金：我看过你去年的艺术硕士京剧专场汇报演出，你的《打侄上坟》十分精彩，把陈大官表现得活灵活现，这次演出中的穷生戏不多，但是演出效果很好。

曾宝玉：其实前半部分的巾生、穷生不是重头戏，重头戏在"三堂会审"。此时的王金龙是官生，表演要端庄稳重、雍容儒雅，而这出戏的王金龙还需要有诙谐感。王金龙作为高高在上的巡按，与二位陪审官刘秉义、潘必正重审苏三谋害亲夫一案，他一拿到状纸就认出苏三来了。他极力掩饰自己与苏三的私情，面对刘秉义的怀疑、试探、步步紧逼，他紧张、慌乱，情急之下常常举止突兀、言不由衷。所以表演的时候，既要突出他的官气，又要表现他的诙谐感。

薛晓金：你这场的表演多次让观众忍俊不禁，你谈谈这出戏表演的经验。

曾宝玉：我是1978年考入北京戏曲学校的，1985年毕业后到北京京剧院担任小生演员。2007年调入北京戏曲艺术职业学院任小生教师。曾拜茹绍荃先生为师。在20多年的舞台生涯中，"三堂会审"是经常演出的剧目。但是这次排演，我根据人物又有一些新的调整。

薛晓金：这是不是京剧大师们常说的"戏要三分生"？

曾宝玉：是的。荀慧生先生就非常强调"戏要三分生"，以防戏越演越"水"。这次排演我调整了一些动作，使表演更有层次。比如说看状子，原来演王金龙有三次看状子。第一次看时先严肃，后吃惊，通过看状子发现面前的罪妇就是自己想念的爱人。第二次和第三次看状子是为了掩饰自己的尴尬,佯装看,因此动作夸张,状子几乎贴在脸上,身体侧躺在座椅上,单条腿高高举起。我觉得后两次动作有些重复,这次演出时去掉第二次,改换成用扇子遮住面孔,以免让刘秉义看到自己的尴尬表情。这样随着审讯的深入,再一次看状子的夸张表演就有更强烈的戏剧效果。

薛晓金:是的,现场哄堂大笑。

曾宝玉:还有审案过程中王金龙与二位陪审官刘秉义、潘必正几次交流,王金龙有几次笑,每次笑都要有所不同,表现他尴尬、气恼、担心等心情。这次演出排练时我注重与刘秉义的交流,通过对视、语气、动作,让我俩的戏"咬合"起来,再加上潘必正不明就里的掺和,让会审的戏丰满起来。比如在三人谈论到"将今比古"时,刘秉义坚持说比不得,王金龙说比得的,有几个回合,二人拍惊堂木,有拿起来欲拍又止、一人拍、二人同时拍等的变化,我们这一次演出较之以往更加细腻、有层次。

薛晓金:你们三个主审官的戏丰满了,苏三在舞台前就不单了。

曾宝玉:是的。苏三在这里有大段悲戚的唱腔,演员很累。我们三人要让戏热闹起来,正如红花要有绿叶扶,这样观众在一张一弛中才能觉得整出戏处处精彩。

薛晓金:所以说好戏一定是不断打磨的。

曾宝玉:随着演员阅历的增长,你的审美观越来越成熟,你对人情世故的体察更加深入,你在舞台上的表现自然会有变化,其实打磨的过程就是你的风格形成的过程。我自2007年调到学校任教以来,虽然舞台实践减少了,但是教学时,给孩子们示范讲解,也促使我把演出经验条理化,也要把本来只可意会不可言传的表演分寸传达给孩子们,这些都会促使我对人物的进一步理解、刻画。

薛晓金:小生在戏曲院团的地位与分量是很重的。

曾宝玉:好的小生十分难得。个头、嗓子、扮相缺一不可。你看老生可以戴髯口，花脸可以勾脸谱。小生没有任何遮掩，小生必须漂亮、雅致，脸部表情、眼神要求甚高。小生在表演上最大的特点是唱用小嗓，念是真假声互相结合，怎样声音清脆而不柔媚，刚健而不粗野，确实需要相当的天分。所以京剧小生这一行，历来人才较少。

薛晓金：我去年看你的艺术硕士京剧专场汇报演出，你演出的剧目是《群英会·大帐》《打侄上坟》，感觉是两个反差很大的戏，你为什么选择这两出戏？

曾宝玉：我2012年考取中国戏曲学院在职艺术硕士研究生，受业于京剧小生名家叶少兰先生。小生叶派创始人叶盛兰先生是文武全才，曾以小生挑班，极大地丰富了小生的表演艺术和剧目。叶少兰继承叶派艺术，是当今京剧小生行当里的翘楚。这两出戏一个是雉尾生，一个是穷生，表演跨度大，难度高，我也正想通过这两出戏向叶少兰先生学习精湛的艺术。小生分文武，但能做到文武兼擅的演员并不多。在我多年的学习与艺术实践中，曾演出过《辕门射戟》《罗成叫关》《白门楼》《黄鹤楼》《石秀探庄》《借赵云》等文武小生戏，如果现在要演，也会有不同的想法，希望以后有机会演出。

薛晓金：相信一定有机会的。

论文

荀学理论

"荀学"构建初探

孙毓敏

构建"荀学"是著名戏曲理论家、上海艺术研究所研究员王家熙先生的重要动议，我觉得很有道理。每次我向不懂戏曲的同志们讲学、宣传京剧时，为了提高戏曲，尤其是京剧的社会地位，总要强调"京剧艺术的表演体系"是世界三大艺术体系之一。那么，体系在哪里？仅仅一本《舞台生活四十年》（梅氏）就能替代"系列"吗？"系列"顾名思义，就不是一本两本，而是无数本。尤其是全国著名的"四大名旦"，应该各有一本自成体系的论述才能使后辈们在研究这一门学问时，有据可依、有案可查，哪怕是做到"仅供参考"，也有极大的历史意义。我们这一代人，只算是"半瓶醋"，说没文化，还有点文化，但文化学习尚未形成气候。尽管已有了一批研究生，也还研究得不够到位，离社会的要求和纯学者的水平尚有一段距离。但如果请纯外行的学者去做理论总结，由于他们没有实践经验，真正的内行看了之后，往往还不会从内心深处表示服气。因此，最好的办法是"赶鸭上架"，我们这些"半瓶醋"，必须勇敢上阵，先理论一番，引起纯学者们注意之后，再来合作创新，拿出既符合理论规律，又能使内外行共同服气的理论作品，这是我们共同的奋斗目标和理论财富，不可小视，也是我们共同的历史使命，不可推却！

"荀学"顾名思义，是系统地全面地研究京剧大师荀慧生先生及其创建的"荀派艺术体系"的一门学科。

荀学的研究内容，将包涵"史、艺、戏、论"四大部分。

关于"史"，研究的是"荀慧生的艺术道路"，以及"荀派艺术的建立及其影响"。要研究他是如何"变淫媟为幽窈"的，还要研究他与传统戏曲的演变关系、发展过程、巨大影响，此外还要研究61名徒弟的庞大继承队伍和"十旦九荀"的火红场面是如何形成的。

关于"艺"，就是要研究荀大师在表演领域中另辟蹊径的创造性思维的形成与实践，具体说来就是他的"三化三感"——生活化、个性化、趣味化，时代感、真实感、幽默感。这是他表演风格的总结与舞台实践的成果。他的艺术风格自然、灵活而又合乎戏曲传统规范，开阔、洒脱而又不失含蓄，神韵飞动而又讲究深度，具有极高的当代审美价值。他的"板腔"创新，他的"眼神"运用，他的"谐白"特色，他的"手势"风格，均有不同于其他流派的"独特"韵味，非常值得重新认识，加强研究。

关于"戏"，就是要研究"荀慧生演出剧目"的文学性和舞台性，他创作并演出了300出戏，一生创排新戏90余出，仅与陈墨香合作移植改编剧目就达45出之多，论数量是"四大名旦"之首。20世纪30年代末，便形成了系列名剧：如《红娘》《元宵迷》《丹青引》《勘玉钏》等喜剧，《红楼二尤》《钗头凤》《杜十娘》《霍小玉》等悲剧，以及《大英杰烈》《玉堂春》《花田八错》《十三妹》等增益首尾的整本大戏。这些名剧都经受住了市场的考验，流传久远，成为不少旦角的看家戏、成名作，这就是"十旦九荀"的依据。荀剧故事多半完整有趣、结构严谨、布局曲折、节奏明快、观赏性强、雅俗共赏，仅《红娘》《红楼二尤》二剧，流传舞台70多年，堪称舞台奇观，值得研究。

关于"论"，荀大师平时就经常阐述一些艺术观，由他的秘书给予整理出版，《演剧散论》一书虽然仅收录了其中一些观点，却包含着深奥的理论和规律。如"演人别演行"、"三分生"、"略谈用腔和创腔"、"谈演员眼睛的运用及其他"等等。

总之，荀大师以现代审美意识来探索古典戏曲是卓有成效的，他将"写意"与"写实"的巧妙融合是被实践证明了的成功范例。他"出新意于法度之中"的舞台实验，具有极深的典范作用和研究价值！

因此，我们这些专业的从业人员应当勇敢地担当起"荀学建构"的理论责任，不可惧怕理论，不可视"论"为虎，并误以为是"纯学者的事"，而恰恰是由舞台上的实践者们来总结和推广才更有现实意义和说服力。

总之，这是一个长期需要奋斗的工作，我们"荀派艺术研究室"将争取每三年开一次这样的研讨会，争取有所进步，逐步形成态势。在本文中，我只提出三点心得体会：一是眼神的"视象具体"；二是"荀氏"的身段要素；三是"手势"的性格特征。下面分别来谈一谈：

眼神"视象具体"：突破了看"二楼台帮"的老传统（错误的看法："茫茫一片大海，无点只有面"；正确的是：看第14排观众头上的亮点，而不是具体到某个观众，但眼光必须具体，不虚化）。

身段："挺胸、吸肚、立脖、垂肩、拔肋、伸展"动作舞蹈化（民族舞的审美原则），突破了原"涵胸、正视、动作幅度小"的老规则，而不是单纯的"胸前、乳边、圆"，此一手段符合了当代的审美标准。

手势：在原有兰花指的基础上增加了"稚指"，含直指（"我跟你一块到书房写书去"）、侧指（"只道他"）、顿指（"这才了然"）、胸指（"是我呀"，双手）、眉指（"一派清秀"）、单指（"貌如花"）、双指（"骨瘦如柴"）、摇指（"哭诉无门"）、悬臂拱手（"老夫人"）、左横指（"他将得中"）、内圈指（"丫鬟们"，向内划）、向外平划（"无情棒棍"）、外圈指（"外姓所有"，豪爽）、栽指（"鹦鹉巧效言"）。

荀大师的这些创造，丰富了"憨直少女"的活泼心态与特殊的表达方法，充满了年龄感和青春活力，使红娘、荀灌娘、金玉奴这样的妙龄少女立体起来，更具感染力！

需要注意的是，每个动作均要求"气息、内力及外化"三者完美结合，而不可随意而来。比如：随意把"转腕圈指"改成"兰花栽指"（上、下来捏）（巧效言）（脖子乱动乱点），如彩旦臭美、捣乱一般，这就叫"丑化"，再比如"空负貌如花"（多误为贴脸，歪指，加点头，轻浮，丑化）。

仅"视象具体"一论，破除了"视象不具体"的所谓"直视、大方"之谬论，在实践中，"视象不具体"会产生"散神，不抓人，缺对象，减少感染力"的副作用；而"视象具体"可产生"凝神，抓人，有亮点，有对象，加强感染力"的正作用。

为什么曲艺中"说书人"仅一个人在台上表演一小时之久，能让观众把他讲的故事听进去，进入他所营造的气氛内，得到愉悦和享受呢？除了有语言功力，故事结构巧妙、表达生动等功效外，最大的功效是"心灵的窗户"——眼神的巧妙运用，而在这种由一个人营造的情境气氛中，关键的关键是"视象具体"，有对象地"进行诉说"，从而抓住了观众。如果演员自说自话，不考虑观众的状态和接受程度，只沉浸在自我陶醉中的话，就绝对不是一个成功的表演者，更不是一个清醒的表演者。

而当年的荀慧生大师充分利用"视象具体"这一高超手段，通过多次实践验证，并在上海连演40场《勘玉钏》取得轰动效应。他在塑造单纯而可爱的少女韩玉姐形象时，表现主人公"天真、活泼、憨态、直爽、冒傻气、幼稚感、青春感"，主要靠的是这一手段（举例："我说老大人……"三段念白）。这是我在近60年舞台生涯中，通过实践，深深体会出来的经验之谈，也是屡试屡胜极有道理的秘诀之一。但不少花旦演员，并未掌握这一手段，或只知其一不知其二，或有逆反心理不愿涉及不想研究，也研究不出来。于是这些演员仍沿袭老路，"看台帮"，自说自话地去表演，丢失了不少注意力，减掉了不少感染力，却仍处于自我欣赏之中不能自拔。我要告诉这样的小同学，你"就算上一次当"，先学会这一方法，在舞台上试试看，你只要真正地学到了手，必会屡试屡胜，大有收益！

人们常说"这个人有台缘",什么叫"台缘"？就是在舞台上的"人缘",而这个"台缘",正是我们需要着力研究的一种"外化手段"的特殊效果。新凤霞用了这一手段,赵燕侠也用了这一手段,她们最终都成为红极一代的大艺术家。我是一个后学者,但也在学习和使用这一手段的过程中尝到了甜头,所以我很佩服这一表演方法,也感谢这一表演方法。它能在10分钟内与观众建立感情,缩短演员和观众的距离,促进彼此之间的理解和沟通。因此她们当年的"红得发紫"是有道理的！这些是我们当代人应当冷静而认真地来做些学术总结的！

荀慧生大师对于身段的要领的突破与创新,有什么功效呢？我认为荀大师从"涵胸、直视、含蓄、无神"的原规则中大胆突破,制定了与时俱进的、新的审美标准。即在舞台上不能只停留在"男演女"的老式演法上,而要通过自己重新制定的审美标准,进一步突出"女性美"。女性的美在哪里？美在"挺胸、吸肚、立脖、垂肩"这个基本姿态上,它展示了"女性的健康美"和生理特征,本身就让观众愿意多看几眼,充分显示了性别魅力。当舞台上需要舞蹈时,荀大师也大胆突破原有的舞台规则,原有的是强调"胸前动作",以"云手元素"为主要舞蹈手段的"圆"成为最高审美标准,只要在"胸前圆了,就算完成了"。荀大师在20世纪30年代从刚刚传入中国的国际交谊舞步的探戈中受到启发,又从民族舞中得到启示,通过他的理解和创用,在确立"挺胸、吸肚、立脖、垂肩"等基本身姿的前提下,大胆借鉴了探戈舞步,起伏自如,前仰后合,脚底下充满了弹性（腿是一蹲一伸的）,脚掌是随时移动重心的（参照"水袖"的"抖法",不是原地不动,身体随之前后晃动）。在舞蹈中,无论是"双上指"、"左托"、"右托"、"双摊手"、"双摇手"、"单鼻指",加上"水袖"中的"单投袖"、"双投袖"及"双背投袖"、"双抓袖"、"一抓一抛"等不同的"水袖花",都是以民族舞的"拔助、伸展"作为主要的审美标准来体现的。因此,荀派的舞蹈动作,充满了女性身姿的韵律美。腰不是僵直不动的,也不是上下乱动的,而是有规律地配合舞蹈互动的！

在宋德珠的舞蹈中，突出夸张了他的"上身先行"、"下身后跟"的"懒美"形象。这种动势有一种"仙人飞天"形象美，比"原地投袖"再向前步行的老式走法，又多了一种手段（老式走法适合青衣，不适合花旦和花衫）。在王瑶卿大师将青衣、花旦糅成"花衫"之后，必须有相应的外化手段跟上。荀大师就是一位先行者，目前的越剧、黄梅戏都是沿用了这一手段。

比如人先下，水袖留在后面，以及一手扶鬓一袖下垂等动作都很秀丽，这些都是在京剧荀氏的程式中，找到了自己的特色。因此说，荀大师的身段原则，是先进的、漂亮的、是符合女性韵律美原则的，是有可持续发展前途的。

关于"荀派手势"，有人十分不理解，好好的"兰花指"为什么又多了一个"稚指"呢？这是荀大师亲口告诉我的，他说："有空时，我喜欢把邻居家的小孩叫到家里来，请他们吃糖果、饼干，然后观察他们说话和要东西的神态。"

"妈妈，我要吃饼干！"她们不会用京剧的指法——"眼看手画半圆形"，而是儿童式的折腕转指，现为"稚指"。"这种指法我是观察来的。"说明荀大师通过取自生活、又高于生活的艺术手法，创造出"稚指"，放在红娘、金玉奴、荀灌娘身上使用非常合适（因为她们只有 13 ~ 16 岁）。但这种指法如果放在秦香莲、李艳妃身上当然就不合适了，演纯青衣还要用原来的"兰花指"。因此，这种改革和创造，不是消灭和破坏原有程式，而是丰富和增加了新的表演手段，多了塑造人物的方法，并且放在特定的人物身上使用，是非常合适的！但这当中也有规律，就是"法"得对，比如"眉指"是伴随气息，自豪地赞赏对方"一派清秀"，从下"肚"直上眉侧，平指，而不是半圆画圈从外面斜指眉尖，若无气息伴随，意思全不对了。此时，绝不能用"兰花指"，否则就像彩旦，失去"稚感"的天真意味，并丑化了荀派特色。

以上是我在舞台实践中尝过甜头、实际使用过的荀大师的表演特色三个规律，总结为：一为眼神使用中的"视象具体"；二是身段使用中的"拔肋伸展"，充分展现女性身姿韵律美；三是手势使用中的"稚指"。

总体来说"荀学"特色可以用"三化"、"三感"来加以概括。

由于生活化的时代感，"荀学"的表演规律，摆脱了年代障碍，适合现代人去欣赏、了解古代人的生活状态。

由于个性化的真实感，"荀学"的表演规律充分沿用了话剧、电影的表演手法，拉近了演员与观众的距离，产生了真实可信的感染力。

由于趣味化的幽默感，"荀学"的表演规律，使舞台表演充满了生气与活力。

那别具一格的"谐白"和及时与观众交流共鸣的现场效果，引得人们仅追看《红娘》一剧就达九次之多，这种舞台魅力及规律，难道不值得我们进一步去确立"荀学"，并加以认真地研究和探讨吗？

(本文原载《中国京剧》2010年第5期)

向荀慧生先生及其流派艺术致敬

王 馗

2015年京剧界隆重纪念荀慧生先生诞辰115周年，这是对一位杰出的京剧大师的致敬，也是对京剧流派艺术的致敬，对戏曲艺术传承者的致敬，对戏曲艺术创造的致敬！

荀慧生先生用自己独特的艺术人生，展示了京剧之所以繁荣发展的力量之源。在荀先生的剧目中，有所谓六大喜剧、六大悲剧、六大武戏、六大跌扑戏、六大移植剧等类型的创造。这些剧目是他曾经演出过的三百多部作品中的代表，充分显示了他驾驭舞台、久经历练的多元艺术，当然也充分说明了这些剧目是经过长期的舞台和观众考验，一个艺术家最后积淀而成的艺术经典。对于现在已无缘观赏荀慧生先生舞台风采的现代观众而言，对于荀慧生表演艺术的感知，主要是通过其后传弟子。从其众多的后传弟子们那里，可以大体看到曾经的舞台风采。尤其是高水准的荀派剧目的演出，是可以比较真切地看到一脉相承的艺术品质。当然，荀慧生的表演艺术还可以通过他的理论总结得到解读。特别是荀慧生在演艺之外，不仅大量观摩当时的戏曲演出，撰写了几十本《艺事日记》，里面散布着他的艺术思考，他还撰写理论文章，全面呈现自己的艺术理想和创作原则，这就是在其生前就结集出版的《荀慧生舞台艺术》和《荀慧生演剧散论》。这些文论在当代又经由和宝堂先生编辑而成《荀慧生文集》，再一次让这个时代的读者能够近距离地品读。

20世纪50年代末整理的《荀慧生舞台艺术》，集中地汇集了荀慧生的艺术总结。例如他提出所谓十字诀的学习标准：会、对、实、准、稳、率、活、化、发、传，是极具个性色彩的学戏经验，展现了一个戏曲传承者、创造者在既往经验与舞台实践之间，对戏曲艺术规律的个性化把握。荀慧生的弟子孙毓敏老师，对于荀派的艺术提出"三化"（生活化、个性化、趣味化）、"三感"（时代感、真实感、幽默感），实际密切回应了这10个字的精神，既是荀慧生艺术观念的集中概括，也是荀派弟子在传承过程中得以延续并创造的理论化升华。从荀慧生到孙毓敏，从几个字的两代人概括，延续着的正是荀派艺术生生不息的舞台创造性特点，这是戏曲艺术传承的精华所在，是需要戏曲界充分借鉴和尊重的。

当然，《荀慧生舞台艺术》的整理并不是孤例，荀慧生和他同时期的戏曲大师们如梅兰芳、周信芳、程砚秋等，通过文字记录方式进行舞台艺术总结，成就了20世纪五六十年代戏曲艺术经验实现理论化书写的高度。比如在《我演〈金玉奴〉》一文中，即从剧中人物出场到全剧结束，完整呈现了剧中人的性格脉络、命运遭际和心理变化，这实际是演员在一出戏中的全部创造，既有来自于前辈传承的经验法则，也有演员因时代变化和个人理解所进行的舞台变化。这种书写风格充分结合了传统戏曲的身段谱和现代戏曲的艺术分析，同时在文字表述中偏重浅显通俗，呈现对于戏曲艺术的鉴赏效果。如果通观这一时期的众多戏曲艺术家的舞台艺术整理，其方法采取的均是全面呈现方式，即以剧目和人物创造为基础，将剧目艺术作为演员体验艺术的行内规范，及面对观众应该具有的艺术规范，进行了全面的结合和呈现，同时完整展现对于人物形象、剧作结构、文辞音乐等多元内容的艺术鉴赏，由此深刻揭示京剧艺术的奥妙所在。在这样的书写理念和艺术理论引导下，至今仍然能够体会到前代艺术家们，是如何通过文字的力量充分说明舞台艺术的力量的。《荀慧生舞台艺术》一书集中展现的正是作为演员、导演、编创、音乐诸艺术角色的荀慧生，在长期的舞台创造过程中贯穿着的全面才华。荀慧生是杰出的艺术大师，何谓"大"，有容乃大，包容的艺术创造力和艺术深度是成其大的重要基础。这是从他的艺术经验总结著作中，可以清晰地体会到的。

荀派艺术进行流派传承时，到底传承什么？到底该怎么传承？这是关涉戏曲能否全面保存艺术遗产的重要问题。当前流派传承最容易出现的倾向是对于核心剧目的传承。提到荀派，自然最容易想到《红娘》《荀灌娘》等；提到梅派，自然最容易想到《霸王别姬》《宇宙锋》等。这些经典力作和代表作确实是传承之必须，但与流派创造者们动辄上百的演出剧目、动辄数十部优秀作品相比，这仅是流派艺术最突出的艺术成分。而且对于流派传承者而言，流派创造者的经典作品常常是被分散传承的，任何一个荀派传承人是很难全面展示具有代表性的流派作品。说到底，流派的艺术遗产必然是越传越少，这是艺术传承不得不面对的客观现实。因此，当前的戏曲传承更需要传承者群体对于既往艺术的全面挖掘和推广。一个人完成不了的任务，需要一个群体的集中努力。荀派艺术大家孙毓敏先生多年来利用荀学研究会的平台，广泛团结荀派传人，在戏曲流派传人的团结和力量整合方面，做出了很多重要的努力，尤其通过传承人、继承人的确立方式，结合京剧行业内的师徒传授传统，全面加强流派艺术展演、研修和交流，这是一个值得借鉴的传承方法。让京剧大师丰富的艺术创造，成为流派后继传承者的共修内容，实现全面整体的经典存续，是挖掘和推广京剧表演艺术的重要举措。这需要在京剧界乃至戏曲界得到进一步加强。

荀派艺术进行艺术传承时，除了师徒传承、音像记录之外，还有多少更为有效的方法？这同样是关涉戏曲能否长久延续的重要问题。在上百年的京剧历史上，京剧演出剧目超过千数，这是京剧艺术遗产的重要方面。但是这些剧目文本除了传统的文献目录和钞印本外，尚无更好途径获得京剧界以及更大范围的流播。应该说，文字记录对于京剧艺术而言，仍显不足。传统京昆艺术的著录文本十分丰富，除了剧目文字总本外，还有工尺谱、身段谱、单头、串头、串关、排场、提纲等多种形式，这是没有音像记录的时代里，由京昆艺人创造的艺术保存方式。正缘于此，文本为后世敞开了进入京昆艺术的多元途径。当代京剧界并没有完全珍视这种文本传统，除了20世纪五十年代京剧大师们的艺术经验总结外，鲜见有延续这些文字传统者。从文本向舞台呈现，其间进行的艺术提炼之功是十分艰巨的，尤其是剧目思想旨趣、文学表现、人物关系、情节结构等艺术元素，均附带特定的文化趣味和艺术法则，而经过艺人敷演之后，这些艺术元素又增加了丰富的音乐、表演规范，以及艺人的艺术体验与表演经验。如果文本记录不能得到充分的重视，丰富的京剧剧目必然只体现为剧作文本，其丰富的艺术内涵将消失于单纯文本之外，最终只能流于剧作家进行剧目挖掘的底本。

北京戏曲职业学院编纂的《京剧教学剧目汇编》，是有着丰富演出和教学经验的老师们在长期教学过程中，在其授课记录的基础上，通过进一步完善编纂而成。《京剧教学剧目汇编》极大地完善了传统戏曲文本的记录方式，在通常的文学文本基础上，增加舞台艺术规范，既是传承范本，也是阅读理解戏曲的入门通道。这种艺术经验需要得到京剧界的足够珍视。如果将这套汇编与《荀慧生舞台艺术》等大师艺术经验总结合起来，戏曲文本著录必然会对京剧的有效传承产生重要影响。当前京剧非遗保护工作不断得到推进，对于表演艺术本文的记录整理，需要得到进一步加强。

在戏曲艺术传承中，如何面对流派艺术？这也是关涉戏曲能否全面发展的重要问题。京剧艺术最突出的艺术现象，就是流派纷呈。这既不同于以昆曲为代表的古典戏曲，也不同于梆子、高腔、秧歌、道情、小戏等为代表的近代戏曲。京剧艺术作为近代戏曲艺术的杰出代表，最集中地体现在历代有创造力的艺术传承者们对于流派的推陈出新。京剧史上得到记录的艺术流派有十数个，而有所传承的起码在二十个以上。这是极其庞大的一份艺术遗产。但是对于流派要有冷静的学理观照。流派是经过提纯的戏曲艺术，是个性化的艺术创造，凡是戏曲流派，一定是戏曲最高水准的艺术呈现，其基础则是戏曲艺术的惯常法则和基础艺术。流派创造者所走过的道路，实际包括了戏曲通识教育，即基本功与基本剧目的扎实掌握，经过大量的舞台演出之后，层楼再上，化繁入简，自成一系。因此，京剧流派不仅仅是从大众化的演出中产生，而且也会从前辈所创流派中继续产生，流派深刻地体现着艺术创新法则。流派艺术的内涵丰富，例如荀派常常被看作是京剧花旦戏的经典创造，但是荀慧生先生的实践并非仅限于花旦行当，因此荀派的艺术作品远远超过花旦戏范畴。这种现象在其他流派艺术中同样存在。学习流派是要全面继承，但最重要的是对其创造法则的继承，这实际也是京剧传承、非遗传承的核心所在。戏曲流派的全部艺术内容，实际是统一在流派创造者及其历代传承者的艺术理念中，应该将这种艺术理念全面地贯穿到戏曲传承体系中，让流派始终保持鲜活状态，这样的流派传承才是传承者高水平演绎的流派艺术，这样的流派传承才能突破数量有限的传承剧目，在不断创作的新剧目中得到延续。因此，提倡流派艺术的传承，实际上是要实现戏曲艺术的有效传承和合理创新。显然，京剧艺术的传承和创新，需要得到进一步加强。

  近年来，对京剧历史有过重要影响的创造者们和他们的艺术创造，都在其后辈传承者的纪念活动中，得到进一步的认知和推广。这是有利于京剧、有利于戏曲发展的重要活动。借着这些工作的推动，更需要每一个戏曲传承者、关注者、研究者、爱好者，进行更加深入的理论探索与艺术实践，这才是中国戏曲在当代传承的重要课题。

荀派艺术魅力探微

于文青

京剧艺术，伴随着中国社会的历史沧桑，经过历代艺术人的千锤百炼，不断呈现出其古韵魅力与创新风采。在"以歌舞演故事"的实践中，艺术家们根据自身的条件及对剧中人物性格的理解、刻画，成功地塑造了众多不同类型性格的人物，创立了各具风格和特色的流派。魅力无穷，风靡全国，名扬世界。流派艺术魅力，来自何方？茅盾先生在纪念周信芳演剧生活六十周年的题词中指出："艺术家之独创的风格，之所以能够形成，是一个艺术锻炼的问题。然而，不光是一个艺术锻炼问题。这在很大程度上和艺术家的文化修养、艺术修养，乃至世界观都有关系。"是的，流派艺术魅力，来自演员的高素质、高品位。京剧艺术大师荀慧生的艺术实践同样证明了这一点。然而，以表演理论为指导的荀派艺术，则更具魅力。

下面我谈两个方面：一个是高素质、高品位创造出精美的艺术；第二个是表演理论指导下的艺术更具魅力。

首先，说说荀先生艺术的高素质、高品位。

荀慧生与戏曲艺术结缘，是由1907年在天津表演河北梆子时起。他曾得到十几位名师熏陶，受过极为严格的幼功训练。据说，他在幼年时，为练"跷功",曾绑着"硬跷"跟着牛车一天跑几十里路。可谓功底深厚。

可是,当他由梆子改唱京剧时,京师歌台旦角已是群星灿烂,人才济济。尽管他在唱念做打方面有着坚实的基础,从十来岁就以"白牡丹"的艺名崭露头角,在京、津一带小有名气,对于青衣、花旦、刀马旦无所不精,文武昆乱不挡,堪称全才。但毕竟不是正宗"京朝派",所以总会受到歧视和排挤。逆境生人,勇于拼搏,贵将不利化动力。这些困难促使他奋发图强,苦心孤诣地独辟蹊径,寻求新路。

他求知若渴、好学不倦,注意借鉴,认真吸收海派京剧艺术的营养,努力综合京、梆之优长,广泛向地方剧种学习。他常说:"我在艺术上永远是一个小学生。"他秉承博采众长、兼收并蓄的学习精神,和勇于创新、锐意改革的创演风格,创造出重在内心活动的新型唱法。演唱中他十分注重节奏的变化和旋律的更新,大胆地借鉴其他剧种的曲调,为我所用化作新腔。他勇于突破唱词长短句的约束,创造了许多优美动听的唱段。比如说,在《红娘》"下书"一场,使用从【南梆子】和【四平调】化来的新腔;"听琴"一场,为使人物性格更加鲜明,他从汉剧和京韵大鼓中吸取素材,再创新腔,从此,【反汉调】"听琴吟"成为京剧唱腔中的一曲新歌;在"佳期"一场,他还创造了【反四平】的唱腔,与经过融化吸收昆曲"佳期"一折的身段相配合,载歌载舞,唱情演人,使红娘这一典型人物更显新颖艳丽。

荀先生唱了一辈子戏,不断继承发展,丰富唱腔和演出剧目,在京剧界独树一帜,自成一派。荀派艺术的形成、发展,归功于他不懈的努力,尤其是他锐意改革,志在突破,求美创新,在严酷的艺术竞争中勇闯新路的高品位、高素质。

荀先生从小没有学习文化的机会。为了提高自己的文化修养,他在学戏、演戏的同时钻研书画。他不仅注意观察现实生活,还从古典小说、古画、古代雕塑造型中,描摹体会古代妇女的言行笑貌。在《丹青引》一剧中,他饰演主角杨云友,大胆创造了一边唱、一边当场挥毫作画的表演，令人刮目相看。

更难能可贵的是他数十年如一日地写下了数百万字的艺事日记和演艺散论。一字一句记录了他对创造艺术魅力付出的辛勤劳动，和他从中得到的艺术感受和经验总结。在这里，他将舞台实践活动，提升到理论高度进行总结和概括，这些真知灼见，是他宝贵的经验之谈，也为后来的学习者提供了指导。

荀先生是一位在逆境中敢于拼搏，对传统艺术善于继承、勇于突破的革新家。他有着很高的文化修养和艺术修养，对京剧艺术精益求精，追求完美和谐。在创造艺术魅力的道路上，他是一位当之无愧的成功者。

第二个问题，表演理论指导下的艺术更具魅力。

马克思主义认为，理论是在实践活动的基础上产生的，并对实践具有指导作用。

荀慧生先生在他五十余年的演剧实践活动中，坚持"勤学补拙、熟能生巧"，总结出"三分生"、"演人别演行"、"虚拟与真实"、"戏的滋味"等表演规律，并进一步形成表演理论。

对于"熟"，荀先生有着辩证的理解和独到的认识：他一方面强调通过勤学苦练达到熟练的过程。同时，又十分警惕因为熟而引起松弛与懈怠。他说："这个'熟'字，摆在哪儿都好，唯独摆在演戏上要不得。因为，艺术的最佳境界是不温不火，恰到好处。"荀先生认为一出演得很熟的戏，也要找一找演员和角色之间的一个"生"字。并不是要求技法"生"，而是演员对于角色体验葆有"新鲜感"。一旦演得太熟，便容易使戏"冷"、"温"，或者显得太过。

表演是艺术创造，每一次演出都应有新的风采和魅力。演出熟悉的戏时，满足于重复过去演熟的套子，就很难进入"创造"的境界。在这里，荀先生所追求的"生"，不是生硬、生疏，而是充满生机地去体会新鲜感、达到新的境界。他指出，"熟戏三分生，实际上是希望在演戏的时候能达到含蓄的地步。好的艺术讲究引人入胜……不是和盘托出。"

荀先生在"三分生"的创作原则中,指出"生,不是全生,也不是半生,而是三分生。"也就是说,必须由"熟"入"生",而且"生"的恰到好处。艺术创造必须有所继承,才能有所发展。由"熟"入"生"就需要在原来的基础上深入思考,使艺术始终葆有新鲜感,从而达到前所未有的新境界,散发持久深远的魅力。

真实是艺术创造的来源与基础,荀先生在表演中致力于传达人物形似神真。他从生活和人物出发,演人唱情,形成了"演人别演行"的创作理念。

荀先生曾这样指出:"金玉奴是哪个行当应工?一般人总会回答是花旦。可我觉得除了花旦之外,还有闺门旦的东西,甚至还有青衣的东西。出场时,她很活泼,但这个天真小姑娘的活泼是花旦的路子。她与莫稽成亲之后,成了大人,即使还活泼,但已属于成年妇女的活泼,天真中又带有庄重气度,则属于闺门旦的演法……金玉奴在看报单,赴任这场戏中,既为莫稽的中举做官而高兴,又为他显示出的坏品质而担忧。既想和莫稽好好地过日子,又为自己父亲的无端受斥而悲伤。心情是很复杂的,很深沉的。而且戏越发展,她的心情就越沉重,恐惧、凄苦、无告的心情就越具体。这些情感和花旦的活泼的表演风格颇不相称,就不能不考虑运用青衣的许多东西。"

在这段戏中,荀先生通过动作刻画出人物内心细致入微的情感。应当说,在这段戏中,充分显示出荀派艺术,行当永远得服从于角色,行当的变化也是角色发展变化的结果。演人不演行,正是荀派艺术的魅力所在。

从生活出发,从人物的内在思想感情出发,去表现典型环境中的典型性格,是荀派艺术的创演宗旨。他说:"为演戏而演戏是不对的,演戏是为了表现剧中人物的思想感情,并由此对观众产生教育作用。演员在舞台上无论唱念做打,都必须从人物需要出发,都必须为表现人物思想、性格服务。"并指出,"要把花旦戏演好,基功重要,观察生活也重要,两者缺一不可。"

荀派艺术的魅力，还表现在他所创演的人物，个个、处处，都洋溢着生活气息彰显着对生活的感受。这是他将长期对生活的观察、体验运用到所创造人物的结果。荀先生在近六十年的演剧生涯中，为了演好旦角艺术，他特别注意观察生活中各类妇女的言语动作，从而对不同地区、不同身份、不同性格的女性的特点及差别进行认真观察，细心体会。他投入心血，锐意创新，志在突破过去旦角行当程式对人物的限制。他扮演了诸多年轻的小姑娘，如性格泼辣、聪明伶俐而又有正义感的侍女红娘，天真、活泼、娇憨、热情的李凤姐，刚毅勇敢、见义勇为的荀灌娘，多才多艺、兰心蕙性的名门侍女晴雯，天真无邪、敢爱敢恨、敢说敢为、爽利刚毅、疾恶如仇、敢于反抗、出淤泥而不染的尤三姐，等等。虽然都是花旦，但她们的身份不同，地位不同，演出时，无论在性格、做表、念白、唱腔上都不雷同，既凸显出人物性格，又充满着生活情趣。

荀慧生先生以其高品位与高素质创造了荀派艺术之美，并着意于文化的注入，对其艺术实践进行总结、概括，来把握、进行自己的创演活动，从而使荀派艺术更具魅力。这是我在总结、学习、发扬荀派艺术创新精神中的一点启迪。从而深深认识到，对戏曲艺术，光有演出不行，也要对其进行研究；仅就艺术谈艺术的研究还不够，更要从理论上把握和引导。正如马克思主义所认为的那样，理论是指导未来的，不重视理论的民族是没有希望的。

当今，我们为实现中华民族伟大复兴，凝心聚力，共筑中国梦，再创传统文化、民族艺术的辉煌。时代前进的号角已吹响，习近平总书记在北京主持召开了文艺工作座谈会，他在讲话中指出："艺术可以放飞想象的翅膀，但一定要脚踩坚实的大地。文艺创作方法有一百条、一千条，但最根本、最关键、最牢靠的办法是扎根人民、扎根生活。应该用现实主义精神和浪漫主义情怀观照现实生活，用光明驱散黑暗，用美善战胜丑恶，让人们看到美好、看到希望，看到梦想就在前方。"

神韵华夏，岁月如歌；政通人和，崛起东方。让我们努力使中国文化繁荣兴盛，助力梦圆，从而推进中华民族的伟大复兴。

由戏剧性看荀派艺术之魅力

史晓丽

2014年冬天，我观看了石家庄京剧团赵玉华主演的《勘玉钏》，这是我第一次真切感受到荀派艺术的魅力；及至2015年冬观赏北京戏曲艺术职业学院许翠副院长领衔演出的全本《玉堂春》，荀派艺术的魅力给我带来的震动，朋友圈中的感慨已经不足以表达我心中的感动了。

1924年首演的全本《玉堂春》、1934年首演的《勘玉钏》，已历经近百年，在戏曲市场普遍冷清的今天，在北方凛冽的寒冬，它依然能激发出偶然得见的观众难遏的热情，不能不令人感叹荀派艺术魅力之隽永。同时，更令人深思的是，荀派艺术迄今魅力不减的缘由何在？

"戏剧性"是中外戏剧界议论已久，但无法统一定义的一个概念。舞台艺术的"戏剧性"远不止生活中"偶然"的意义，应该说不同的舞台艺术作品中会呈现出不同的戏剧性样态。我们探寻荀派艺术魅力，尝试对其戏剧性进行感悟、分析，应该不失为一种朴实的研究手段。

一、社会性

包括戏曲在内的戏剧，是最具社会性和公众性的艺术形式。可以说，戏剧的首要性质是社会性，而社会性则是戏剧性的基因，戏剧先天对人类社会负有一种责任，因而戏剧性首先表现为对社会的观照。有的作品是将社会所见所闻直接地展示在舞台上，对观众进行目的明确的教化；有的作品则是将社会所见所闻加上自己的所感，经过文学加工，再艺术性地呈现给观众，观众通过戏剧作品感受到了社会中的人，从而感受到作者所要传达的社会性。虽然后者表现得更为潜移默化，但观众受到的影响并不比前者小。这两种类型的作品在中国传统戏曲中都占有重要的席位，只不过随着时代的变迁，当今观众对前者陈腐的教化意味早已嗤之以鼻，对后者缓慢的节奏也有诸多不满，但是，只要静下心去，悉心投入，走出剧院时，心中便会充满惊喜的律动。原因很简单，只要戏剧作品真正关注到个体人的社会性，关注到社会中个体人的真实存在，那么作为社会人的观众，在观照戏剧中社会人的时候，就会感同身受，产生社会共鸣感。这样的戏剧作品才会具有真正持久的社会性，才会具有基本的戏剧性。

荀慧生的艺术作品中，对社会个体人的敬畏感是处处可见的。这里的"人"不是符号，不是代码，而是真正独立具有生命个体。如前所述，只有关注生命，挖掘人性，对个体生命的人文关怀，才能在精神和灵魂上达成与人类的共鸣，才有可能生产出艺术精品和文学经典。荀派艺术对生命个体的尊重和关注，不仅体现在荀慧生对角色的理解和敬畏中，也体现在他对演员和弟子们的要求上，更体现在他对观众的关注和尊重里。这种对生命个体的关注，即使在现在，也是十分具有现代性的艺术体验。

1. 对角色的敬畏

生旦净丑，京剧有着鲜明的行当划分，学戏都是从一个行当开始学起，演戏也大多如此。在掌握基本功的角度上，荀派艺术并不反对行当划分，但一旦学成，在舞台上表演时，这种行当的隔膜必须打破，"演人不演行"，行当再严，也得服从角色，演行当，更演人物，通过不同细节的表达，区分出不同的角色来。为了塑造鲜活的角色，即使在20世纪60年代那样的言论环境中，荀慧生也敢于提出演人物不避讳"春情"的言论，表现出老艺术家艺术至上的胆识。在荀慧生看来，只有尊重生命，敬畏角色，才能把戏演得"情通理顺"，而"情通理顺"看似是舞台表演的最低要求，其实恰恰是最高标准。

"所谓'情通理顺'，不仅在于戏情戏理的通顺，而且要求角色形象、思想感情的真实合理。"荀慧生这句话和"演人不演行"同样突出了角色塑造的重要，强调了角色塑造是对个体生命的塑造，而不仅仅是对一个行当的展示。即使是荀慧生这样的艺术大师，在排戏时，依然会要求自己"熟悉角色的经历、思想、性格、容貌、气质和感情的发展，并根据角色需要，将个人平时观察体验所得，融会贯通，与之交流神契，然后运用艺术技巧，把角色尽可能恰当地、细腻地表现出来"。从而达到"形神兼备"的舞台效果。

荀派艺术敬畏角色、敬畏生命，在"三分生"的表演理论中也得到明确印证。"三分生"颇像今天戏剧理论中的"陌生化"，是指演员每一次演出时，都应该像对待一个新剧本、塑造一个新形象一样，充满新奇地琢磨、揣测，然后将这些新的体会在舞台上表演出来，带给观众新鲜的感受，而不是演了多次，便因熟生油，草草了之，影响了演出效果。"三分生"的理论表述中可以看到，荀派艺术看每一个角色都不是平面的，而是立体的，不是死板的，而是鲜活的，是一个个有生命、有呼吸、有情感、有心跳的人。因此，20世纪30年代荀派的杜十娘和20世纪60年代的杜十娘不一样，昨天的"她"与今天的"她"也不一样，世界上没有相同的两片叶子，也不可能有遇到一件事情表现始终如一毫无变化的人。荀慧生的弟子之所以会觉得老师的表演难学，是因为上一场戏那么演，这一场戏又变了，太难把握，用荀慧生的话说就是"没谱"，就是因为对荀慧生来说，那不是角色，而是一个人，一个活生生的生命，试问有哪一个生命的发展都只是在"谱"上呢？荀慧生表演上的"没谱"，恰恰完美说明了荀慧生对"人"的关注，对个体生命的敬畏！也只有如此，才形成了荀派艺术不拘成规、鲜活灵动的表演风格和艺术魅力。

2. 对观众的尊重

没有观众，就没有戏剧，观众在普通戏剧观中的重要地位于此表露无遗。但是，传统戏剧中追求票房、讨好观众固然是出于对观众的看重，而将观众的观演体验视为表演过程中的一个环节——演员在舞台上痴情表演，观众在舞台下忘情观演，舞台上下的交流不断，曲终情未绝，因戏使表演和观众之间建立一种神奇的情感关联，这种关联不仅不会在剧终戛然而止，反而会继续在观众心中产生回响和情感发酵，使观众的情感真正投射到戏剧演出当中。荀派艺术中这样的观念无疑是颇具现代性的。

荀慧生曾经在自己的著述中，反复表达过其对观众的尊重和重视。以荀派最突出的眼神运用为例，演员在台上的眼神从人物出发，鲜活灵动，正因为心中始终有着观众，所以眼神所到之处，任何一个角落的观众都会被直接拂触到心里，台上台下，戏里戏外，相辅相成，相互呼应，这样的表演，不能不说是对观众的由衷尊重。当然，荀派艺术对观众的重视远不止于眼神的交流、台词的互动。在表演中，荀慧生强调对角色的深入把握，演出时务必做到心里有，但是，只是心里有，不够，要把这种"有"、"透"给观众。无论多熟的人物多熟的戏，都要做到"熟戏三分生"，做到"含蓄"，以此达到"引人入胜"的目的。好的表演对观众是一个"引"，"引就是只露一个头，不是和盘托出"。演员不要演满演绝，不要一股脑全都倒给观众，而要给观众留下余地让他们去感知、琢磨和体会。做到这些，观众就被拉入了整个演出，心会跟着角色共同悸动，即使演出结束了，但观众的参与却并没结束，他们继续品评，继续揣摩，意犹未尽，耐人寻味，好的演出效果莫过于此。

荀慧生对观众的尊重，如同其对角色的敬畏一样，观众是其演出的衣食父母，更是有血有肉有思想有情感、能够和演员及角色形成深入情感共鸣的——知己。荀慧生的好几个剧目的结局都选择了开放式结局，如《金玉奴》中金玉奴报复了负心郎之后，并未如传统做法那样给她一个大圆满的结局，而是只让她和父亲的生活有了着落，并未交代她的终身，正是因为大多数的观众和荀慧生一样，无法忍受传统剧本中，金玉奴遵从封建礼教，重新委身背叛她的丈夫这样的结局。

3. 对学生的珍视

荀慧生是一位始终追求艺术创新的艺术家，同时也是授业解惑、培养艺术后继人才的教育家。我们说学生是老师艺术的承载者，教书育人是艺术传承的一种手段。荀慧生非常重视培养京剧艺术的后继人才，但是学生在荀慧生先生眼中首先是一个个值得重视的生命个体，出于对学生的珍视和对艺术的尊重，他甚至严令弟子不许学自己。在刘长瑜为《荀慧生文集》作的序中，就说到荀慧生为了矫正刘长瑜学得过于像自己而拒不授课，交由别的老师把刘长瑜的这个"像"扭过来，才继续教授她。而在刘长瑜后来的演出中，因为"不像"荀慧生，而是表现出自己对角色的理解，荀慧生还在自己的文章中表扬了她。

荀慧生这样的教学态度，既是他对角色的敬畏和对观众的尊重，更是对自己的弟子，对京剧后继人才的珍视和满怀期望。

在著述中，荀慧生不止一次表达过对弟子们的要求，一定要结合自身特点学习流派，要懂得扬长避短，懂得变化，因为变化往往是创新的开始。在不断地变化、摸索中，才能逐步达到深入细致刻画角色的目标，形成自己对角色独到的见解。

荀慧生还一再要求演员要多看书多学习，论述"情通理顺"时，说到剧本的重要，同时强调，"如果演员的修养较深，则好剧本固然可以演活，略差些的剧本也可以在演员的实践中，给予若干的丰富和补充"。"一个演员到最后拼的就是内涵",这虽然是小说《荀慧生》中荀慧生一生信奉的箴言,但在荀慧生一生的演艺生涯中,却令人深信,荀慧生一生就是笃信着这样的箴言。

荀慧生艺术对个体生命体验的重视和体现,以及荀慧生对艺术规律的灵活把握,都使得他在"四大名旦"乃至整个京剧史、戏曲史中耀眼瞩目!很难说到底是什么造就了荀慧生这样的艺术观念——也许是他自小贫困学艺,过早饱尝了人间冷暖,所以对人和生命的感触更加敏感;也许是"五四"新文化运动中,他接触了新剧,接触了各种不同的艺术观、人生观、世界观,于是视野便更加开阔,艺术创作上便更带有启蒙的味道。但无论起源在哪里,最后在荀派艺术中都合力为一种不朽的艺术魅力。

二、开放的戏剧观

戏剧曾经被法国自然主义戏剧观的提出者左拉视为"传统习俗的最后堡垒",中国传统戏曲也因为其程式化的表演、跟不上时代的慢节奏受到过很多年轻观众的诟病,而事实上,中国传统戏曲在产生的源头和本体特征中,都拥有着一颗自由的灵魂。正因为这种自由,戏曲这种集各种艺术形式为一体的艺术种类才得以形成,并向综合性、写意性发展,走向成熟,最终形成其特有的程式化。纵观我国戏曲发展史,几乎每一个大家都拥有一种包容的态度,与开放的戏剧观。其中,荀派艺术尤甚。

荀慧生,作为著名京剧表演艺术家、京剧"四大名旦"之一,是从河北梆子开蒙并出名的。因此,他不仅将大量的河北梆子剧目移植到京剧中,而且将河北梆子的唱腔、身段武功,甚至京剧中其他行当的表演成分,如杨小楼的大武生表演等,也都恰如其分地融入自身的表演,极大地丰富了京剧的艺术内涵,因此形成独具特色的京剧"荀派"。而即使形成了自己的特色,荀慧生依然表现出博大的开放式戏剧观,随着时代的发展,其自身的表演、唱腔、编剧、舞美、服装,凡所涉猎,无不处于吸纳、融合、开放、变化之中。

1. 从不墨守成规

京剧是一种程式化的综合艺术形式。京剧之美，很大程度上来自那些程式化的精美传递。荀慧生也多次强调年轻演员学习基本技法的必要，但同时他也认为对待规矩，还应该灵活一些。在他的著述《三分生》这篇文章中，荀慧生就明确提出"规矩是死的，人是活的，活人不但不应该老让死规矩给拘住，而且还有补充这个规矩的责任"。生活在发展，规矩也应该跟着发展。正因为有着这种不墨守成规的灵活，荀慧生才得以确立自己独特的艺术风格和流派。如《红娘》一剧中，红娘的唱腔和表演身段都有荀慧生的独特创造："琴心"一场的【反汉调】，"佳期"一场的【反四平】，以及"逾墙"一场中红娘手持棋盘引张生进入的整个身段的设计，都是荀慧生不墨守成规的成果。而他认为规矩会随着时代和生活的发展不断发展的艺术理念，无论是当时还是现在，都是十分前卫的。

2. 从不固守流派

荀派艺术本身就是荀慧生结合自身特点和时代发展，不墨守成规、不固守流派、博采众家之长确立起来的。但荀慧生依然认为，任何一个流派都有值得借鉴的地方，同时也有需要理智思考甚至摒弃的地方。流派形成只是第一步，不断吸收、发展和创新，在老流派的基础上产生出更多新的艺术流派，才是艺术发展的方向。他很讨厌学生完完全全学自己，而是要求弟子对待流派就像对待规矩一样的态度：尊重但不必固守，传承但更需发展。这种开放、灵活的艺术观念，即使在今天，不仅不过时，而且依然引领着当今传统艺术的发展方向。

3. 从不止步荣辱

荀慧生当初从梆子转京剧的时候，受到不少京剧界老派人的排挤和嘲笑，一般在这种情况下，心理不够强大的人，也许会或弃而不顾，或谨小慎微，但荀慧生不然，他依然踏踏实实地学、演京剧，而且不仅改编、创作了大量京剧剧目，如改编《玉堂春》《杜十娘》；新创《红娘》《钗头凤》《霍小玉》《勘玉钏》《红楼二尤》《卓文君》等，还将河北梆子的传统剧目移植过来，如《辛安驿》《花田错》《元宵谜》《香罗带》等，在他的努力下都成了荀派代表作品。20世纪20年代以来，这样的剧目竟然近200出，按舞台生涯40年来算的话，他平均每年创造出5部属于自己的作品！无论是当年在北京遭到的羞辱，还是在上海受到的吹捧，乃至被评为"四大名旦"之后的辉煌，都没有让这位艺术大师停下前进的脚步。我们可以断言，正是因为有了荀慧生这种在艺术面前荣辱不惊、执着前行、摒弃门派之争、坚持发展和拓展艺术领域的信念，京剧艺术宝库才有了今日的繁星璀璨。

诚然，戏剧性是一个外延和内涵都极丰富也极含混的概念，但是，通过对荀派艺术部分戏剧性的分析，可以稍解当年60多岁的荀慧生一上台便立刻转化为豆蔻年华少女表演之玄妙，也可以理解荀派艺术长久不衰之魅力成因。在国家对中国传统戏曲艺术倍加重视的当今，在传统戏曲依然未能完全收回观众失地的今天，重新解读和认识荀派艺术魅力的现代性，无疑是对有助于传统戏曲及戏曲人的自我定位、自我审视和对艺术的传承发展。

浅谈荀派悲剧

吴熔秀

现如今,荀派已经是京剧花旦的最大流派。以花旦应工的角色,多为性格活泼开朗或泼辣放荡的少女或少妇,常常带点喜剧色彩。那么既然花旦行当以演喜剧见长,为何要论荀派悲剧呢?荀派剧目流传广泛,经久不衰,无论是"四大名旦"时期还是当代,都能够引起观众的强烈共鸣。古代剧作家曾讲"乐人易,动人难",说明悲剧往往能从更深的层面挖掘人性的丰富性。即便是喜剧,也需要有悲剧性因素蕴含其中才能打动人。鲁迅先生说没有悲剧性因素的喜剧是闹剧,也就是这个道理。正因为如此,要想从美学层面上分析荀派剧目的特点,选择荀派悲剧入手就更具典型性。

荀派剧目对于文学性和舞台性都有很高的要求,特别是荀派悲剧。我们需要透过极具个性的舞台表现,结合表演实践,探寻荀派表演的美学特征、感受荀派剧目对于女性内心的深度剖析和解读以及对女性自由意识的诠释。荀先生不仅擅演喜剧,演悲剧亦十分见长,二者并重,六大喜剧、六大悲剧久演不衰,流传甚广。

荀派悲剧故事完整,在舞台上紧凑地展现了女人的一生,由喜到悲,强烈的对比使其悲剧更具戏剧性也更具有冲击力,悲喜交加更容易激起人强烈的内心感悟。荀派演绎的女性角色，通常正值妙龄，朝气蓬勃，性格至真至性。而越是这样的女子在"男权社会"在追求情感归宿的过程中越是不知何去何从，她们性格中都有几分刚毅，常常难容于世，于是悲剧必然会发生。

荀派所演绎的女性中也有"风尘"女子，她们生活在社会的最底层，高尚的灵魂却没有被消磨，因为灵魂的贵贱并非建立在社会阶级的基础之上，恰恰是许多在底层的灵魂更加高贵，也越发讽刺了那些道貌岸然的伪君子。荀派悲剧的女性，上至生活在皇宫内院的贵人，下到乞丐之女，青楼女子，无论其身份如何，她们都是"男权社会下的女人"。她们至真至纯，她们的悲剧，既不同又相同，而她们对于自由的向往和决绝更是震慑人们的心灵，文学塑造了她们，荀派表演成就了她们。荀慧生先生以现代审美意识演绎古典戏曲，使其所创造的剧目和人物，在如今仍然能够使观众为之动容，并引发人强烈的共鸣和思考。

一、荀派悲剧以情制动的表演特点

荀派形成于20世纪20年代中叶，主要标志是当时的评论家所说的"变淫媟为幽窈"。荀慧生先生摒弃了传统花旦表演中那些庸俗、色情的成分，保存并发扬了民间舞台上这类戏有生气、有活力的优点，端正了剧中那些少女的思想性格。[1]"四大名旦"中，荀派和程派都长于演悲剧，而程派悲剧遵于"礼"，荀派悲剧则遵于"情"。荀派悲剧，由女性情感所引发，看似是个人情感引发的个人悲剧，实则是表达男权社会下的女性悲剧。荀慧生先生善于活用程式，毕生追求艺术上的通情达理、情通理顺，为达到舞台生活化、虚实结合的艺术特点，荀慧生先生打破了原有的行当技术划分。其戏路极宽，青衣、花旦、刀马旦无一不精，使其

---

[1] 荀派艺术研究会《荀学理论初探之二》（纪念京剧大师荀慧生诞辰115周年内部资料）第3页。

在唱腔和表演上打破界限，真正地从人物，从情感出发，使得其人物极其丰满，增强了戏剧性，更加容易引发观众强烈的反思。

（一）悲剧的唱

从唱腔上来说，荀派悲剧唱腔的节奏变化，大催、大撤、骤停等不规则变化对其唱腔中的情感抒发起到了极大的作用。其难度也在于此，他并不是"平铺直叙"，而是每一段唱段都有起、承、转、合，和剧情以及人物的情感高度呼应。

例如《霍小玉》中最后一段〔流水〕：

> 曾记得那定情私语话衷肠，
> 一些儿瞒不得那雪衣娘。
> 又谁知那海誓山盟都是谎，
> 你弃旧怜新，抛得奴孤苦凄凉。
> 旧日恩情你全不想，
> 忘却了那等残画阁，月暗星稀，迟松纽扣，羞整翠翘，
> 曲效于飞，怎样的依偎，往事思量怎不悲伤。
> 私拭千行泪，暗断九回肠，为郎憔悴却羞郎。

在这段〔流水〕唱段中有几个节奏的变化。"一些儿"的大撤，仿佛已经进入了曾经美好的回忆；其后回到原节奏，到弃旧怜新的"新"又是一个拉长，这个"新"字是霍小玉心中的痛；"忘却了"节奏下来开始了点状排列式唱法，仿佛往日温情的画面一幕一幕在眼前闪现；"私拭千行泪"节奏再次恢复，也将霍小玉从往事的悲情，拉回到现实的残忍。一段〔流水〕跌宕起伏，观众完全跟着霍小玉的情感穿梭于回忆与现实之间，曾经的美好更衬托了如今的悲凉。

荀派唱腔非常强调以情带声，在声音特点上，以小嗓为基础，适当

加入了宽音和底音,特别在悲剧角色的唱念上更加明显,也是舞台生活化的一种表现形式。这一点在念白上也很明显。

(二)悲剧的念

荀派悲剧念白充分运用了语气、节奏、间歇、吞字、气音、哭音、破音的手法,有时也许并不一味追求唯美,但却绝对符合人物情感、身份及其性格特点。例如:《杜十娘》中杜十娘得知李甲将其卖与孙富后,独坐房中的一段念白:

> 想我杜十娘怎么这样的命苦,
> 多少王孙公子,想要买我为妻。
> 我不肯做那玩赏之品。
> 谁知我选来择去,竟选了这无义的小人。
> 人人都道我名利双收,何等荣幸。
> 怎知我背后凌逼,实难忍受。
> 实指望与他白头相守,
> 谁想他竟贪图这一千两银子,就将我卖与他人。
> 苦啊,苦。

整段人物念白以情感为主,弱化韵律,整段念白荀先生似乎都是在哽咽中念出来的,喉音、气音、破音都有所运用。其中"背后的凌逼"的"背"字用了破音,其命运之悲惨,是一种精神上的、常人无法理解的、那种极致的无奈,已经无法压抑,以至于声嘶力竭,如鲠在喉;而随后的"实难忍受"的处理,更像泄了气的气球,每一个字并不再是韵律的均匀铺开,而是一种伴随着绝望的泄气,而其中夹带的哭音,更是杜十娘悲痛至极下最后的一丝柔弱;最后两个"苦啊"是绝对的经典,悲伤至极荀先生并没有将其处理为撕心裂肺的哀嚎,更没有耍高腔,此时低婉的呻吟也甚是多余，也更没有连续的抽泣和断音；第一个"苦"深吸了一口气，由心而出的一声叹息，第二个"苦"更是字刚出，便有一种悲从心来的感觉，任何声音都发不出来了，抬头、仰面、转身的一系列动作将人物的绝望之情表现得淋漓尽致。

有一种悲叫作无声的呻吟，人悲伤至极，是无法发出声音的，荀先生在杜十娘身上的处理便是如此，是何等的悲伤欲绝才能怒沉百宝箱，投河自尽？所以他整剧都没有用过"喂呀、诶呀"这样的哭，因为这意境无法表达杜十娘临死前复杂的情感，怨、恨、悲，更多的是悔。人在悲伤至极是没有眼泪的，此时无言的呻吟更能震慑人心。荀慧生先生强调"唱腔念白语气化"，就是向生活靠拢，这是荀派大胆的突破，以及坚持以情出发的原则，使得角色鲜活可信有真实感，形成了独特的演出风格。

（三）悲剧的表演特性

荀派悲剧，打破了行当的限制，荀慧生先生认为，无论你唱的是哪一行，人物是顶要紧的，人物具有一定的变化性，而行当是一个大概的概括。行当是一类人，但具体到某一个人物可能是多行当的融合，那么就要求演员在表演上要灵活，以情出发。这一点在荀派悲剧中更为凸显，荀派悲剧大多都是由喜转悲，随着剧情的变化，人物的经历和内心的变化与成长，讲一个完整的故事，以及一个女人从青春蓬勃、走向灭亡的一生。

她们大多突破了行当的限制，例如《金玉奴》中，金玉奴从一个"乞丐之女"后成为千金小姐。这个中间的变化绝不是一个行当的表演特性能够囊括的，"豆汁记"时她还是不经世事的少女，青春懵懂，穿的也是裤袄，眼神是灵动明亮的，视线的转移是快的，脚步灵动轻盈，跑、跳、小垫步都会频繁出现，是典型的小花旦表演。嫁给莫稽后便算是成人了，表演也要相对稳重，但此时她还是那个沉浸在爱情美好中的小女人，对未来充满希望，但在经过"三报"之后，她的心情急剧变化，特别是面对莫稽对父亲的欺辱，更是苦从心来，此时的表演便开始趋向于青衣的表演，因为人物情绪发生了极大的转变，如此复杂、纠结、悲苦的心情，与活泼开朗的花旦行当已经十分不符。脚步随着情绪的转变也变得沉稳、沉重。再到后面"推江"，遇林大人，大段的哭诉唱腔，是非常符合青衣的表演特点的。如此，在一个完整的人物中所运用的行当特点是多样的，而将多样融合起来，想让观众不觉得突兀，便要从人物出发，为每一个程式找到情感依托、行动依托，让程式化表达完全"活"在舞台空间内，并可以产生一定的自然表达。

就突破行当这一特性，荀慧生先生所创作的剧目中还有一人分饰两角的，比如《红楼二尤》《勘玉钏》两出戏均是一个角色为青衣，一个行当为花旦。悲喜情节在一出剧目中不断切换，特别是《红楼二尤》中尤二姐、尤三姐的性格不同却都难逃悲剧的命运，两者都是以死亡告终，但在男权社会下，死亡却也有不同的意义。

荀慧生先生所创造的悲剧，是有一定的共性的，他从人物本性探知，挖掘其丰富的情感变化，再由情出发，创造了一批极具个人特色的人物和剧目。其中，《金玉奴》《霍小玉》《红楼二尤》《钗头凤》《勘玉钏》《杜十娘》《鱼藻宫》等具有悲剧色彩的剧目更是精彩绝伦，感人至深。

二、荀派悲剧的创作特点

荀慧生先生创造的悲剧的特点分为几个方面：故事的完整性，题材选择，人物内在的共通性。荀慧生先生喜欢观察女性，也善于从女性角度思考。由于他出身贫寒家庭，更是对那些生活在底层，或是受到压迫的女性更为关注，他自己创作的剧目大多为男权社会下的女性鸣不平，反映女性受到迫害的一系列悲剧《霍小玉》《红楼二尤》《杜十娘》《鱼藻宫》《钗头凤》，其对戏情戏理的深入探索，委婉缠绵、深沉细腻的悲剧性唱腔，程式生活化的表演特点，使观众身临其境，展现出强烈的戏剧性，使观众不禁动容。

（一）荀派悲剧的完整性

荀派剧目，特别是荀派悲剧，都力求"讲一个完整的故事"。剧中的人物似乎都在舞台上展现了一生的命运，她们的悲剧性人生，是根据情感变化而来的，剧中的角色大多从朝气蓬勃、含情脉脉、对情感世界充满希望的少女，慢慢地经过情感的跌宕起伏，看尽世态炎凉，甚至走向人生的末路，最终只能用死亡来结束悲剧性的一生。荀派悲剧在情节设置上的完整性，使其表演突破了行当的限制，由于人物是不断变化的，特别是在内心情感上的变化，那么就要求演员根据戏情、戏理来调整表演手段，并将"手段"融于一体，使人物真实鲜活。

这种完整性，也使得剧目本身极具观赏性和极强的戏剧性，因为荀派作为花旦的最大流派，从行当的特性上来说是擅演喜剧的，荀派所饰演的女性角色，本质都是纯真的，其或开朗活泼，或泼辣放荡，由于性格的鲜明特点，都是以喜剧开始，而后随着情感的变化，观众眼睁睁看着一个个鲜活的生命走向灭亡，大喜大悲。无论是从技术的观赏性，剧情的故事性，还是情感的剖析和对于人性命运的思考，都使得荀派悲剧形成了独特的悲剧风格。

（二）荀派悲剧题材的共同性

荀派悲剧人物，是荀慧生先生创作出来的一批表达在封建社会压迫下的女性。她们是男权社会下的牺牲品，那种无奈和无力变成了一场又一场的悲剧。荀派悲剧中的女性有一定的共通性，她们大多是社会底层的女性（戚姬除外，但从身份上来讲在吕雉的后宫统治下，戚姬也是身份低下）。但她们的性格都是至真至纯、至情至性的。她们的真，造就了她们的烈，在情感上不容任何的玷污。

无论是《红楼二尤》中无拘无束、敢爱敢恨的尤三姐，还是《霍小玉》

中才情无限,却一片痴情、含恨而死的霍小玉,甚至是《杜十娘》中虽落入风尘,却也不愿成为被把玩之物,万念俱灰,怒沉百宝箱的杜十娘……她们都在努力追求着情感的自我归宿,最终却无法摆脱悲剧的结局。她们痴心、痴情、哪怕最终看清了真相,看尽了世态炎凉,也不愿妥协,宁可以死明志,这是一种抗争与反抗。相比较而言,同是通过悲剧对封建社会的控诉。

荀派悲剧的完整性,以及人物性情的共同性,使其形成了一套完整的创作规律、唱腔技巧及表演特点,无论是从身段、动作、念白、唱腔,甚至是情绪处理上都极具特色,"完整性"使其在人物塑造时,要求演员"驾驭全剧节奏,不平均使用力量",根据情感需求,时而刚劲有力,时而强调延伸、缠绵,节奏的处理要做到有层次、有重点,从人物本体出发,浓淡相宜,后味无穷。

三、荀派悲剧中对于女性自由意识表达

悲剧对于人内心的震撼是巨大的,人们会从悲剧中思考人生的价值和意义。所谓悲剧精神,并不一定是在悲惨的生活条件下产生的,更多的可能是一种平静的状态下滋生出来。人们会在悲剧中思考生存的价值和生存的意义。

荀派悲剧大多是从人物自我生命出发,对于女性情感价值观的理解,其实很符合当代女性的情感价值观。荀派悲剧从个体出发,而不是从大背景和大道理出发。这些女性角色,本质纯真,有着强烈的生存意志却最终走向了悲剧的结局。在男权社会下"青衣"的苦情戏似乎合乎常理,性情柔弱温顺,总会难逃命运的捉弄。却不料那些个性鲜明、敢爱敢恨之人却也难逃悲剧的命运,喜中见悲,更是让人痛彻心扉,强大的反差不仅增强戏剧性,也震慑了人们的心灵。

她们非爱即终,那样决绝,荀慧生先生创作的剧目,一改中国传统

戏曲常见的大团圆结尾，直面人生的残忍与惨痛。《金玉奴》具有悲喜交集的性质，金玉奴虽然被莫稽所伤、所弃，却死而后生，在父爱下继续生存。而霍小玉、杜十娘、尤三姐，她们的死亡结局是无选择下的选择——在男权社会压迫下的无奈，只能选择妥协？不，至少还有选择死亡的自由，而恰恰死亡给予了她又一次实现自由意志的机会。若死亡是人不可摆脱的归宿，那么人生的意义与悲剧表演的功能何在呢？死亡，是悲剧的最常见的表现形式，死亡本身便赋予了生命意义，而爱往往比死亡更有力量。荀慧生先生演绎的女性，她们是对爱情执着的人，为爱而生，为爱而死。既然不能得到爱情，也绝不选择顺从而失了本性。

　　人们之所以能够认识死亡，是因为人有对生命的渴望，当生命的璀璨被压抑，那么死亡便是自由的最后的权利。荀派悲剧中走向死亡的女性角色，所体现出的"自由"意识，更多地引发了人们对生命本体的思考。

"荀"美

傅 彬

"爱美之心人皆有之",这句话说出了人们对美的需求与向往,人们总是不自觉地想走近美好的事物,去欣赏它、爱护它,并从中获得愉悦的感受,这是一种精神上的享受。在我们的世界里,美无处不在,有自然界天然带给我们的,也有人为创造的,比如艺术,它是人类创造出来的"人工美",它给我们带来了美好的感受,也因此成就了众多的艺术家。而荀慧生就是一位创造"人工美"的大家,他开创的京剧花旦行当"荀派",正是"人工美"中浓墨重彩的一笔。

荀慧生从7岁便跟随河北梆子艺人庞启发开始学戏,由于庞启发善演青衣、花旦、刀马,所以荀慧生自入门起就必须以男儿身演绎女娇娥,虽说荀慧生天生一副清秀的样貌,但要想成为旦行演员,他必须一改男儿的阳刚硬朗,学习女性的柔美。比如他要练习踩跷将木质的托足板绑在脚上,以模仿女性的三寸金莲;他要模仿女性的步态与神态;模仿女性尖细的声音,用小嗓发声;他更要穿上女性的服装,戴上女性的发饰,直到观众完全忘记他本是男儿之身。荀慧生善于揣摩人物的内心活动,再通过外在的肢体表演将内心情感活动展现出来,还善于设计一些细小的动作以衬托角色的性格。因此他的表演非常细腻,很注重细节的表现。

舞台上的荀慧生展现着各类女性的风采，仪态万千美到不可言表，美到让人心醉、让人心痛，让你沉迷在他的表演世界里无法自拔。他的美是千变万化的，如果根据角色的类型划分，我们可以看出他的身上具有稚气之美、柔和之美、悲情之美、英气之美。

稚气之美。稚气是每个人都曾拥有过，专属于孩童时代的特性。那个年龄的人们总是比较单纯天真，眼里充满了对世界的渴望、幻想、憧憬与迷惑。用有限的认知，审视、评判着生活，想当然地用自己的理解行事。虽然有时未免显得有些幼稚，但也正是那份幼稚让人心生怜爱。像《小放牛》中的村姑，一个活泼机灵能歌善舞的小女孩，与牧童两人一问一答有来有往，唱着民间小调，说说笑笑相互打趣，在欢声笑语中展现着两个顽童的童趣；像《勘玉钏》中的韩玉姐，一个正直敢爱又好像有点冒傻气的女孩，得知哥哥冒名骗得俞素秋失贞自尽，能正直地批评哥哥的所为不偏袒护短，为了弥补哥哥过错将自己"赔"给张少莲做妻，来补偿张少莲的丧妻之祸，这种补偿方法估计也就小孩才能想得出吧。从情理上讲韩玉姐"赔"给张少莲做妻根本无法补偿钱家的丧女之痛，这与韩臣的量刑完全无关。结果糊涂官就真的稀里糊涂撮合了这样一段玩笑似的姻缘，还弄了个团圆的结局，这要是在现实生活中受害者家庭怎么能接受这样的糊涂结局呢，不过既知是戏就不必深究了；或是《铁弓缘》中爱憎分明的陈秀英，给纨绔子弟石文送茶的时候用大铁壶，大茶碗，一脸不悦跺着脚就差把碗摔在桌子上。可给匡忠送茶的时候立马换了精美的瓷质茶具，满面春风步伐轻快。对待两个人态度形成了鲜明的对比，充分表现了她爱憎分明的性格。在塑造这类角色的时候，荀慧生会设计很多像是噘嘴、抖肩、跺脚等小动作，表演节奏轻快干脆，充分展现了小女孩的朝气、淘气、稚嫩的特征。这类充满稚气的角色通常应工小花旦，深受观众的喜爱，受众面也是最广的。毕竟大家都幼稚过，这类角色最容易引起观众的共鸣，不论角色做了什么，观众总是能报以会心一笑，玩味着这份天真与简单。

柔和之美。温柔和顺是古代女子很重要的行为准则，这一准则是不分门户高低的，出嫁前孝顺父母最重要的是一个顺字，在某种意义上顺即为孝。出嫁后要顺从丈夫，对夫家的意愿要百依百顺。温柔则成了婚姻稳定的润滑剂，对婚姻的持久起了重要的作用。因此，在戏曲舞台上自然不会缺乏这一类女性角色。比如《金玉奴》，金玉奴是一个性情温和心地善良的女孩，见到莫稽遇难心生怜悯用豆汁救了他的性命。面对父亲的误会与怒气也只是委屈的轻轻啜泣，不与父亲顶嘴。婚后莫稽高中，他对金家父女的鄙视毫无隐瞒表露无遗，而金玉奴却选择了隐忍，即使为自己的父亲感到愤怒和委屈，都没说出一句顶撞莫稽的话。最后莫稽狠心将她推入江心，企图另攀高枝。而金玉奴在得救后，依然选择原谅莫稽，夫妻团圆。然而荀慧生先生认为，如果还按照老剧本演出，一个是没有什么新意，此外根据当时新女性时代的价值观，如果金玉奴还是委曲求全怕也让观众感觉不舒服，所以将结局改成金玉奴拒绝与莫稽再为夫妻，而莫稽最终丢官罢职再次沦为街头的乞丐，金玉奴争夺了一份尊严与骨气。不但给老戏添了新意也顺应了当时观众的观念，让这出经典老戏获得新生。再如《红楼二尤》中的尤二姐，也是一个温顺的女人，被贾琏的花言巧语哄骗，委身于他做了妾，却受到王熙凤百般羞辱，最终被害得丧子吞金而亡。由此可见，温柔和顺并没有给她们带来幸福，她们的隐忍，她们的委曲求全，让她们付出了惨痛的代价。在那个男权的封建社会，这样的遭遇可能并不新鲜，或是早已习以为常。当然，也可能是比较特殊的个案，就是因为太过典型才会被剧作者拿来当故事题材的吧。毕竟现实生活中很多女性就是这样"温柔和顺"地度过一生，至于幸福与否谁会在乎呢？也许很多女性自己都没有考虑过吧。因此荀慧生为一些温柔和顺的女性加入了一丝反抗意识，在自己遭到不公平待遇时敢于反抗，既是对封建制度的抗争也是对命运的抗争，为软弱可欺的封建女性注入了新的时代精神。

悲情之美。顾名思义是悲伤的情感，在戏曲舞台上通常多用于演绎爱情故事,爱情是人类情感中永恒的话题,它是最美好的情感之一,然而爱情也可能成为最锋利的利器毁人于旦夕之间。对封建社会的女性而言,爱情是真正的奢侈品。封建社会的女性在婚姻方面是没有自主权的,社会不允许她们自由恋爱,她们可能从小就与表(堂)兄订下婚约,或在成年时凭借父母之命媒妁之言嫁给从未谋面的人。爱情对于她们来说全凭运气,如果订下婚约之人碰巧是自己所爱或婚后能培养出爱情,那是幸运的。如果不是,就只能放弃爱情,毕竟大部分家庭没有爱情也能相安无事地过一生。然而也有一些女性崇尚爱情,追逐爱情,为爱而生为爱而死。如《霍小玉》,才貌双全又对李益痴心一片,李益爱其貌美便与霍小玉走到一起。可面对仕途的发展李益毅然抛弃霍小玉另娶他人,一句父母之命媒妁之言便将霍小玉永远地拒之门外,全然不念曾经的温存与誓言。最终绝望的霍小玉为这段感情赔上了性命。在塑造霍小玉病重阶段,荀慧生加入大量气声的运用,用气拖着字似断非断,又加入了大量的无声表演,将霍小玉那种欲哭无泪垂死挣扎的心情准确地刻画出来。也使得《霍小玉》成为荀派最著名的悲剧剧目。再如《钗头凤》中的唐蕙仙,自幼与表兄陆游定下婚约,却因为陆母听信恶僧谗言趁陆游赶考之际将唐蕙仙送入庙堂。后阴山侠士宗子常杀恶僧,才使唐蕙仙免于落入歹人之手。陆游返乡却不见了唐蕙仙的踪迹。直到在沈园相遇写下《钗头凤·红酥手》表达了对唐蕙仙的眷恋与思念之情。唐蕙仙读后悲恸万分,积郁成疾。虽然最终陆母幡然醒悟同意陆游迎娶唐蕙仙,怎奈缺月终未得圆,空留遗恨在人间。两位才貌双全的女子,为了爱情倾其所有,她们用生命作为爱的代价。霍小玉错将爱情托付给了负心的李益,只落得被抛弃抑郁而终;唐蕙仙虽有婚约又与陆游真心相爱,却没能敌过父母的阻碍,空留一阕《钗头凤》凭吊已逝千古情。剧中荀慧生细腻柔情的表演,曾引得无数观众为之落泪,特别是他如诉如泣的演唱直击心底,唱出了霍小玉与唐蕙仙对爱情的渴望与执着。美好的爱情令人向往,但被毁灭的爱情更令人难忘。荀慧生塑造的悲情女子十分耐看,从高兴到失望,从失望到绝望,他能准确地把握住人物内心的活动线,层层递进一步一步将情绪推到制高点,再去摧毁它,也将观众的心理防线一层一层地打破,直到跟随着角色一起被推向崩溃的深渊。因此荀慧生塑造的悲情女子是最难人寻味,百看而不厌的。

英气之美。如果能在女性身上体现出来英气之美,那一定是身怀武艺的女中豪杰。封建社会女性是以柔为美的,并不提倡女性练习武艺,所以武艺高强英气逼人的女性绝对是少数或极少数的人群。比如《十三妹》中的何玉凤,乃是军官之女,在父亲被奸臣迫害致死后流落江湖,一面行侠仗义一面伺机复仇。她与书生安骥虽是萍水相逢,却全力相帮一路暗中保护。她在能仁寺杀了一干恶僧,救出张金凤一家,还顺势撮合了安骥与张金凤的姻缘。堪称侠肝义胆、悲悯众生,绝对不负女侠之称。能凭一己之力救得张金凤一家性命保得安骥一路周全,她的胆识与能力,特别是武艺绝不是一般人能够比肩的,因何玉凤身会比别的女性多带有一些正气与霸气。再如《大英杰烈》中的陈秀英,陈秀英也是个武艺高强的女性,她与匡忠以武结缘。却因为石伦父子的迫害,致使匡氏父子被发配充边,夫妻二人未得拜堂便要分离。陈秀英杀死前来抢亲的石伦,女扮男装携母前去寻夫。至二龙山冒充匡忠挚友王富刚之名与石伦之父石须龙对抗。最终陈秀英刺死石须龙与前来应战的匡忠阵前相认,夫妻团圆。陈秀英能带领山寨的杂牌兵与官府的正规军相抗,还能取得胜利,这不单单需要高超的武艺还需要统领军队的能力,单凭这一点就能让很多男人汗颜。女扮男装这段表演,花旦演员要扎靠、穿厚底、舞大枪,完全是长靠武生的架势,将陈秀英的将帅之才展现出来。这两个角色都身怀武艺,她们的英武之气绝不输于男性,只是这类角色对演员的武打功底要求比较高,特别是《大英杰烈》要反串武生,表演难度很高,能应工的花旦演员并不多。除此之外,荀慧生还找到了另一条展示自己英武之气的途径。反串《白水滩》中的十一郎,这本身就是一个归行于武生的男性角色,对于旦行演员来说是反串,可对于荀慧生来说也许是想展示一下自己男子气概吧。不管怎么说，这出戏对荀慧生的武功功底提出了很高要求，特别是棍花，一定要虎虎生风，绝不能软绵绵的，如果让观众在觉得是旦角玩票那演这出戏的意义就没有了。所以，荀慧生是完全用武生的标准要求自己的一招一式，可以让观众完全忽略自己的行当问题。反观之，能够应工长靠、短打武生剧目的荀慧生，应对旦行剧目中那点武打戏应该是非常轻松的。

"太美了，每一个动作都特别美"，每个向我讲述荀慧生表演的老师都会这样形容，她们说荀慧生的美不仅是外在表演，他已经美到骨子里，美到了心里。这种美已经长到了他的身上，只要他站在舞台上你就能时时刻刻感受它的存在。荀慧生的塑造能力是毋庸置疑的，他对各类女性的认知甚至超越了女性本身。他客观的观察、研究形形色色的女性，提炼出最具有代表性的行为模式、思维模式加以艺术加工呈现到舞台之上。当然他所演绎的女性美远不止文中提及的这些，可惜他没有为后人留下视频资料以供学习、研究。我们只能在不多文字图片资料和老艺术家、评论家、戏迷票友的口述中去想象他呈现在舞台上的美丽。

对美的欣赏因人而异，这是人类纯粹的意识世界的活动，每个对美的定义都是不同，然而荀慧生却满足了观众对各种美的不同需求，让每个观看演出的观众都能从他的表演中得到美的享受。我想这也是为什么他能让观众念念不忘，能让后人视为楷模典范，能让他立于足"四大名旦"之内的原因吧。而今，他的真容我们已经不可能再得见，然而他的美丽却通过他的弟子乃至再传弟子依然展现在舞台之上，让我们还能对他的风华绝代窥探一二。

荀慧生早年艺术探微

孙大乐

荀慧生先生是著名的京剧表演艺术家、"四大名旦"之一，在二十世纪京剧史上举足轻重。荀先生开创的荀派表演艺术，对传统京剧花旦行乃至整个旦行都有丰富、发展和借鉴性，荀派传人、著名京剧教育家、表演艺术家孙毓敏老师曾经把荀慧生先生的表演艺术归纳为"三化三感"，即："生活化、个性化、趣味化"；"时代感、真实感、幽默感"。这是对荀派表演艺术精髓的总结，也是了解、学习和掌握荀派艺术的真谛。

当今的戏曲舞台上，荀派艺术可以说是硕果累累、传人辈出，这是很可喜的成果，但是我们在舞台上看到的大都是荀先生晚年或者荀派被誉为经典的剧目，如《红娘》《红楼二尤》《勘玉钏》《金玉奴》等，偶尔能看到荀派风貌的《玉堂春》，至于荀先生早年的一些剧目和他所演的"宫中"的旦行戏却很少见到，虽然这不仅是荀派一个流派所出现的问题，但对于学习和继承艺术流派的传人来说并不见得是好事。戏词里常说"树从根脚起，水打源处流"，学习一个流派也要这样，不仅要学习流派创始人最经典、最成熟的东西，更要学习其艺术形成、发展和成熟的一个脉络，这样才能更好地把握前辈大师的艺术轨迹并内化为自己的东西。近年来对于荀慧生先生和荀派艺术的研究著述很多，但是系统研究荀慧生早年艺术经历和荀派艺术早期特点的并不很多,本文尝试从几个方面来探索荀慧生先生早年的艺术脉络。希望通过荀派艺术形成前的积淀,能为学习和继承荀派艺术提供一些参考。

一、荀慧生早年演出的京剧剧目及其特点

荀慧生先生的艺术经历与"四大名旦"中其他三位有很大不同,荀先生早年是学梆子出身,师从庞艳云并得"老十三旦"侯俊山的亲炙。彼时虽然皮黄已经风靡天下,但是在京津冀一带,山陕梆子和由其发展而来的京梆子仍有很大的观众市场,在此阶段荀慧生先生学习并演出了大量的梆子旦行的剧目。随着社会发展和观众艺术审美的变化,京剧的辉煌逐渐压倒了其他地方戏曲,荀慧生也深深为京剧艺术的魅力所吸引,所以他经人介绍先后跟随陈桐云、乔蕙兰、曹心泉、李寿山、陈德霖、吴菱仙、路三宝、程继先等先生学习京昆艺术,经过刻苦的学习于1917年正式改攻京剧。由于他有深厚的梆子戏的基础,改演京剧后,他改编上演了很多原有的梆子剧目,如《花田错》《金玉奴》《元宵谜》《辛安驿》《庚娘》等,这些剧目后来都成为荀派的代表性剧目。

荀慧生先生的梆子戏基础是非常扎实的,他早年学戏特别刻苦,熟练地掌握了梆子戏旦行的繁难技巧,这为他后来丰富和发展京剧花旦行当并形成具有自己特色的表演流派奠定了坚实的基础。荀慧生先生晚年,接受采访时曾经回忆说:"梆子旦角功夫深,讲究表演技巧,而且梆子是写实的,二黄比起梆子来显得浮。我讲喜剧花旦,观众承认了,说我丰富了花旦表演。其实那是由梆子来的,这就是因为我有一些梆子底子。"荀慧生先生能把不同剧种的表演风格和艺术方法横向联系、比较并加以结合吸收,这是一般演员难以做到的,经过他不断地加工、整理和舞台实践,前面提到的很多剧目都成为荀派的经典,也为京剧花旦行当提供了很重要的范本。例如《金玉奴》这出戏,旧名《鸿鸾禧》,取材于古典

小说《今古奇观》中的《金玉奴棒打薄情郎》，在梆子、评剧、川剧、徽剧等地方戏曲剧种中皆有上演，荀慧生先生改编成京剧后在故事情节上不断完善，最终成为现在的版本。有一些梆子戏的剧情过于简单，内容设计也不尽合理，这些和京剧表演的要求也有差距，为了更加精致化，荀慧生还把很多粗糙、简单的剧目完善、丰富，《香罗带》就是其中的一出，这出戏是根据梆子戏《三疑计》改编，故事情节基本一致，但是在表现形式和处理环节上有很多创新，使原有故事主线清晰，层次分明，也成为荀先生早年常演不衰的剧目之一。

总体来看，荀慧生先生早年上演的京剧剧目，有大部分来自于梆子戏，其中有一些经过他整理、加工，丰富和发展了京剧剧目，把梆子戏的演出技巧和表现形式也融入到了京剧里面，为京剧注入了更新鲜的活力。学习荀派艺术，必须要考量和探索他早年梆子戏的源头，并从中分析理解今天一些荀派剧目的发展脉络，这样才能更加深刻理解荀派艺术的发展历程，进一步从根源上找到与荀慧生先生艺术精髓的契合点，才能更好地学习和继承荀派艺术。

二、海派艺术思潮对荀慧生的影响

荀慧生先生正式改演京剧后，可以说为当时北京京剧舞台上带来了一股新风，受到观众的热烈欢迎，加之很多皮黄老演员的提携合作，声名鹊起。但当时毕竟去帝制未远，特别是北京梨园界传统守旧的风气还很重，由于荀慧生是梆子演员出身，在当时还是很受排挤的。正在他前途黯淡之时，上海天蟾舞台派人来北京约角演出，聘请国剧宗师杨小楼先生组班南下，经过众人推举和杨小楼的筛选，决定老生为谭小培、青衣为尚小云、花旦刀马旦则是荀慧生（白牡丹），虽然很多人向杨先生进谗言，说白牡丹不够份，梆子改皮黄等等，但是杨小楼力排众议，带荀慧生南下上海，他认为荀慧生有前途、玩意地道，将来的前途并不亚于梅兰芳。正是杨小楼，成就了荀慧生后来的艺术人生，从某种意义上说，如果没有杨小楼先生，可能就不会有后来的荀派了。

1919 年，荀慧生随杨小楼到上海演出，仍以艺名"白牡丹"示众，与同去的谭小培、尚小云，以"三小一白"而享誉沪上。他演的第一出戏为学自侯俊山的《花田错》，虽然他改成了京剧演法，但艺术的内核并没有大的改变，技艺的展示也是相通的。结果荀慧生一炮而红，他后来回忆说："那时我刚露头角，初生牛犊不怕虎，可大家都为我捏一把汗，打炮戏是《花田错》，我扮春兰，尚小云先生捧我，扮了个配角刘玉燕小姐，李桂芳扮卞玑。我把梆子花旦的跷功技巧融会贯通于京剧花旦表演之中，给上海观众一种崭新的艺术享受，这第一炮就在上海打响了，我也在上海站住了脚跟。"当时上海著名画家胡佩衡为荀慧生作诗一首，其中两句"万人空巷观荀郎，春申争看白牡丹"，充分说明了他的受欢迎程度。

一炮走红后，荀慧生在上海演出前后达七年之久，这期间他演出了《西湖主》《新玉堂春》《南天门》《黛玉葬花》《七擒孟获》《珠帘寨》《宝蟾送酒》《千金一笑》《翠屏山》《春香闹学》《虹霓关》《游龙戏凤》《棒打薄情郎》《三戏白牡丹》《天门阵》《新斗牛宫》《樊梨花》《卧薪尝胆》《姜子牙做亲》等剧目达七十余出，从这些剧目我们可以看出，有传统的京派戏，也有相当一些海派剧目。上海在当时是最能接受新鲜事物的城市，可以说是"兼容并包"，其艺术思潮也自然影响着初出茅庐的荀慧生，在上海立足之后，他和冯子和、周信芳、李桂春、盖叫天等沪上名家多有合作，对他的艺术观有很大的影响和改变，这为他后来确立自己表演特色的花旦艺术也增加了养分。不仅海派京剧对荀慧生有重要影响，海派的绘画艺术也深深影响着荀慧生。在沪期间，荀慧生拜著名国画大师吴昌硕先生为师，而沪上的文化界人士更是组成"白社"，为荀慧生艺术做宣传，并在艺术实践上对他进行帮助。他大胆地利用舞台布景、灯光等设施，把原来故事情节不完善的剧目增益首尾，并请上海的文人给他编排《元宵谜》《西湖主》等新戏，为他的艺术拓宽了道路、丰富了舞台实践。

荀慧生在1957年4月发表的《由衷之言》里记录道："我学习皮黄之后，当时戏曲界有京朝派、外江派的门户派别。那种顽固闭塞、排挤倾轧的作风，不是现在的青年人所能想象的。我勉强地支撑了几年，终于敌不过反对势力的包围，只得远走外地，于沪、甬、嘉等地，逐渐博得了群众的同情，同时也巩固了我个人对艺术的信念。"由此可以看出，荀慧生早年的艺术发展也是经历坎坷，不得已而为之，但正是这样的"不得已"才让他充分吸收了海派艺术的营养，为他以后开宗立派奠定了坚实的基础。

三、早年的艺术探索是荀派形成的基础

荀慧生早年的舞台实践，获得的并不仅是名利，而是大大地开阔了视野，为他艺术道路的创新提供了更广阔的空间。由于他注意借鉴、吸收海派艺术的营养成分，结合京、梆的优长，技艺大进，赢得了很高的声誉。1927年，荀慧生重返北京舞台，令观众和同行刮目相看。在根据李渔《意中缘》改编的《丹青引》中，他饰主角杨云友，边唱边挥毫泼墨，人人争看，满城争说，也正是这出戏使他跻身"四大名旦"之列。

值得一提的是，在上海演出期间，荀慧生还第一次灌制了唱片，充分利用了当时的先进科技为自己的艺术做宣传。1922年5月22日，他在百代公司灌制了六只蜡筒唱片，据当时报纸记载："一为《醉酒》四平调三眼一段，一为原板一段，至'来在百花亭'止，完全不缺。一为《玉堂春》西皮导板及回龙并代三眼一句，一为玉堂春接唱二句，至'在院中住了正九春'止。一为《西湖主》二六八句，流水四句，一为《樊江关》西皮原板八句，摇板二句，共成三片。制片手续甚繁，八九月间方能发行。是日留虽六筒，而唱实倍之。筒之地位有限，又有固定之分秒，少既不可，多唱一丝亦不合用。初唱《醉酒》头段，换筒凡四，《樊江关》亦更易重灌二次，只二段《醉酒》及接唱《玉堂春》一次便合，予于此乃知收音之难，

所有有局促不能安详者也。所留诸片，预为批评，以《醉酒》为最，《玉堂春》与《西湖主》无分轩轾，《樊江关》夹有念白数句，清脆之至，原来拟念《穆天王》白，惜未带小生，若得完全念白一片，南北更无其匹矣。西人于收毕，用出音针试开时，颇为赞美，亦奖其嗓音柔润，气节和平云。"这段当时报纸的记载不仅说明了荀慧生能够充分利用科技的艺术思想，而且也描述了荀慧生演唱和念白艺术的特点。在当时，灌唱片是需要有市场才能成行，这也从一个侧面说明他在上海期间受欢迎的程度之深。

早年的艺术探索使荀慧生在唱腔、念白、表演甚至服装、道具等方面都得到了前所未有的突破和创新，比如他在京剧的唱腔中适当加入梆子的元素，丰富原有的板式；在表演方面，深入琢磨刻画人物内心，充分吸收借鉴小生、武生等行当甚至舞蹈、话剧、电影等不同艺术门类的表演形式，丰富和发展了旦行的表演技巧。虽然他的改革有一些也失败了，有一些在当时遭到了同行的批评甚至攻击，但他都坚持住自己的艺术理念，立足传统、大胆创新，观众也逐渐被他的艺术所打动和吸引，而荀派艺术也应运而生。

四、对今天的启示

荀慧生先生一生上演剧目有三百多出，熟悉和掌握的剧目更多。这对今天的演员来说几乎是不可能的，但是流派需要传承和发展，如何能够从荀慧生早年的艺术经历中找出一些启示呢？通过前面的探讨，我们可以总结以下几个方面：

扎实的基本功是继承和发展京剧艺术的根本前提。没有坚实的基本功，一切的继承和创新都是纸上谈兵。荀慧生先生曾以切身的体会告诫他的学生们："若想学到功夫，对艺术有造诣，那必须进行长期的、艰苦的勤学苦练，别无捷径可走。"今天有一些演员在基本功还没有完全过关的情况下就盲目创新，急于形成自己的风格，这是急功近利的表现，时代不同，对现在的演员来说，继承还是很重要的一个方面。

博采众长是继承和发展京剧艺术的必由之路。没有一个前辈大师不是博采众长、转益多师的，"独学而无友，则孤陋而寡闻"，艺术要丰富和发展，必须借鉴同门类和不同门类的优秀方面，能够转化到自己的艺术实践之中，这样才能不断进步、不断完善，梅兰芳先生强调的"移步不换形"也充分包含这方面的内容。

勤学善思是继承和发展京剧艺术的重要方法。一个不善于思考的演员最多也只是"戏匠"。荀慧生先生虽然文化程度不高，但是他后天勤奋努力，善于观察、善于思考，把从社会、百姓和其他事物中观察到的特点融入自己的表演中去，特别是对人物的塑造中去，使他所展现的每一个人物都特别鲜活、生动、富有生命力。我们今天的演员大都经历过大学教育，对人物的理解和体会能力应该更强，演员要不断加强自身的文化修养，充分体会人物内容并分析观众的心理特点，这样才有可能使台上的人物进入到台下的观众内心，这样的演出才能受欢迎，那种只谈技巧而忽视甚至否认人物塑造的演员，是永远不可能成为真正的表演艺术家。

今年正逢荀慧生先生诞辰115周年，追思前贤、承启后人，我们对前辈大师最好的纪念就是要最大限度地继承好荀派艺术，并在可能的条件下多培养荀派传人，以荀慧生先生早、中、晚不同时期的艺术经历和艺术特点，系统梳理荀派艺术的发展脉络，让后学更清晰荀派的艺术源流并能结合自身特点有侧重地继承和弘扬，果能如此，在今天的京剧大环境下已经是"幸甚至哉"了。

最后，用老舍先生的一首诗，来表达我对荀先生的怀念：

    荀生胸有好山川，笔下风流胜自然。
    赠我云林一段景，长松巨瀑接青天。

与众不同的荀派艺术

孙毓敏

有人问我:"荀派艺术到底有哪些与众不同之处?它的特色是什么?"我想了半天,还是用一篇文字来加以说明吧!

先说唱,荀派的板式比一般流派多了两种。如:《勘玉钏》中的【二黄流水】:"事事万般难猜想";《红娘》中的【汉调】"我小姐红晕上粉面"。味道是柔多刚少,有人形容荀派的唱腔是"勾了芡",就如炒菜时放了芡粉一样的润滑。但荀先生本人唱【流水】或【垛板】时,由于语气的需要,也会唱得铿锵有力,加强力度。近些年,为了引起观众对荀派唱腔的重视和好感,我演唱时往往强调"结束感"(最后尾音用力)和行腔中特意安排的"颗粒感"(即行腔中由于节奏需要的"疙瘩腔")以形成软硬对比,从而引人入胜,同时舞台效果明显,也会使爱好者产生兴趣,同时也是引起乐队琴师愿意伴奏的动力。总之,在实践中证明是有效而好用的手段之一。

荀派的尾音不同:【二黄】腔中,常有1276的尾音和一般的i6不同,西皮常用6i6而与一般63不同。【西皮慢板】的第二字与第四字的尾腔中,比一般的唱法多一些尾腔,有人误以为是"唱了过门",实际上是荀派的特殊处理。荀派唱腔还有一个特色是为了强化语气而加了一些虚字。比如:

"小姐呀"、"夫人哪"等等，其中"咿、呀、哪、呃"这些虚字，的确能产生生活化的效果和强化语调的作用。

荀派的唱腔在处理节奏上也更强调对比，行内人叫作"大搬大撤"，而不是所谓的"圆"或"圆着下来的"。每段唱腔中总有两三处变换尺寸的地方，强化了难度。因此必须有私家琴师和鼓师方敢伴奏，不然初次合作必然把乐队甩在外面，这种难度也使爱好者望而生畏，不敢轻易学唱，因为唱得不准，拉得不严，便不易获得好评！但一旦弄准弄严了，仔细研究起来，还是很有深度的！

荀派的念白除了一般的韵白及京白外，又多了一种"谐白"，就是京中有韵、韵中有京的"风搅雪"的特殊念法——互相裹着，显得既有身份，又不失语气，别有一番风味，这种念白在《红娘》中使用最多。荀派的京白也与众不同，更强调快中寓慢、快而不乱，我们叫它"掰着念"，有点像小孩说话时用力说，又说不快，但很清楚的样子，很天真，很稚态，感觉类似"用半个嘴说话"，接近咬舌，但又不讨厌，又娇滴滴，有种很可爱、很年轻的舞台效果，充分展示了演员嘴唇与舌尖的功力，而不是满嘴运动。这种感觉需要口传心授、模仿练习，方能体会。

在韵白中为了强调语气和生活化，荀氏常会使用"哭音"、"气音"甚至"破音"来强调它某种特定的语气和语调，有时会使用话剧和电影中的"间歇"、"迸发"等表现手段。这些念白使人物活生生地展现在舞台上，更加动人，可信。如：《红楼二尤》中求告一段："大娘啊……"

荀派的做，更富有生活化的特色，形体应是"侧身、立脖、垂肩、挺胸、吸肚"，而不是"正身、伸脖、扛肩、抠胸、腆肚"的状态，只要其中一项不符，站在台上就不像荀派了，因为这些是荀派的基本身形。

说到动作，荀派的手势比一般的多了一种"稚指"。即只出食指，其余数指放松微握（不出"兰花指形"）。指时，不是向前猛戳，而是弯形向前又转回来，指的方向是向侧面而不是前方，这也需要手把手地传授、练习，理解错误便往往形成"开枪状"或"锥体状"，就不漂亮、不准确了。

另外，一般的指法往往是左手向左指，右手向右指，荀派则反其道而行之，右手向左指，左手向右指。

荀氏的眼神，最大的不同叫作"视象具体"。他在台上绝不看"茫茫一片大海"，而是看"第十四排观众头上的那个光点"，这种眼神也可叫作"互动"和"引领"。其实际效果是在10分钟之内与观众拉近距离，产生了似乎是在看熟人或亲属演戏的亲近感，也与观众产生共鸣和感情交流，迅速成为一个受欢迎的演员，而不是一个不招人待见的演员。具体的方法是通过眼珠及眼球周围的肌肉用力，做到"眼球放电"发亮而吸引人。当然眼球也有松弛的时候，在表现失望、悲哀、伤心、无助等表情时使用。因此，演荀派戏眼睛是很重要的，也是很累的！

荀派的腰的使用，往往是产生婀娜多姿效果的重要手段，腰可扭动，又要适度，这和筱派踩跷时的"扭动"不同，而是如民族舞蹈一般的大幅度变化。要伸展、要挺直，用侧腰，用拔肋，适度用胸脯，而不是"铁板一块"地不动，那样的所谓"庄重"其实是误区。

荀派的水袖运用也值得一提，由于荀先生是在17岁之后由梆子改学的京剧，又创立了荀派，梆子的水袖花、抛袖、压袖、单双扔袖、投袖等均被融入京剧之中，显得丰富而多样，受到观众的欢迎。尤其是"双背投袖"加闪腰，更是引人注目，受到极大的肯定。

荀派的台步，有小步，也有大步，必要时大步流星，使人物洒脱而痛快。荀慧生先生的圆场更是功夫到位，又快又稳，连跑三个，一个比一个快，观众大呼过瘾！

荀派的舞姿与民族舞有异曲同工之妙，它是伸展的、起伏的、优美的、有舞韵的，而不是缩小的、原地不动的、按照程式只讲"圆"而忽略美的！因此，凡是用小动作、像"猫洗脸"一样胸前动作是和荀派的审美背道而驰的！

荀派的幽默感，常通过耸肩表现。只耸　下，而不是数下或不断抖动。这"只耸一下"也有大、小、快、慢之分，都是根据语气需要，如慢："那我也没法子呀！"如快："婚姻事遂心愿又何必（耸肩）害羞（括脸,尾音,手绢挡脸害羞）"。而耸肩是从外国人的习惯动作中移用过来的。外国人说："不……"一定耸肩，表示无可奈何的幽默状，荀先生化用得恰到好处，成了和观众及时互动的重要手段之一。但用此动作不可多，一定要准确，适时，而且必须配合亮眼，不然就无效果。

总之，荀派艺术博大精深，值得我们后人不断研究，不断理解，不断试用，不断学习。我个人体会：荀派艺术是舞台艺术上非常科学而有效的审美成果，值得研究和深入体会，具体去尝尝它的舞台甜头和塑造人物的多样性的审美需求！

最后总结"动势要领"：手跟眼走，气领神行。
　　　　　　　　　　　腰扭同步，眼点终成。
"唱的要领"：气在音先，提领旋律。
　　　　　　时松时紧，腔毕气停。

荀派表演

从《霍小玉》看"荀派"表演

张正芳　傅彬

"艺术源于生活又高于生活",这是学习艺术的人几乎都知道的一句话,它说出了艺术创作的基本规律。每个角色都可以在现实生活中找到人物原型,在艺术创作的过程中,创作者会有意识地将某一类人物的遭遇,集中在某一个角色身上,通过夸张渲染等手段制造戏剧冲突,提高剧目的戏剧性,所以每个剧目都是生活的提炼与浓缩。

《霍小玉》正是基于这样的艺术规律创造而成的优秀剧目,众所周知它是荀派六大悲剧之一,是一出典型的悲剧题材剧目,演绎了一个女性凄美、短暂的一生,展现了在那个男尊女卑的封建社会,女性一生的命运都被捆绑在她所嫁的男人身上的悲哀。所谓"在家从父,出嫁从夫"诠释了男女地位极度不平等的状态。因此每个女人的出嫁对于她们来说都是一场豪赌,不但要苦心经营还要看自己的运气,而霍小玉便是押错了"宝",并为此丢了性命。此外根据唐代的婚姻制度,长辈可以包办子女的婚姻,并且不容置疑,否则要受杖责一百。它允许一夫多妻,还给予男人一个巨大的权利——"休妻",作为丈夫可以有各种理由休妻,不用获得女人的同意。所以,李益的负心有法律制度为他撑腰,因为李益的父母为他聘娶了侍郎卢志之女,不接受出身卑微的霍小玉。仅此一条,他就可以堂而皇之地抛弃霍小玉，一张休书就可以了结自己的麻烦，所谓"父母之命不可违"，因此在某种程度上霍小玉悲剧式的命运从一开始就注定了。

放眼封建社会，"痴情女子负心汉"的现象较现代社会相比更加普遍，霍小玉的遭遇绝不是唯一，从京剧舞台上我们就能看到《杜十娘》《红楼二尤》《鱼藻宫》等剧目，霍小玉、杜十娘她们代表了众多受到封建制度迫害的女性，从故事情节上看她们都是被抛弃背叛的女性，结局都是殊途同归。但从表演上看她们又是完全不同的，由于每个角色特定的社会地位、家庭背景、经历、所处环境因素的不同，必然导致不同的行为方式，形成不同的人物性格。

《霍小玉》讲述的是唐代霍王庶出之女小玉，为王妃所不容，将其母女二人赶出王府，定居长安沦落为"清倌人"。霍小玉喜爱才子李益的诗文，并对其产生爱慕之心。机缘巧合在鲍十一娘的撮合下，与李益结为夫妻。不料李益为了仕途，高中后另娶侍郎卢志之女。霍小玉相思成疾，特别是得知李益另娶他人后更是一病不起。此事被借宿的黄衫客得知，出于同情，黄衫客出面强迫李益到霍府与小玉相见，此时小玉已奄奄一息，面对李益的薄情寡义，霍小玉最终心灰意冷、撒手人寰。

之所以选择《霍小玉》这出戏，源于我与这出剧目的缘分。1941年我刚进入上海戏校一年多，巧遇荀慧生先生到上海中国大戏院演出《霍小玉》，这是我第一次看荀先生演戏，那会我年纪很小，很多门道都还看不明白，可是整场演出我看得激动不已，随着荀先生的表演，我为霍小玉高兴、喜悦、悲伤、痛苦，荀先生的表演却深深地打动了我，荀先生太美了，唱腔、念白、身段、神态，都美得让我惊讶，一场演出下来我就成了荀先生的忠实"粉丝"，因此这出《霍小玉》也在某种程度上又多了一层意义。1961年拜师后，荀先生帮我整理剧目，在谈话中我曾向先生表示，在所有荀派剧目中《霍小玉》可以称为我的最爱。因此，我至今清晰地记得，先生在帮我整理《霍小玉》这出剧目时告诉我，一定要进入人物内心，假设这个角色是你，你是多么喜欢那个心上人，爱读他的诗文，整夜无法入眠。最后他欺骗你抛弃你另娶他人，最初你都不相信，直到别人将其带到你面前，当面承认负心，你是多么痛苦、心灰意冷。先生让我真真切切地去体会角色的内心感受，体会角色的喜怒哀乐。

  先生告诉我，要成功塑造人物，必须要遵循"一切从人物出发"的表演规律，要分析剧本写了一个什么样的故事，发生了什么样的事件、分析人物，霍小玉、李益、霍母都是什么样的人，有什么样的个性，以及人物之间的关系。唱、念、做、打一切技巧表演都要服务于人物，所有的安排都要符合人物当时的内心活动。这里引用话剧的表演理论，可将其归结为行动三要素，即"做什么"、"为什么做"、"怎么做"。将有声表演与无声表演有机结合，在京剧里所谓的有声表演就是唱、念，它们是有抑扬顿挫、有间隙的有声表演，而肢体和面部则是无声的表演，因此我们要将戏剧的无声表演与有声表演合理地衔接起来，有时要用无声表演代替有声表演，以此达到更好的效果。

  《霍小玉》的表演中，第一场以【南梆子】开场，当丫鬟叫她的时候，她在帐子里还没睡醒，唱了第一句词"夜失眠只觉得精神涣散"，声音听上去非常慵懒，听声音就知道是个刚刚从睡梦中醒来还没有完全醒过神的美貌女子；然后伸手撩开帐子亮第一个相，并随着过门懒洋洋地下床转了一个身，手扶帐幔亮出很娇美的第二个相；接唱第二句词"又听得华堂内笑语声喧"一脸疑惑不明白为什么这么早华堂内（相当于现在的客厅）就有人欢声笑语的；第三句"问浣纱因何故将我来唤"虽然语气有点不太耐烦，但并没有责备的意思，可以看出她对下人还是很善良温和的，听到是妈妈到自己的房间，赶忙整理容装，怕会失礼，收起不耐烦的表情满脸笑容地接唱"见老娘深施礼忙问慈安"，可以看出她对老娘是非常尊重的；到最后一句"老娘亲唤孩儿有何事件"，她拽着老娘的衣袖哆哆地摇晃，开始跟老娘撒娇。整段唱腔并不复杂，身段也比较简单，但每一个唱腔和动作都符合人物当时的内心活动，将霍小玉对浣纱温和的态度、霍小玉母女间的亲昵都完整地体现出来,并完美地体现了一位刚起床的"睡美人"姿态。

当母亲念到"儿啊,你那心上的人儿李十郎他来了"在念"他"的时候老旦特意停顿了一下,这时候霍小玉也愣了一下,看上去连气都不喘,看着老旦满眼疑问好像是在问"他怎么了?"听到"来了"两个字,脸上的表情瞬间从撒娇变成了惊喜,将之前由于长期单方爱慕而导致的忧郁一扫而光,满脸都是欢喜的笑容,接唱"听说是十郎到喜在眉间"一改之前睡意蒙眬慵懒的神态,变成了喜悦的表情,特别是"喜在眉间"这四个字用高腔表现霍小玉当时喜悦激动的心情。当荀先生唱完这句的时候,观众就报以满堂彩来赞许他的表演。在见到李十郎之前,霍小玉手忙脚乱,找这个找那个,忙着梳妆打扮,一会出座一会又不放心跑回去重新照镜子,表现了一个少女在见到心上人之前,那种慌乱、激动、兴奋、迫不及待的心情,成功塑造了一位情窦初开、又显得有些手足无措的少女形象。

最后一场因李益离去杳无音信,霍小玉思念成疾,特别是当她得知李益负心的消息后,更是一病不起,即使这样她还是在为李益寻找各种借口,希望他对自己还有情义,只是被迫做的选择。她将希望都寄托在李益身上,希望他能看望自己,告诉自己他们依然是情深似海的伴侣。即使她身边的人都在指责甚至是咒骂李益的无情无义,她依然抱有一线希望,因为那是她继续活下去的动力。曾寄宿她家的黄衫客,听她夜半哭得凄惨,得知她的遭遇很是同情,便自告奋勇去帮霍小玉找李益,并用武力将他带到霍府,逼他和小玉会面。此时,霍小玉晕晕沉沉地在帐内听到母亲的呼唤,唱【二黄导板】"伤心欲绝病恹恹",唱出了霍小玉即使生命快走到尽头的时候,满心还都是对李益的思念之情。后接【二黄原板】"好似梨花带雨眠,夫婿因何不来见,画廊的鹦鹉低唤:'堪怜'。"她不相信李益不想见自己,她还是认为李益一定有不得已的苦衷无法来探视自己,而她能做的只是每日以泪洗面,即使在梦中也是泪眼涟涟,看着自己的病恹恹样子，就连画廊上的鹦鹉好像都在可怜自己。此时霍小玉已经奄奄一息，即使扶着帐子都已经快站不住了。当母亲对她说"儿啊，黄侠士已把那李十郎请来了。"原本低着头闭着眼睛面向观众的霍小玉，一提气抬头望向母亲，虽然还是病态，但眼睛发出了希望的神采，内心台词是"他怎么样"。听到母亲无奈地说"请来了"，霍小玉提起精神四处寻找，说到"怎么！十郎他来了？"此时的霍小玉已经有气无力，已无法一口气将这样短短的一句话念出来，此外李益的到来也让她有些激动，因此念白听上去有些气喘吁吁，她将手指门外又转到母亲方向，最后满眼期待地看着妈妈指向门外，好像在问"他真的在门外？"，不太相信李益真的已经到她门前。

　　这一段是用内心的戏，用眼神说话是非常精彩的无声表演。妈妈有些为难地回答"他来了"，看着病重的女儿，当妈的十分心疼、难过，声音也有一些哽咽；霍小玉又提起精神开始左右张望，但未能见到李益，从她的眼神中表达了从希望到失望，她追问"他现在哪——里——呀——？"说是李益到了可又没见到人，怕是母亲又在哄她开心而已；母亲说"他现在房外"，得知李益真的在门外她感到一丝希望，问"他怎么不进来？"霍小玉急切地想见到，她不明白李益为什么已到房门外却不进门跟她相见。妈妈安慰她，解释道："为娘唤他，他不进来。"霍小玉再次燃起希望，"怎么！？母亲唤他，他不进来，女儿（增强信心）唤他，想必他就进来了"（这一句话的逻辑重音非常重要），此时霍小玉还傻傻地以为李益是没有听到自己的声音才不肯进门，毕竟分别的时候他们还是恩爱非常，她认为既然李益已经来到自己的房门外，说明他对自己还有感情，她对他们之间的爱情还是有信心的。所以，念到"他就进来了"的时候，霍小玉的脸上出现了笑容，满脸希望看着母亲和丫鬟，以往恩爱的情景再次浮现，她天真地认为他们还有和好的可能。听到女儿的话，霍母一是想安慰女儿，其次她也希望李益见到女儿还能回心转意，这样对女儿肯定是件好事，因此接道"是啊，为娘叫他，他不肯进来，女儿你请他，他就进来了"。听到妈妈也是这样想的，她高兴地点点头，指指门外指指自己做出相请的手势，表示"他要我亲自请他"，然后赶紧摸自己的脸、头发、鬓角看向丫鬟，示意丫鬟看看自己的妆容，想知道病中的自己容貌如何，内心潜台词是"你看我现在的容貌是不是还可以"，又扭头看看妈妈，妈妈挤出笑容点点头，想说女儿还是很漂亮的。她是多想让李益看到自己依然美貌如花，希望能唤回李益对自己情感。她双手扶着帐幔，看上去有些紧张，强打精神想让自己看上去是没生病的样子，提气用亲切温柔的声音充满歉意又带有一丝委屈地念到"啊（有气无力）十郎（特别亲切），你妻子有病，外面风大不能出去迎接于你，你快快地（铆足力气，左手扶帐，伸出右手，带着希望不断地缓缓招手）进——来——吧（几近声嘶力竭，声音由强到弱，收声后还在招手）"虽然难掩病重的情况，说话断断续续，但她还是充满希望，满怀深情地呼唤着李益，这一段表演非常感人，因为人物内心思想线贯穿始终一直未断。

这时需要小生紧密配合，要表现出非常不耐烦的情绪，原本他就不想见到霍小玉，听到她在叫自己更加烦气、反感甚至有点厌恶，将李益的薄情寡义表现得一览无余。随即非常傲慢而阴险地说道"里面说话"。一听到他声音，虽然语气不是很好，但霍小玉还是很高兴，她确认李益终于肯见她，还笑盈盈地望着妈妈示意"是他来了"，期待着他能叫她一声娘子，没想到却是一句令她心寒意冷的"敢是霍姑娘么？"听到这里霍小玉惊呆了，她没有想到之前的恩爱夫君竟叫自己"霍姑娘"，心痛失望瞬间将霍小玉团团包围，她急忙追问"什么？霍姑娘。十郎，我是你原配的妻子，你……怎么叫我（气急之极）霍——姑——娘——啊！？"试图将称呼纠正回来，以证自己的身份。没想到却得到的是"我与你姻缘已尽，婚姻已断，你休来缠我。"听到这话霍小玉如雷轰顶已近绝望，近乎崩溃地把母亲和丫鬟一把推开，急切地说"十郎你……不进来，待我出去见你"挣扎着迈着蹒跚的步伐，不顾母亲和丫鬟的阻拦跌跌撞撞走出房门。一出房门正好看到站在门口的李益，霍小玉亲切地叫着"十郎"想扑倒在李益怀中,李益却一把推开霍小玉故意高喊"打鬼!打鬼!打鬼!",像躲瘟神一样躲得远远的!"打鬼?"霍小玉莫名其妙地看看母亲和丫鬟疑惑地问"母亲哪里来的鬼?"李益带有一丝鄙视地说"看你这样,披头散发、形容憔悴,岂不是个活鬼",霍小玉的心再次坠入谷底,想不到昔日对自己甜言蜜语、恩爱有加的夫君今日竟说自己是"活鬼",失望的她看着李益摇了好久的头才勉强回问他"怎么,你如今竟把我当作活——鬼!?"李益上下一打量冷冷地回道"你分明是个活鬼"还用水袖狠狠地甩向霍小玉。绝望的霍小玉摇摇欲坠,竟不知道该说什么,最后她还是不忘旧情勉强挣扎地说出"十郎啊!"接唱【二黄原板】"曾记得定情私语话衷肠,一些儿瞒不过雪衣娘,又谁知海誓山盟都是谎,你弃旧迎新抛得奴孤苦凄凉"。霍小玉叙述着曾经与李益恩爱的时光,李益却十分不耐烦打断叫她不要提起往事,叫她不要再纠缠自己。可是回想起往日的时光,点滴恩爱全都再现眼前,她再次试图说服李益,唱到"旧日的恩情你全不想,你忘却了灯残画阁,月暗星稀,迟松纽扣,修整珠翠,曲效于飞,怎样地偎依,往事思量,怎不悲伤?"希望能通过自己的回忆,唤回李益往日对他的恩情。

  这一段唱腔中,从"你忘却了"到"怎不悲伤"这么长的一段都是下句,这是荀先生唱段的一大特点,称为"垛句"。伤心欲绝的霍小玉挣扎着唱出【二黄原板】"私拭千行泪,暗断九回肠(这里是荀派唱腔又一种特殊创造,用5+5两个半句,合并为一句上句,这种安排在其他剧目中从未出现过),为郎憔悴却羞郎!(后一半下句仍在二二三的规范中)"这段唱荀先生打破了传统唱词三三四、二二三字数的诗词格式,采用了很多垛句,唱词字数根据需求安排,不受三三四、二二三的字数限制,这种字数灵活的唱词格式,是荀先生对唱腔的创新。听到霍小玉近乎哀求的倾诉,李益慢悠悠地抛出一句"好了好了,我看你哭得如此可怜,我与你",李益突然犹豫了一下,没有说下面的话,听到李益这样说她再次燃起希望,认为李益终于被自己打动,还高兴地说"啊母亲,他要与我破镜重圆",万没想到李益要说的是"我与你写封休书,你另嫁他人去吧。"、"怎么你要休弃于我?"霍小玉吃惊地看着他,不敢相信自己苦苦相劝只换来一封休书。"此事我意已决,再说也是无用的了。"看着心意已决的李益,霍小玉绝望地怨道"你好狠心啊!"绝望的霍小玉一把推开母亲和丫鬟,再不对李益抱有任何期待,哭着唱出最后的四句【二黄散板】"埋骨成灰恨未悔,事到如今又埋怨谁,杜鹃啼血千滴泪,一缕香魂唤不回。"霍小玉气若游丝,已走到死亡的边缘,黄衫客实在看不过李益的无情无义,举刀就想劈杀李益,霍小玉看到赶忙抓住黄衫客的手叫他饶过李益,见到李益没有性命之忧才缓缓地咽下最后一口气。霍小玉至死不渝的爱情并没有带给她无限的幸福,反成了要她性命的毒药。伤心欲绝的霍小玉感觉到自己的生命在流失却无力挽回,她把自己的幸福乃至性命全压在了那个薄情寡义负心汉身上,只有她的死亡才能给这个悲剧画上句号。

  这两段表演,可以说是有声表演与无声表演相结合的经典范例,有声表演因为得到无声表演的辅助更加突出,在某些短暂的时刻以无声表演去冲击观众的内心,更好地展示了角色内心情感的变化,应了《琵琶行》中那句"此时无声胜有声"。从这两段表演中我们可以看到霍小玉单相思的烦恼,婚后的幸福,背叛后的伤心、痛苦、绝望,一步一步从生走向死亡;也可以看到李益的见色起意、贪图富贵、薄情寡义;还能看到霍母对女儿的疼惜,对李益的怨恨。它的唱腔设计、念白语气、动作设置、节奏变化,每一处都不是随便出现的。荀先生的表演极为细腻,他不做单纯的技巧展示,他的举手投足,一颦一笑,都能反映出角色当时的情感变化,可以说他的每一个动作、每句唱腔、每段念白都在根据人物情绪的变化而不断改变。

  此外荀先生还特别强调了戏曲表演必须要有"一棵菜"精神,京剧不是个人艺术,需要演员、乐队、舞美等各个部门通力合作才能呈现出一场高质量的演出。特别是演对手戏的演员之间,一定要配合默契,简单地说就是什么时候该开口,什么时候该有反应,什么样的节奏变化等等,这些细枝末节的表演都要安排合理,这些看似简单不起眼的安排,往往会影响整出戏的效果。因此,荀先生在排练中,会主动帮助身边的演员一起分析角色,共同商讨如何编排才能让表演达到最好的效果。

当然这出戏也不是完美的,起码从服装上看还有不尽如人意的地方,比如开场时霍小玉穿了一身粉色的裤褂,类似于现在的睡衣,整体看上去就跟没穿衣服一样,实在不太雅观。这与旧社会观众的偏好有关,在旧社会很长一段时间内,演员是要靠低俗的表演来吸引观众,而这样的服装设计正适应了当时观众的喜好。新中国成立后为了让剧目变得更加适于为广大群众欣赏,将剧目中很多比较"粉"的内容进行删除或修改,对服、化、道也有了改进,因此我们现在看到霍小玉的服装与原来服装已经有了明显的不同,既做到符合霍小玉的身份和状态,又做到了美观大方。

"一切从人物出发"是演员塑造人物必须要遵守的表演规律,它同样是音乐乃至服、化、道要遵循的规律,不论是唱腔、念白、服装还是道具,所有要在舞台上呈现的东西都要符合角色的社会背景、职业身份。有时人们会产生这样的疑问:作为京剧演员到底是四功五法重要还是人物塑造重要? 其实这两个问题并不矛盾,四功五法是京剧演员必备的基本功,如果一个青衣演员不会唱,一个花旦演员不会念,一个武生演员不会开打,那他还能称之为是京剧演员吗? 但如果一个京剧演员拥有了良好的技能,却不知道人物与人物之间不同,所有的角色都是一个样,他又如何向优秀迈进?

荀先生之所以能跻身于"四大名旦"的行列,首先他有精湛的表演技巧作为基础,他的表演自然真挚,无论是肢体表演还是面部表演都非常丰富生动;他的念白个性十足,时而干净利落、时而温柔缠绵、时而铿锵有力;他的演唱温婉柔美"以情带声",技巧丰富韵味十足。基于这样的前提,他遵循"一切从人物出发"的表演规律,塑造了千变万化的角色；发挥他改革创新的本领，改唱腔、改念白、改动作、改剧情、改服、化、道，创造全新的妆容与服装；创编了一批属于自己的新剧目。继荀先生之后有童芷苓、赵燕侠两位著名的京剧花旦演员，虽然只是在小范围内被称为"童派"、"赵派"，但从某种意义上也可以反映出她们的表演也是精彩纷呈并独具一格的。她们都是荀先生的学生，都具有精湛的表演技艺，也都遵循着荀先生的表演创作规律。放眼今天，虽然当今社会想创造一个新的流派难度很高，但只要我们遵循正确的表演规律，就一定能排出高质量的剧目。我们可以先从继承开始，练就精湛的技艺，进而建立更高的理想，在此仅祝愿荀派艺术代代相传，人才辈出，发扬光大！

我对荀派表演的感悟

许 翠

今年是荀慧生大师诞辰115周年,为了更好地纪念这位艺术大师,为此撰写了这篇学习荀派表演感悟的短文。这只是个人的一点体会还很浮浅。

自1991年拜师孙毓敏老师,是孙老师使我与荀派艺术结缘,同时也是孙老师的表演吸引了我,引领我走进了荀派艺术的大门,至今已有24年了。经历了学戏、演戏、教戏不同的阶段,每一个阶段对荀派表演艺术都有不同的理解和体会。艺无止境,年头越久感悟越深。

我对荀派表演最大的感悟是,把握荀派表演的"度"是至关重要的。不温不火,恰到好处并准确生动地塑造人物形象是每一个演员追求的目标。我们不同于话剧演员,只有内心的体验和感知是不够的,我们要通过唱念做打来展示人物,要有程式化手段。如何做到表现人物既准确又精湛?需要我们不断地学习和总结。下面我想从内与外、静与动、收与放、虚与实四个方面简述一下我的学习体会。

一、内与外

内与外,就是指内心与形体如何结合统一,情绪与声音如何控制,不仅要准确表达人物情感，还不能破坏人物的美感。例如：《杜十娘》中杜十娘的念白，在杜十娘得知被李甲卖与孙富之后的念白"杜十娘啊杜十娘，你怎么这样的命苦"一段中，声音不能高而细，要低而宽，气息要沉，要用气音与哭音表达，还适用话剧中的"间歇"手段。这种处理方法是荀派表演的特色，是为了更准确表达人物此时此刻的内心活动和情绪，正是说明了艺术来源于生活高于生活。在《红楼二尤》中，尤二姐临死前苦苦哀求王熙凤时的念白"大娘你、你、你你你就饶了我吧"也使用了这种气音、破音与哭音相结合的艺术表现手段。

二、静与动

静与动，就是指身段表演动作多与少之间的关系。例如：《红娘》中的红娘，表演身段繁多，在动与静之间要掌握好关系。有的演员为了表现红娘的灵活，不停地晃动，让人感觉闹腾、不安、无序。有的演员动得太快，让人感到像"踩了电门"。虽然是损话，但很能说明问题，值得演员反省深思。动作不是表现人物的唯一途径，过分突出形式和动作反而适得其反。如红娘在花园扑蝶的表演身段运用和把握，及带张珙去书房写信过程中的节奏安排等，就是一组典型的静与动之间关系的展示，既有艺术夸张又有生活再现。表演准确适当，观众观演的效果会非常好。反之，过于快与多，就会使观众感到慌乱无序，达不到效果。

三、收与放

收与放，就是指表演的力度运用要适当。例如：《勘玉钏》中俞素秋的身段水袖动作。她在得知自己被骗时，有一系列的水袖动作，用来表现人物内心震惊的情绪，是典型的艺术夸张手法。如果演员掌握不当，表现手段与情绪脱节，不仅不能准确地演绎人物，反而会破坏人物的塑造，这是每一个荀派演员都应该注意的问题。再如：《霍小玉》中，霍小玉初病到最后奄奄一息的表演层次的掌握十分重要，虽然病弱身虚，但仍要表现人物内心绝望的强烈感受，随着剧情的发展，表演力度的适当运用尤其重要。过于内敛会失去感染力，过于外放会破坏人物病弱的感觉，只有外要收内要放才能达到最佳的艺术效果。当然这也要看演员的表演功力和对人物的准确把握度。而"内放"正是"外收"的根据，如果内外皆收就成了死脸子。这种恰到好处的表演分寸，正说明了内外分寸的辩证关系。

四、虚与实

虚与实，就是表演的虚与实把握得要恰当。荀派演唱中有不少虚字，这是荀派表演的又一特色。如"呀"、"哇"等字，这些都是语气助词，演唱时要适度地表现。例如：《金玉奴》中金玉奴的唱腔，"老爹爹为衣食（啊）东奔西（呀）走"、"眉宇间一派清（哪）秀"、"招赘他做夫婿金门有（哇）后"等唱词。演唱时要自然轻柔，要吸着气唱，尤其是对初学者要特别注意练习和掌握。如：念白中的嗯、啊均是固定而有意安排的。再如荀派表演的手势，更是这一流派的特色与风格。单说手的指法很多就充分体现出虚与实结合的关系，为了更加生活化地表现人物，荀派手的指法既有形式的美也有生活的真实。例如稚指、圈指、眉指等特殊指法均有规律可循。我认为作为一名荀派演员必须准确地掌握荀派手势运用中虚与实的特色，这样才能更好地塑造人物。

以上我从几个方面简单列举了几个例子，没有深入进行剖析和全面展开。我只想说明荀派表演的辩证关系和表演难度，不要把他浮浅化表现和理解。希望所有荀派的传承者和学习者，学而知其然，不能照猫画虎，趋于流俗。荀派艺术博大精深，表演手段极其丰富，不仅通过唱念做舞全面展示京剧艺术的特色和魅力，还为京剧的创新和发展做出了极大的贡献。作为学习荀派艺术的演员必须具备全面的表演素质和扎实的基本功，才能全面地传承荀派艺术的表演风格。要演人物不要演行当，要表达内容不要只做形式，要传情达意准确，才能做到融会贯通。人云"十旦九荀"，荀先生之所以能成为一个时代的引领者，不是虚空漂浮，自有他不可低估的艺术价值所在。我们必须用历史和辩证的眼光把他正确的传承下去，不断研究和发展。

如今荀派艺术的领军人物孙毓敏老师、刘长瑜老师和宋长荣老师都已是古稀之年了，她们为荀派艺术的传承发展做出了很大的贡献，不顾年迈至今还在为荀派艺术的传承和发展努力地奔波和工作。自己深感我辈传承任务和责任的紧迫与艰巨，不能仅限于满足自身的现状，能演会教，应加强深入学习，进行理论研究和总结。荀派表演艺术是一个自成体系的京剧流派艺术，不是简单地模仿和学几出代表剧目就能传承的艺术，它的全面性和创新理念是需要进一步探寻和研究的，不能只局限于表演一个领域，应该更广泛研究他的文化成因、它的演剧思想的创新理念、它的形成背景和审美价值。荀派表演艺术需要更多领域的人才关注研究和帮助支持，这对于今后荀派表演艺术的传承和发展有着深远的意义。

从京剧《金玉奴》谈荀派的表演特色

李淑坤

1962年，荀慧生先生携荀剧团来沈阳演出，并到辽宁省戏曲学校进行讲学。在此期间，笔者有幸得到荀慧生先生亲自指导，其女荀令莱老师也对笔者进行了一招一式的言传身教。1982年，笔者在中国戏曲学校进修深造时，又得到荀令香及多名荀派名家亲授荀派剧目。其后通过多年演出实践和教学实践，笔者对荀派表演艺术有了更深刻的理解和感悟。值此纪念荀慧生先生诞辰115周年之际，笔者谨对《金玉奴》一剧的表演特色，略谈粗浅体会，作为对恩师的缅怀。

一、《金玉奴》剧情概况

荀先生在戏中饰演的角色，大多是小家碧玉和社会底层的人物，这和他出身贫苦、经历坎坷是分不开的。为此，他编演的许多荀派优秀代表剧目如《金玉奴》《杜十娘》等中的主角，都是伸张正义、为争取自由幸福敢于与恶势力做斗争的中国妇女形象。在弘扬"小人物"真、善、美的同时，揭露所谓"大人物"和社会的假、丑、恶。

《金玉奴》也叫《棒打薄情郎》，又名《鸿鸾禧》，取材于古籍《今古奇观》。通过贫家女金玉奴解救穷困潦倒的书生莫稽的故事,体现了善良、正义的高贵品质和人格魅力。原剧是大团圆结尾,后经荀先生删除"鸿鸾星照命"的封建内容,改为不团圆的结局。其中"救稽结亲"一折可以单独演出,名为《豆汁记》。金玉奴前半部"救稽结亲"等折子以花旦行表演,后半部"两报推江"、"救玉认女"、"洞房棒打"折子,以青衣、花衫表演。剧中金玉奴的唱腔、念白、身段表演,很能体现荀派表演的特色。

荀先生幼时学梆子,嗓音柔美动听,身段俏丽多姿。他根据京剧特点,经过不断探索实践,创造出独具特色的荀派表演艺术。特色是流派的标志,更是流派的灵魂。表演艺术家想要形成自己的表演特色,首先要打好传统基础,练好世代相传的唱、念、做等整套规律,再根据自身条件以及对剧情、剧理、人物的正确理解,创造出自己的风格特色。富于特色的表演能提升表演者所长,避其所短。

二、荀慧生的唱腔特色

荀先生的唱腔,在荀派艺术中占有重要地位。荀派的唱腔低回婉转、圆润柔媚,委婉动听,其咬字、气韵都与众不同,俗话说有"口劲"。荀先生根据人物需要,运用"呀"、"哇"等衬字以及"上滑"、"下滑"的演唱技巧,自成新格。如"救稽结亲"中金玉奴唱【西皮原板】,戏文是"人生在天地间,原有俊丑,富与贵、贫与贱又何必忧愁"。荀先生将其中"忧愁"二字尺寸放慢,气打出而腔不断,节奏分明,如同"风搅雪"——"轻、圆、顺、美",听来腔中有弦,弦中有腔。收腔时来一个小下滑音,加之配合得当的动作和精致细腻的神情,把金玉奴可爱、乐观、旷达的性情表现得淋漓尽致,令人耳目一新。又如金玉奴唱【西皮散板】,这段唱尺寸很难把握,锣经要紧打,演员要慢唱,紧时催上去,慢时撤下来,富于感情。"见此人哪"中的"人"字稍作停顿,并做出一个可爱的小表情,充分发挥荀派千娇百媚的表演特色。接下来"婚姻事遂心愿"

中"愿"字又慢下来，仿佛若有所思。"又何必"的"必"字来一个小上滑音，在稍休止的瞬间偷口气，再害羞地一瞟眼神。完成这段声情并茂的唱段，把一个天真、可爱、纯情的少女形象演绎得栩栩如生、惟妙惟肖，这也是荀腔艺术的魅力所在。

莫稽得中知县以后，对金家父女冷眼相待，对岳父直呼"金二"，使金玉奴十分伤心。月夜船头，父亲酣睡不醒，冷风飕飕，体无遮盖，金玉奴痛苦万分，父女俩该何去何从？喜悦变成了彻骨的悲伤，沦落天涯的悲痛，使她不禁凄然泪下。这里荀先生为金玉奴设计了一段【二黄导板】、【回龙】转【原板】，唱词是"对岳父唤金二，令人可恨"，"他将得中，脸飞霜，实难忍耐，他盛气凌人。"其中"凌"字，荀先生运用了一个"低滑"半音，拖住行腔，节奏鲜明、劲头分寸、顿挫有致，如泣如诉，充分表现出金玉奴凄楚悲凉的内心感情，使人听起来不禁动容。唱腔的鲜明与人物思想感情的有机结合，使荀派唱腔更富于感染力。另一段唱词"水连天，天连水，哭诉无门"悲凉婉转，催人泪下。"转柔肠，进仓去，暂把气忍，到任所我再看他"，"他"字出口，手指内仓，正指到莫稽的脸上，阴险狡诈的莫稽正窥探金玉奴的动静，不想四目相对，十分狼狈。荀先生运用一个巧妙的唱腔处理，结束了这个尴尬的局面：金玉奴先是一愣，继而微笑，用眼睛和手指把莫稽引向皓月当空的夜景中。唱词中"月色光明"这四个字处理得婉转深远，为金玉奴急中生智、转换情绪提供了足够的表演空间，这恰恰体现出荀腔的魅力。金玉奴另一段【二黄碰板】也值得一提，唱词是"非是女儿不从命，他人翻脸便无情"，"他人"二字高冲上去然后滑下，把金玉奴成熟果断、不惧权贵表现得精准震撼。荀派唱腔中诸如此类经典之处俯拾皆是。

荀慧生的唱腔特色是：字正腔柔情感真，俏丽婉转气领神，上滑下滑音韵巧，荀派特色美妙音。

三、荀慧生的念白特色

荀派唱腔虽然在荀派表演艺术中占有重要地位，然而富有特色的荀派念白也毫不逊色。如金玉奴首次登场亮相，荀先生设计在幕后以一声清脆、响亮的"啊哈！"先声夺人。接下来的念白也与众不同，戏文是"我金玉奴，爹爹金松，乃是本城一个杆儿上的"。"杆"字带有一个小字眼，以体现金玉奴纯真、活泼的小姑娘的性情，接下来又念"方才我听到门外扑通一声，也不知道是什么东西"。"扑通"一声，语音加重，强调效果，以示惊奇；"东西"则含糊不清，小嘀咕的念法，使角色更加可爱，这段念白荀先生运用清脆纯正的北京口语化念法，清亮悦耳，但不同于《花田错》中丫鬟春兰，也不同于《荷珠配》的荷珠，虽然都是花旦行，但金玉奴却带有几分闺门少女的味道，人物不同，念法就不同，这是荀先生在念白方面所强调的。

金松上场后，发现莫稽躺在自家院子里颇为气恼，之后吹胡子瞪眼地喊："丫头、玉奴，给我走出来吧！"幕后金玉奴应父亲答："来了"，从金玉奴念"爹，你回来了"，直到把他叫进院子里来，"您就生这么大气"，这里父女间有一段对白，化解了父女的误会，后被父亲理解。这段戏金玉奴用撒娇、调皮的口气，在"我就遇见他了"句中"他"字上滑，"吸气"眼一瞟，并休止一瞬间，体现了金玉奴可爱之态和父亲对女儿的娇惯、溺爱。

如果说《豆汁记》中金玉奴的念白是典型的甜、美、娇、哆花旦念法，而"洞房棒打"则是金玉奴转换为青衣行当后运用唇、齿、牙、喉功力念白特色的典范。"洞房棒打"有一段长达241个字的大段念白，这是金玉奴经过大起大落的人生经历后，在洞房中痛斥莫稽的一段念白。像这样长的念白在老生戏除了在《四进士》中宋士杰有过，其他剧目中都很少见。"洞房"这段念白，荀先生念得有声有色，感人至深。戏文是"莫稽呀，我把你这狠心的狼崽子！"开头放慢语气，压低声调，表现金玉奴长久压抑、内心悲愤的情绪。"直到沿街叫化，才助你成名"，"成名"二字声音提高，接下来加快语气，"你起歹意，假做赏月，将我推入了江心……"、"心"用颤抖的声音念出，哽咽呜泣，以示回肠百转，催人泪下。这样的大段念白，荀慧生先生在节奏上、口语上都达到了炉火纯青的境地。【二黄垛板】最后一句"一朝贵贱，难等论，也不知何年何日再送儿残生……难防他阴毒狠辣"，前面唱，后面一句"狠辣"却完全念出，使人物性格更加明显突出，唱腔效果出乎意料。之后林大人呵斥莫稽，摘下他的乌纱帽，脱去官服……处理得大快人心，剧情得以圆满结束。

荀慧生的念白特色是：独特念白堪绝唱，京白韵白两铿锵，唇齿牙喉舌音准，刻画人物相得益彰。

四、荀慧生的做表特色

身段做工在荀派表演艺术中尤为突出，荀先生表演的人物音容笑貌独具特色，巧妙地将唱、念、做融会贯通成为一体，使表演富有生命力，形成综合表演美。

荀先生在金玉奴这一角色的塑造上别具匠心，身段表演规范、自由。金玉奴上场，荀先生一反传统演法，把凌波碎步变为自由大步，通过立腰、收腹，浑圆的两臂自然摆动，把她无拘无束、天真活泼的小家碧玉个性表现得非常得当，给人以熨帖自然的感受。又如金玉奴念"你走不动，我还能抱着你不成吗"，表现出调皮、活泼、滑稽和几分可爱。另一处戏文"你谢过他了，那么你再谢谢我，你看使得使不得呐"，这里"我"字用了一个上滑的长滑音，右手指着自己的鼻子，并摇晃身子，拧着手绢，把金玉奴可爱小姑娘形象表现得惟妙惟肖。

荀派表演与身段相得益彰，更加突出了人物特征。如莫稽喝完豆汁后，唱道："多谢搭救"。金玉奴歪着头问莫稽："你吃饱了、喝足了怎么管我爹叫大舅哇？"经莫稽解释，金玉奴清楚了。可是金松还要赶莫稽走，莫稽念："我要走了，我要走了"，可眼睛望着金玉奴颇有一丝眷恋，金玉奴也望着莫稽，同时说："你回来"，这个"回"字，上扬加滑音，手做屈回状，眼神充满留恋，此时的这个身段表演则把金、莫二人内心微妙的情感变化恰当地表现了出来。莫稽躬身下拜，金玉奴双手挽扶，同时念："罢了"。"过门"中，金玉奴一面看父亲，一面看莫稽，此时对莫稽的书卷气很有好感，但又碍于父亲在旁不好意思，所以手遮脸部，慢慢拧身、含羞、带笑，千娇百媚，加上动人舞姿，给人以活雕塑之感。父亲同意后，金玉奴为莫稽热杂合菜时的嫣然一笑下场，吸气、眼瞟、放神、耸肩的精彩表演，令人回味无穷。"两报推江"这场戏，金玉奴从纯真无邪到成熟坚强，当莫稽阻拦她上船那一刹那，她彻底崩溃了，要不是老父亲挽扶，险些跌倒。荀先生的表演层层推进，把金玉奴内心世界通过面部表情的变化，表现得清清楚楚、淋漓尽致：金玉奴先是一惊，继而悲从中来，抽泣、悔恨、痛苦、失望、愤怒、自尊、扬袖，然后挺身向前，直奔江面，意欲投水。金松高喊："玉奴，不能投水，还有爸爸我呐。"金玉奴先是一愣，继而醒悟，扑倒在父亲怀里，声嘶力竭地呼喊，加之金玉奴的一系列表演，观众无不揪心动肺，同情父女的遭遇，泪如雨下。演员表演的真实感，来自于对人物角色内心感受的深刻体悟，来自于对人物性格刻画的深入和细致。

"救玉认女"这场戏，正是金玉奴内心强大的一种表现。玉奴被林大人搭救在船上，苏醒后唱的【二六板】从台步、水袖又有了新的变化：慢慢站起，梳理被江水打湿的头发，拧着湿透的衣衫，给人以成熟大方的形象。"洞房"一场，金玉奴已是林家小姐身份，她的出场正气凛然、表情严肃，没有半点矫揉造作，在大段的念白和唱段中，体现了金玉奴身为官宦之家的小姐，虽然穿戴凤冠霞帔，但内心却仍然拥有劳动人民的本色，所以这段表演台步较大，投袖、迈步都显随便，与《醉酒》的杨贵妃、《彩楼配》的王宝钏都不一样，虽然服装相同，心情却大为不同，王宝钏、杨贵妃都是高兴的，而金玉奴是悲伤的。荀先生认为一切程式、表演的运用都要从人物出发，要为塑造人物服务。

花旦行的指法很多，荀先生在《金玉奴》中采用的指法却与众不同，与其他流派也不同。金玉奴念："我把你这狠心的狼崽子"一句的指法，左臂伸出，手背向上，手心向下，指尖上翘，提手腕，指尖贯气、梗头、收腹，把全身的劲头都用在指尖上，指法不一样，效果也不一样。

荀慧生的做表特色是：手眼身法气，融汇唱念里，看似无章法，细揣有规律，步随人物走，开拓创新意。

综上所述，荀慧生的表演看似无章，实则有法，打破了程式化束缚，在规范中求得自由。他的唱腔、念白和身段表演，无不闪耀着个性化艺术再创造的独特魅力。

特色决定流派，流派体现特色，没有特色的流派就没有生命力。中国戏曲艺术从理论和实践上都离不开特色和流派，充分发挥流派特色将对戏曲艺术的发展和繁荣起到决定性的作用。荀派艺术的表演特色，为京剧艺术增添了不可缺少的光彩。让我们在继承传统的基础上，发扬光大、不断创新，使祖国文化宝库中的京剧艺术再现繁荣景象。

浅谈京剧《痴梦》的学、演、教

方开柳

我跟师父学的第一出戏不是《红娘》，不是《金玉奴》，而是《痴梦》。那是在筹备拜师专场演出的时候，我主动提出要学演《痴梦》。记得当时师父想了一会儿，对我说："《痴梦》里面的唱腔难着呢，你行吗？"我的回答是："我试试吧。"

《痴梦》的唱念的确很有难度，但是我对这出戏的喜爱恰恰是从它的唱腔开始的。我很早就看过师父演的《痴梦》，里面的唱腔旋律非常好听。就买来录音带反复地听，跟着学。有几处地方练了好久，才逐渐掌握。比如【南梆子导板】"飞来福从天降将信将疑"的高腔：

$1 = {}^bE$ 或 $1 = E$

【南梆子导板】仓(6 | 5656 1 7 | 6 7 6 5 | 3. 2 5 1
　　　　　　　　　　　　　　　　　　　　　　仓　　仓

| 6 5 3 2 | 1 0) 1 6 1̇ 6 5 (6) 5 3 1 (1) 6 (5 7 6
　来 七 台　仓 0　飞　来　福　从　天　降

这个高音的难度在于：不仅要能唱上去，还必须要唱得又宽又响，因为此时崔氏看到凤冠霞帔时，一种狂喜的心情完全爆发了，几乎达到顶峰的感觉，这个高音要特别通透气足，才能唱出效果来，稍有点虚或者有点塌都不行。

"只怨我有眼无珠不识才人"这个低腔，容易出现唱不出声，或者是唱不准、唱飘了。必须做到气息托住，用胸腔共鸣。

"吓得我心惊胆战胆战心惊"的跳音用白居易《琵琶行》里的一句词形容这个跳音叫"大珠小珠落玉盘"每个音颗颗落地有声，干干净净，一个是一个，连贯干脆、利落。

这句的唱腔是我认为编的最好的一处,尤其这个 3 3 2 0 3 3 1 2 0（大慢）两番提起来一扔的腔,后面跟阶梯下降的跳音花腔。我虽然不懂作曲,但我唱起这句腔来,就有一种坐过山车忽高忽低的感觉,有一种内心乱了方寸的感觉。跟人物心惊胆战,心慌意乱的心情十分契合。还有例如"断雁听西风,寒蝉悲自鸣"的内唱,人物未出场前,通过悠远的吟唱,唱出了秋风飒飒、败落凄凉的景象和此时命运的败落人物即将走向终点的预兆。每当唱完这两句就像一阵西风扫过舞台,连观众席都更加安静了,此时再踏着小锣点,带戏上场意境就出来了。

此外还有【二黄慢板】"忆往事"悠扬婉转,行腔出新又流畅。【南梆子】欢快奔放,尤其是最后的大拖腔更是精彩,师父甚至把常规的自由节拍的拖腔固定下来以保证达到恰到好处的效果,她要求唱满11拍。她说:"这都是我经过无数场的演出总结出来的,必须唱满11拍,好儿才能下来!超过11拍又拖沓了!"实践证明随着11拍长腔拖完,观众"好"也起来了,崔氏狂喜的情绪也被推到了顶点!师父教戏的时候从来就是这样,倾囊相授,不怕说得太多,就怕我们学到的太少!

移植剧目成功与否首先要看唱腔写得好不好，唱腔好这个戏就成功了一大半，从这一点看京剧《痴梦》的移植就是极为成功的典型。

师父也给我讲了她当年创排这个戏的经过，我了解到京剧《痴梦》是由昆曲《烂柯山·痴梦》改编而来。于是，我找来昆曲《烂柯山》的资料，希望深入地了解一下京剧《痴梦》在昆曲的基础上保留了什么、删掉了什么？做了哪些改动？为什么这么动？学《杀惜》我会找来《水浒传》读读，学《红楼二尤》我要找来《红楼梦》看看，我习惯对艺术一探究竟，现在我教学也是这样要求学生的。

2012年，我拿这出戏参加了文化部举办的全国优秀青年京剧演员展演。参赛当天发挥得不错，当地观众也非常捧场，专家评委十分认可。专家点评时一致评价说"不错不错"然后又有人说"太像你师父了"。专家们的评价对我来说是一种极大的肯定和赞美。师父是艺术家，师父的这出戏是她的创作剧目中流传最广、最受欢迎和认可的剧目之一，也是师父当年夺得梅兰芳大赛金奖的获奖剧目。

这评价给予我极大的鼓励，同时也引起了我强烈的反思。作为一个初学荀派的小学生，我跟师父学戏，的确是亦步亦趋地去模仿。京剧表演艺术，难道就是照模子刻？一个荀慧生刻出来一百个小荀慧生？那样京剧还是在发展吗？倘若如此，为什么吴素秋、童芷苓、赵燕侠、刘长瑜、宋长荣和我师父这些优秀的荀派传人，却是各有所长、各具特色呢？他们都没有认真学荀吗？还是他们才真正得到荀之真传了呢？在荀先生的文章里曾经谈到"艺术流派应该继承，可是学了之后，不要死用；甚至连某一流派中不太妥当的地方也模仿了来。学得像，是好的。初学某一流派，需要认真，一丝不苟，这是初学时所必须经过的阶段。但等到把这一流派的特点掌握到自己身上时，那就需要进一步发挥自己的创造性了"。文章中明确解释了继承一个流派所必经的两个阶段，一是模仿，二是创造。

最近几年，我应邀在中国戏曲学院表演系教授这出《痴梦》。于是，我开始对这出戏进行更深入的思考和琢磨。

首先，京剧剧目的教学在中专和大学两个阶段的剧目是有所拣择的。京剧《痴梦》这出戏就比较适合高年级学生或者成熟演员学演，而不适合给中专学生开蒙教学。一是唱腔难度太大，如果不是有一定基础的学生，难以掌握其中的唱念技巧；二是人物心理活动较为复杂，年龄太小的学生不能很好理解人物背景，准确把握人物行动的分寸感。基础没有稳固的学生学习这出戏可能会落下一些难以摆脱的表演痕迹，以后再演其他的角色跳不出这个角色的圈，这就叫"落毛病了"叫"学走疾了"。好好的一个苗子"学走疾了"，好好的一出戏唱"走疾了"，那就可惜了一个好人，可惜了一出好戏。所以教学剧目一定要慎重选择，因材施教。

其次，关于教学方法的思考。在教学实践中，对于这些已经有一定的基础和舞台实践经验的、较为成熟的学生，如果只是把唱腔路子说给她们，而她们又仅仅只是在我表演的基础上进行模仿的学习，那恐怕不能准确地表现师父的创作本意，不能将荀派表演艺术的精髓传达出去。我认为应当采取启发式教学，着重进行角色心理活动及行为逻辑的分析讲解。眼神、动作的设计理由是什么，要说出道理来，要有说服力。荀慧生大师曾经在文章中谈到"师辈总是以演戏要'情通理顺'相告诫"。塑造人物要讲理，理讲得通，人物自然就立得住。

那么应当怎样演"崔氏"这个人物才"情通理顺"呢？先来考一考崔氏出身如何。戏中有一句台词："记得出嫁的时节，爹娘敬我一杯酒说到，你嫁到朱家去么，千万要做个好媳妇，对丈夫么要恭恭敬敬。"可以看出崔氏的娘家是一个教育女儿三从四德的封建传统家庭。她并非生来就朝三暮四、嫌贫爱富。她的性情是在无数个"忍饥寒受熬煎难得温饱"的日子中产生变化的。崔氏大吵大闹与朱买臣离婚，只为求得三餐温饱而嫁给了一个"每日里好酒好饭，吃得是肥肥胖胖"的屠夫，并非嫁入什么豪门穿金戴银。现在想来这个崔氏被戴上一个嫌贫爱富的帽子实在可怜。崔氏改嫁为的是生存而不是爱情。

相比之下同样是闹离婚要改嫁，《乌龙院》中阎惜姣是为情。阎惜姣得了金子首先想到给张文远花，死了都还要去找张文远，她对张文远可以说是真爱。崔氏的情况完全不同，张屠夫一个市井粗人和朱买臣这样有才学又能哄娘子开心的男人之间是完全没有可比性的。要说崔氏对屠夫有感情是绝对不合情理的。因此说到"前街之上有一个张屠户，我看他每日里好酒好饭吃得是肥肥胖胖，实实地令人羡慕。他平日也曾有意于我，为此托人说合改嫁了这个张屠户"的时候不该流露出害羞的表情，而应该完全是羡慕和充满利益的神态，才合情合理。崔氏改嫁后的婚姻生活是"每日里非打即骂，这冤家他杀猪杀惯了，那日竟然手持利斧对我劈将过来……"被迫逃出家门"无处投奔"的崔氏实在是可怜。

虽然"可怜"，但我并不想为这个崔氏翻什么案。我想要的是一个"合情合理"的真实立体的崔氏。可怜之人必有可恨之处！台词说"我说他，你既然无钱养妻还娶妻做什么呢？就这样噼噼啪啪四记耳光，逼他写下休书，将这个穷酸赶出去了"。你看她一个妇人欺凌潦倒的朱买臣是如此的凶悍，决绝，真真叫人可恨，因此这几句念白念起来节奏要紧，要中气十足、咄咄逼人，要重现"吵家逼休"的场景；"实指望安分度日，谁知他又嫌我好吃懒做不理家务"好吃懒做的形象更是让人感到厌恶！虽然可怜也不值得同情。因此在出场的第一个转身处，设计了伸懒腰、吐花生皮、吃花生豆等动作来表现她的好吃懒做。这几个动作要做得真实，而又不失美感，比如伸懒腰，看的是背身戏："大大大大衣兑"是吸气，而不是耸肩，然后搓手扭动上腰，而不是扭胯，边转身边伸懒腰，然后合手于右腰处，嘴冲左前方吐花生皮儿；然后从手心捻花生豆放入嘴里嚼，注意不要探脖；最后拍手、拿腰巾子，左手叉腰右手平端扣腕亮相。这一串动作，要做得真实而不失美感，切记过于夸张刻意丑化。有的演员演这里的时候过于夸张，耸肩、扭胯加探脖，那就该彩旦来演了！看过这出戏的人必定对"两笑"印象深刻：一个狂笑的笑，借鉴的是京剧小生的笑法，开放的得意的笑；一个偷笑的笑，用的是紧闭嘴唇声音完全从鼻腔共鸣里出来，表演难度很大，考验一个演员是否能够灵活自如地运用发声方法。关于这两个笑，师父的非常详细地描述了笑的方法：第一个"起伏必须在九个以上，声音越来越大，勾大嗓，双手高分手，做痴笑状"；第二个"必须九个以上，一声大似一声，勾大嗓，边笑，将眼神留给观众，切忌闭眼，身子渐蹲，最终右手拍腿"。我按照这个方法去做，每次演出此处必定赢得满堂彩。

另外，在"你们是奉了朱老爷之命，迎接夫人上任的"处的"三拱手"的动作，要注意的是，拱手往外推再收、脚步是吸起来踹出去，如此手脚配合反复三次，并不是左右摆手。还有比如"忆往事"一段的身段动作全部是坐在椅子上的，坐椅子的少于三分之一的位置，上身腰肢和腿部要随着动作的变化进行调整，因此不能坐实了。

京剧有京剧的特征，花旦有花旦的规范。《痴梦》中的喜、怒、哀、乐、悲、恐、惊、羞所有的表情和动作都在灵活地运用京剧原有的程式，服务于塑造这一个"崔氏"的人物形象。京剧《痴梦》很多人爱看、爱学、爱演，有不少地方戏的演员把京剧《痴梦》移植成其他剧种演出，我知道的就有河南曲剧、豫剧、滇剧、晋剧等。还有不少剧种自己就有这出，尤其是秦腔的《马前泼水·痴梦》，不仅有耍长水袖，还有花梆子，平转卧云、上桌子等众多技巧，表演形式异常火爆。秦腔《痴梦》的路子和京剧《痴梦》的路子出入很大，除了故事情节，表演手法完全不同，暂且放下不提。要演好京剧《痴梦》必须先观摩昆曲《烂柯山》，这是我对每个跟我学这出戏的学生布置的第一项作业。京剧《痴梦》是根据昆曲《痴梦》改编而来。先做追根溯源的工作，可以帮助学生建立起这个人物气质的准确定位。就是给她定一个点，有了这个定位，以后无论怎么发挥也有这个点牵着她，不至于走得太野。而昆曲为"雅"、京剧为"花"。较之昆曲，京剧的表演风格更为通俗。风格有差异，但戏曲原则是一致的。仍然要以人物为先，以真实合理为先。

痴梦痴梦，痴人说梦。崔氏的愚痴是导致她悲剧人生的症结。跟当初没有慧眼识珠跟定朱买臣一样，当她得知朱买臣高中的消息，震惊过后她还傻傻地认为"想当初他虽不得意，对奴家也还知冷知热一片痴情，嗯，常言道一夜夫妻百日恩呀！"说不定朱买臣难忘旧情，会来接她去做夫人，多么愚蠢的想法，多么愚痴的人。

一折《痴梦》演绎这个崔氏的悲剧人生，带给观众愉悦的视听享受。一篇文章怎能说清楚一出好戏？《痴梦》是荀派继承人发扬荀派创新精神，不断探索的成果之一，为我辈学习者树立了一个榜样，点亮了一座灯塔，增进了我们的信心，使我们能够坚定地循着大师的轨迹继续前行！

（本文曲谱采自《周志强京胡伴奏荀派剧目曲谱集》，宁夏人民出版社2004年第7版）

剧目特色

《红娘》和《晴雯》剧本改编简评

周锡山

京剧艺术大师荀慧生一生演出了三百多出戏,成果累累,颇多杰作。其中以丫鬟为主角的《红娘》和《晴雯》具有特殊的地位。《红娘》是荀派六大喜剧的冠军,《晴雯》列入六大悲剧之一,皆是其著名代表作。

京剧原本以老生戏的地位最高,艺术成就最大,至20世纪20年代,旦行戏逐渐地位上升,终于在30年代形成以"四大名旦"为代表的以旦角为主角的京剧新时代。这与现代社会女子的地位提高有关,更与以男性为观众的大多数的欣赏趣味为主宰的性别观有关。

而荀慧生主演的独家代表作《红娘》和《晴雯》,以奴婢身份的丫鬟为主角,在京剧中是首创性的,在中国戏曲史上具有特别的意义。

环顾世界戏剧史,古近代的戏剧,多以帝王将相和公子小姐为主角。只有法国莫里哀(1622—1673)的《司卡班的诡计》(1671)、意大利哥尔多尼(1707—1793)的《一仆二主》(1745)和法国博马舍(1732—1799)的《费加罗的婚礼》(1778)及其莫扎特改编的同名歌剧(1780)等极少剧作,以男仆为主角。女仆作为重要配角的有莫里哀《伪君子》中的桃丽娜、《费加罗的婚礼》中的苏珊娜、莫扎特歌剧《女人心》中的黛丝比娜等,但以女仆为主角的名剧则付之阙如。

中国古代戏曲，以丫鬟为主角的名剧有关汉卿的《诈妮子调风月》，描写了聪明、倔强、泼辣而追求理想婚姻的燕燕，是大家手笔。这个戏囿于时代条件的局限，只能以燕燕屈居小千户的"第二夫人"为结局，因此无法改编成当代戏曲。于是，荀慧生的《红娘》和《晴雯》成为现代戏曲以丫鬟为主角的首创作品。

著名京剧研究家、荀派京剧研究权威王家熙先生指出，"在京朝派最杰出的艺术家中，荀慧生和马连良是并列的撷取、化用南派京剧精华最多的二位"。[1]"《红娘》的剧本是荀慧生和上海的剧作家陈水钟一起编写的。荀本以红娘为中心人物，在《西厢记》的改编中独辟蹊径，非常符合舞台和剧场的要求。半个多世纪的演出实践证明，这种路数取得了巨大成功。"[2]

荀慧生于1936年10月22日，在北京哈尔飞剧场首演《红娘》成功。《红娘》的上演率之高，在所有的京剧剧目中居第二位。直到20世纪八九十年代，荀派名家孙毓敏、宋长荣仍以此剧于全国各地乃至海外掀起热潮，而且均以演出此剧超过千场大获赞誉。"历史证明，《红娘》不仅对于旦角行当的艺术发展做出了重大贡献，在改编古典名作方面也做出了新的路子。"[3]

荀慧生曾自述："我在《西厢记》中，最喜爱红娘。这个人物善良、正直、爽朗、热情，反抗性也很强烈。崔、张的结合，借助于红娘之力不小。昆曲《拷红》一折，即是重点强调红娘这一人物，歌颂她的勇敢、沉着和机智。京剧早年本无演《西厢》故事的剧目，我为弥补这一缺陷，乃着手创编。因我最喜红娘其人，遂参照王本《西厢》和昆曲《拷红》编写成《红娘》一剧，以张生、莺莺情事为纲，以红娘一角为主，歌颂这一见义勇为、成人之美的青年女性。""演出后，深得好评。此后数十年，

---

[1] 王家熙《荀慧生早期在沪演剧活动史述》，《王家熙戏剧论集》，中西书局2014年版，第39页。
[2] 王家熙《荀慧生〈红娘〉欣赏》，《王家熙戏剧论集》，中西书局2014年版，第424页。
[3] 王家熙《荀学建构刍议》，《王家熙戏剧论集》，中西书局2014年版，第6页。

率演不衰。其后又根据演出心得、体会，对于剧情和唱、做，随时加工改进。尤其新中国成立后，重新加以整理，使主题更为突出。此剧唱腔和表演身段，我皆有独特创造：如《琴心》一场的【反汉调】，《佳期》一场的【反四平】，以及《逾墙》一场红娘手持棋盘引入张生的身段等等，都不见于其他戏中。这些创造，因密切结合人物性格，久已脍炙人口。"

在《红娘》获得成功之后，荀慧生再次与陈水钟合作编写《晴雯》。

荀慧生说自己特别喜欢阅读《红楼梦》，总被书中那些遭受蹂躏、摧残的少女感到寝食不安。早在1919年，他就排演《红楼梦》中的《宝蟾送酒》，受到欢迎后，对《红楼梦》的改编产生更为浓厚的兴趣。尤其是1924年后北京、上海、天津等地戏班争相排演"红楼"戏，多以林黛玉、薛宝钗为主角。荀慧生在此前后也先后排演了多种的"红楼"戏。但是他却着力塑造了晴雯、宝蟾和平儿等丫鬟、小妾，香菱、尤二姐与尤三姐这类底层女子的角色，他要歌颂的是这些遭受欺凌的善良美丽的少女。这与他出生于底层贫困家庭，幼年家贫无以生计，7岁即被卖予凶恶艺人，沦为家奴，吃尽苦头有关。故而他对自幼卖作丫鬟、身世可怜的少女持有感同身受的同情和理解，起心塑造其中的佼佼者。荀慧生的多部《红楼》戏中，最有成就的是《红楼二尤》和《晴雯》。

《晴雯》是荀慧生和陈水钟将曹雪芹《红楼梦》中原本分散在书中各回的晴雯撕扇、补裘、抄检大观园、抱恨夭亡等情节，集中串联在一起，改编而成。1937年5月1日首演于北京吉祥戏院。

王家熙先生的《荀慧生〈红娘〉欣赏》一文，从艺术角度尤其是唱腔艺术角度，对《红娘》做了具体、详尽而精彩的评论。另有多篇文章和报道，对荀慧生和其著名弟子孙毓敏、宋长荣的《红娘》表演艺术成就做了精细记载、描绘和评论。也有一些文章论及《晴雯》的演唱成就。

本文则从剧本改编和创作角度，探讨荀慧生大师改编、创作《红娘》和《晴雯》所取得的成功经验和高度艺术成就。

笔者认为《红娘》和《晴雯》的改编，为戏曲名著改编作品提供了成功的写作方法和经验。

第一,忠实于经典原作的主题思想和人物性格描写。

《红娘》根据《西厢记》改编而成。《西厢记》自金圣叹的评改本《贯华堂第六才子书西厢记》(即《金批西厢》)出版之后,风行天下,直至20世纪40年代前期,是唯一流行的《西厢记》版本。金圣叹认为《西厢记》第五本,即第十七至二十折,艺术性差,张生、莺莺和红娘的人物描写都背离了性格真实,属于狗尾续貂,极力主张删去。[1] 荀慧生的《红娘》,按照主角红娘的描写内容,到《拷红》结束。此后《长亭送别》和《草桥惊梦》两折,没有红娘的戏份。最后四折,描写张生应考并高中得官、张生和莺莺书信往来、郑恒前来抢亲和张生与莺莺团圆的有关情节,一律省略。郑恒试图抢亲时,红娘与他辩论、批驳郑恒的戏份虽多,荀慧生《红娘》也予删除。可见荀慧生对《西厢记》第五本的看法,是与金圣叹一致的,认为不值得保留。

于是《红娘》的主要情节,与《西厢记》前四本一致,从红娘陪着莺莺与张生在佛殿邂逅、红娘联系相国超度佛事时与张生巧遇,中经孙飞虎围寺和老夫人许婚、赖婚,莺莺传柬和赖柬,问病和琴心,直至张崔幽会、夫人拷红,线索分明、情节紧凑。

《晴雯》也是如此,据《红楼梦》中晴雯描写的主要情节,为剧本的主要内容。

《红娘》和《晴雯》都忠实继承了原作的主要情节、重要对话和行动,这样就忠实地表现了经典原作的主题思想和人物性格。这是改编经典文学艺术作品,最规范的路子,《红娘》和《晴雯》都提供了成功的佳例。

第二,《西厢记》是二十折的大戏,《红楼梦》是长篇小说,改编成戏曲时,在不改动情节大局和结尾的基础上,做大幅而又恰当的精简,需要高明的剪裁功夫。荀慧生和陈水钟将每一场戏,对原作的内容和唱

---

1 周锡山《金圣叹全集》第三册,江苏古籍出版社1985年版,第205-207页。

词做适当删节，并用京剧语言，改写对白和唱词。

《晴雯》还删去了请黛玉吃闭门羹、紫鹃要黛玉设法尽早与宝玉定亲并受到斥责等次要情节，使全戏的戏剧矛盾集中，简练记叙人物的命运。

第三，补充一些情节，改动或补充一些原作中的人物的动作和语言，使人物对话更为丰满和有力，更鲜明地突出人物性格或明确揭示人物的心理。

《红娘》中，红娘用棋盘掩护张生潜入花园，是《西厢记》原作没有的。在明代的有些《西厢记》版本中，附有单独的下棋一出。此出戏，情节性不强，艺术性不高，历来不受重视。《红娘》则大胆借用其思路，另作创造，增写了这么一段：

红娘（白）现在太湖石旁。你的好运气来啦，老夫人睡觉去啦。就剩小姐一个人儿啦。小姐要想下棋，我拿棋盘遮着你的身体，引你进去，你要老老实实听我的号令。

【西皮快板】
叫张生隐藏在棋盘之下，
我步步行来你步步爬。
放大胆忍气吞声休害怕，
这件事倒叫我心乱如麻，
这也算是一段风流佳话，
听号令且莫要惊动了她。
（张珙随红娘同入，藏山石后。红娘入座。）
红娘（白）小姐，棋盘到。
（崔莺莺东张西望，心神不安。）
看他二人将门关上，已称心愿。老夫人哪，老夫人！你是枉费了心机哟！

这段新增之戏份,让红娘载歌载舞,也即让艺术大家荀慧生充分舒展身段、步姿和舞姿之美。同时也展示红娘的智慧和胆略,增强了红娘在张崔之恋中的作用,有力地为塑造红娘这个艺术形象服务。

第四,创作符合京剧要求的优美动人的唱词。

《西厢记》原作的唱词典雅优美,达到极高的艺术成就。京剧与之相比,是追求雅俗共赏的通俗戏剧,为适应广大观众的欣赏,唱词必须通俗平易,在这个基础上,讲究文采。《红娘》和《晴雯》的多段唱词明白如画,有些段落则文采翩翩,达到优美动人的高度。例如《红娘》第一场《惊艳》,红娘、崔莺莺一起闲游庭院——

红娘【西皮散板】
　　春色撩人自消遣,
　　深闺喜得片时闲。
　　香尘芳径过庭院,
　　呖呖鹦鹉巧笑言。
崔莺莺【西皮散板】
　　落花流水愁无限,
　　羞对鹦鹉把心事传。

又如第五场《传柬》:

崔莺莺【二黄散板】
　　紫燕单飞甚可怜,
　　深闺寂寞又春残。
　　含情欲说心中事,
　　鹦鹉檐前不敢言。
　　(白)咳!奴家命薄,自幼父母将我终身许与郑恒,虽非心愿,怎奈母命难违。那日花园偶见张生，实指望得配此人，终身有靠；不料母亲悔婚。这且不言，适才长老报道：张生在书斋愁病交加，想是为了母亲悔婚之事。哎！母亲，事到如今，叫女儿何以为人？正是：

（念）忧愁无人述，相思只自知。

上引莺莺的内心独白，是荀改本《红娘》所增，清晰表露莺莺的内心真实心理，是帮助观众理解人物内心追求和剧情发展的必要之举。

《红娘》中如张生和莺莺幽会时，红娘在门外守候，她唱道：

【反四平调】小姐小姐多丰采，君瑞君瑞大雅才。风流不用千金买，月移花影玉人来。今宵勾却相思债，一双情侣称心怀。老夫人把婚姻赖，好姻缘无情被拆开。你看小姐终日愁眉黛，那张生只病得骨瘦如柴。不管老夫人家法厉害，我红娘成就他鱼水和谐。

这些著名唱段的唱词，生动清新，流转自然。这些唱句都是作者自创的新词，颇多匠心。如庭院闲游时莺莺所唱"落花流水愁无限"和《传柬》折所唱"含情欲说心中事，鹦鹉檐前不敢言"，都源自《西厢记》开首莺莺上场所唱的【仙吕】【赏花时】"可正是人值残春蒲郡东，门掩重关萧寺中；花落水流红，闲愁万种，无语怨东风"。荀慧生《红娘》将其后半曲"花落水流红"化为"落花流水愁无限，羞对鹦鹉把心事传"；"闲愁万种，无语怨东风"化为"含情欲说心中事，鹦鹉檐前不敢言"，后句还借助唐诗名句。原作不做"无语"的说明，其意为莺莺作为相国小姐，生性矜持，又兼礼教限制，心怀爱意，却羞于出口，不想在任何场合下透露心声。荀慧生将其理解为害怕鹦鹉听到后学舌，从而暴露自己的心事。《红娘》是这种处理，保持与原作相同的意境，但做通俗化的改编，以适应京剧改编和京剧观众。

在《晴雯》中，为刻画一个纯洁率真不失单纯，倔强刚烈而又仗义的晴雯，他在王瑶卿先生的协助下，创造了非常动人的唱腔，婉转动人，催人泪下。此剧的剧本，在改编《红楼梦》的同时，在唱词上讲究文采和意境，也颇有成就。

例如"晴雯撕扇"一场，有一段唱词为：

【西皮摇板】我毁坏玻璃缸你心不动，砸却了翡翠碗你面不甚红。今日里跌扇儿气如山涌，分明是情缘满各自西东！

【西皮流水】片云舒卷月玲珑，扇上清风掌握中。公子多情桐花凤，美人惆怅玉芙蓉。愿扇儿及时用，似同心结子就合欢融。只恐秋凉送，捐弃篋笥中。倒不如撕破片片随风动，一声声胜似裂缯与吟蛩。叹儿女浮生皆一梦，这聚散二字总成空！

【西皮摇板】二爷待我恩不浅，一片真心把人怜。

这些唱词，词句典雅，清丽生动。虽然不识字的晴雯，不可能有此高雅语言，这在小说中是不允许的，《红楼梦》原著中晴雯的话语都是大白话。而在戏曲中是允许的，符合艺术真实的原则。但也不允许使用大量深奥的典故。这段唱词中"同心结子"、"玉芙蓉"等用语平易。但也有来历深远的典故，如"桐花凤"，源自清初大诗人、文坛领袖王渔洋和李清照词的名作《蝶恋花·和漱玉词》："凉夜沉沉花漏冻，欹枕无眠，渐觉荒鸡动。此际闲愁郎不共，月移窗罅春寒重。忆共锦衾无半缝，郎似桐花，妾似桐花凤。往事迢迢徒入梦，银筝断续连珠弄。"其中"郎似桐花，妾似桐花凤"的比喻明丽清新，他因此而得到"王桐花"的雅号。梧桐常在图案中与喜鹊合构，谐音"同喜"，寓意吉祥。诗词中的桐花指泡桐春天开的花，花大，有紫、白两色。桐花凤是四川的特产珍稀鸟类，长约一寸，身上羽毛金黄色，大红脖子，紫色头，嘴长而弯，像钓鱼钩，尾长二寸，是一种美丽灿烂的小鸟。它们常常成群集队，暮春时节在盛开的桐花丛中飞来飞去，像蝴蝶般轻盈。古人说"凤凰栖梧桐"，而凤凰本属渺茫，桐花凤飞临桐花丛，梧桐便有祥鸟相伴。于是桐花成为寄托男女缠绵爱情的栖息之地，桐花凤也成了飞入桐花的相思鸟。这个典故非常切合这段唱词的情意，如果知道这个典故，了解王渔洋佳句包含的思念情人和珍惜爱情的含情脉脉深意，在听唱此句时会产生令人遐想的意境；如果不知这个典故，因其字面并不深奥，而其文字和音节之美，也足以动人。

另如1938年国乐公司《晴雯》唱片，录的是《晴雯》的重点唱段。晴雯被赶出大观园后病情加重，无医无药，无饭无水，陷入绝境。临终前看到宝玉前来探望，悲喜交集，咬断指甲，珍重相赠，给宝玉留念。此时她唱：

【二黄散板】我正在睡昏沉芳魂不定，是何人唤晴姐语载悲声？展星眸我这里将他来细认，喂呀我那宝二爷呀！多蒙你不嫌弃薄命之人！

【二黄原板】说什么放宽心将养病症，奴今日只怕是有死无生。奴与你情意合未侍衾枕，一片心比松筠，玉洁冰清，对得起天地神明！到如今我无福分，这也是苦命生成！说不尽伤心话把指甲咬定，咬指甲赠予我有义郎君！

这一段唱词，较前例浅显朴实，这符合临终人物所处的戏剧情景的需要，但"展星眸"、"心比松筠"等，依旧精炼雅致。

从以上两段唱词看，小说原作以叙事性和描写性的语言为主，戏剧则主要靠对话推进剧情，因此补充了不少《红楼梦》原作没有的人物语言。这些补充的人物台词和唱词，是符合人物性格和规定情境的。

在得到以上成功的基础上，改编时需要做更深层面上的正确取舍。

例如红娘因帮助张、崔爱情而背叛了老夫人，最后因张、崔不慎而造成事情败露，红娘代人受过，面对老夫人即将对她的拷问，还有性命之忧。到此地步，红娘不禁感慨，感慨中还有临命时的反悔："只是我图着什么来？"金圣叹批道："妙妙！真有此事，真有此情，真有此理。大则立朝，小则做家，至临命时，回首自思，真成一哭耳！"接着红娘自问自责："如今嫩皮肤去受粗棍儿抽，我这通粗棍儿的着甚来由？"圣叹又急批："岂独红娘，便唤醒天下万世一辈热血任事人，真乃痛哉！痛哉！"[1]热心的红娘，为人作嫁，经常落得几面不讨好，最后差点还要赔上自己的小命，想想冤煞。这样的心理和自责，加强了情节的曲折性，反映了生活的复杂性。但是京剧《红娘》为了避免篇幅过长和描写枝蔓，只能割爱。

王实甫《西厢记》原作中的红娘，与张生熟稔后竟常口出秽言，称呼张生为"禽兽"、"鸟"（diǎo，男性生殖器），沦于粗俗、庸俗甚至鄙俗。另如红娘见莺莺怀春之情难遣，她的唱词中竟说莺莺："春恨压眉尖，灵犀一点医可病厌厌。"圣叹怒斥："何人恶札，见之可恨。"[2]红娘对张生也有此类语涉淫秽的唱词，亵语败笔，京剧全部删去。

再如王实甫《西厢记》中，张生一再要感谢并作将来要娶红娘为妾的暗示性的承诺。《西厢记》第十二折"倩红问病"，红娘在为张生出谋划策之后，张生又表示牢记红娘恩德；"小子不敢有忘"。红娘回答："我不图你白璧黄金，则要你满头花。拖地锦。"一般认为此语祝愿张生与莺莺能早成良姻。吴晓铃认为："满头花，拖地锦"，是金元时代的结婚礼服，红娘向张珙提出的答谢条件是做个陪嫁的小夫人，从女婢变成妾，便成为自由公民的"平人"了。关汉卿的名著《诈妮子调风月》杂剧里的燕燕不也是向小千户要"满头花，拖地锦"吗？两个小妮子的目的是等同的。蒋星煜也指出："按照唐代社会风尚，按照故事发展的走向，这红娘在莺莺未嫁时是夫人派在她身边的行监坐守的贴身丫鬟，也是莺莺生活上最

---

[1] 周锡山《金圣叹全集》第三册，江苏古籍出版社1985年版，第178–179页。
[2] 周锡山《金圣叹全集》第三册，江苏古籍出版社1985年版，第122页。

亲密的伴侣。莺莺出嫁时红娘十之八九将作为侍妾陪嫁给张生；红娘的前途如果没有重大的意外波澜，她成为张生的二夫人是势所必至，理之当然。"吴、蒋两论乃是确评。[1]《红娘》中不涉及此类意味。

与红娘相比，《红楼梦》中晴雯更是一个复杂的艺术形象。小说描写晴雯和她的伙伴，对比她们地位低的小丫头，也有欺压和挤兑的现象。例如，与她同在宝玉房内的小红很不得志，心中郁闷，怡红院另一个小丫头佳蕙安慰她并一起抱怨说：

> 可也怨不得你。这个地方，本也难站。就像昨儿老太太因宝玉病了这些日子，说服侍的人都辛苦了，如今身上好了，各处还许了愿，叫把跟着的人都按着等儿赏她们。我们算年纪小，上不去，我也不抱怨；像你怎么也不算在里头？我心里就不服。袭人哪怕她得十分儿，也不恼她，原该的。说句良心话，谁能比她呢？别说她素日殷勤小心，就是不殷勤小心，也拼不得。只可气晴雯绮霞她们这几个都算在上等里去，仗着宝玉疼她们，众人就都捧着她们。你说可气不可气？
>
> 小红道："也犯不着气她们。俗话说'千里搭长棚——没有个不散的筵席'。谁守一辈子呢？不过三年五载，各人干各人的去了；那时谁还管谁呢？"这两句话不觉触动了佳蕙心肠，不由得眼圈儿红了，又不好意思无端的哭，只得勉强笑道："你这话说的是。昨儿宝玉还说：明儿怎么收拾房子，怎么做衣裳，倒像有几百年熬煎似的。"小红听了，冷笑两声，方要说话，却被一个小丫头来叫她做事而打断了。

小丫头对晴雯也颇有微词，而对袭人由衷拥护，失意者对得意之人，心怀怨恨。怡红院和大观园中的这个舆论，不容忽视。[2] 戏中必须删除，

---

[1] 周锡山《西厢记注释汇评》第一册，上海人民出版社 2013、2014 年版，第 151 页。
[2] 周锡山《红楼梦的奴婢世界》，北岳文艺出版社 2006 年版，第 76 页；周锡山《曹雪片：从忆念到永恒》，济南出版社 2014 年版，第 162–163 页。

情节不可滋蔓，以保证戏剧矛盾集中，并维护主角形象的完整统一。

综上所述，《红娘》和《晴雯》在文学剧本的改编上取得了很大的成就，并因此而在中国戏曲史上有三个重要意义。

其一，《红娘》和《晴雯》都是根据中国文学中的最高经典改编的。《红娘》所据的《西厢记》是中国戏曲第一经典[1]，《晴雯》所据的《红楼梦》是中国小说的第一经典。荀慧生这两部作品的改编、演绎和普及经典作品的成功之作。

其二，《红娘》和《晴雯》在京剧和当代戏曲史上首创了以丫鬟为主角的作品。

其三，荀慧生拜海派书画宗师吴昌硕为师，学习海派绘画及其美学思想，接受海派艺术熏陶。他进而与上海作家陈水钟合作创作剧本，成功地创作出多部京剧经典，体现了京派与海派不同艺术风格的艺术家和文学家互学互补的重大美学意义，是流芳后世的京派和海派名家精诚合作的典范。

---

1 周锡山《西厢记注释汇评·前言》，上海人民出版社 2013、2014 年版，第 1 页。

尝鲜·品味·看大戏
——从《勘玉钏》中看到的

齐会英

不久前，笔者在中华剧院观看了由天津市青年京剧团刘淑云主演的传统京剧《勘玉钏》。这是荀派艺术中的一出名剧，是文人陈墨香于20世纪30年代根据《喻世明言》中的故事"陈御史巧勘金钗钿"改编而成的，又名《诓妻嫁妹》。戏散后，两个问题萦绕于心，挥之不去：

一是，在该剧中似乎存着一些不合理的地方。首先，该剧前后有两个女主人公，有主线断裂之嫌。第二，张少莲因有事外出时，为什么一定要留同窗韩臣在自己家？第三，当女主人公俞素秋欲把自己的一只手镯送给未婚夫时，母亲为什么要将另一只手镯要走代为保存？最让人难以想象的是，韩玉姐这个纯真的小家碧玉型的小丫头，在哥哥被衙门传唤时，不仅没有感到害怕，反而执意要跟哥哥去上公堂。而到了公堂之上，面对威严的陈御史、众衙役，她像是在逛庙会一样处处感到新鲜、兴奋、自由自在：与主审官随意接茬，与嫌疑犯轻松嬉笑。最后陈御史还在她的恳求下，亲自为她做媒，并让这桩案子中痛失老伴、独生女儿和家中丫鬟的受害者俞仁去操办他们的婚事，而俞仁也居然毫无异议地欣然照办了。诸如此类"不通"之处，令人费解。

二是，尽管该戏存在着上述种种的不合理，这出戏受欢迎之热烈和演出时间之长久却是一个不争的事实。据荀派弟子孙毓敏说，1940年荀慧生携该戏到上海演出，连演40场，所得票房回北京后买了一个四合院住宅，外加两大箱演出服装。[1]可见该戏在当时受欢迎的程度。1978年，传统戏解禁后不久，这出剧目很快就恢复了演出。1985年，文化部、中国剧协等十余家单位联合主办了"纪念荀慧生诞辰85周年纪念演出活动"，用5天的时间演出了16出荀派代表剧目，在首日的演出中，就将这出戏推上了舞台。难道这么多年来就没有人看出这些不合理的地方？并不是，2007年就有署名陈亚泰撰写的文章《对京剧〈勘玉钏〉的一些看法》发表在《中国戏剧》上，对此剧部分剧情的合理性提出质疑。

但时至今日，这出已经历80余年磨砺的剧目，在社会环境、观众素质都发生了巨变的情况下，仍活跃在舞台之上，并为观众们所喜爱。2011年1月，孙毓敏在上海京韵大舞台演出《勘玉钏》，在没有暖气的情况下，那些老年观众仍能稳坐剧场。而笔者在刘淑云演出现场，目测上座率在百分之九十以上，询问周围观者后得知，观众都是自掏腰包买的戏票。而且，今年4月份，上海已经正式启动项目，要将其拍成当今最为流行的3D电影。虽然有些细枝末节上的改动，但大的框架始终是保留了当年创作时的原貌。

这就不能不让笔者进一步的思考：该剧有这么多看似不合理的地方，为什么还能流传这么久并能经常演出呢？戏曲观众究竟在这出戏中看的是什么？反复琢磨后，笔者认为观众看这出戏的重点应该是在如下几个方面。

一是尝，尝的是鲜

20世纪30年代，京剧艺术正处在繁荣发展的上升阶段，特别是随

---

[1]《〈勘玉钏〉武汉将上演，孙毓敏来汉会戏迷》，见荆楚网楚天都市报，http://www.sina.com.cn。

着"四大名旦"的诞生,京剧旦行艺术日益丰富多彩,热爱京剧的观众随时都在关注着新剧目的变化。该剧之所以受到当时广大观众的热捧,得益于有着深厚艺术造诣及丰富演出经验的荀慧生。他非常了解观众的这种看戏的心理,所以在该剧中他根据人物性格及情节需要,努力钻研,积极思索,创造出或前人没有的、或脍炙人口的、或充满激情的、极其新鲜的艺术表达形式。因此,说观众爱尝"鲜",其实就是想在第一时间里见证演员在艺术上的不断延展与升华。

1. 一人分饰前后两个角色

这种演出方法是荀慧生于1932年在新排剧目《红楼二尤》中前饰刚强泼辣的尤三姐、后饰软弱善良的尤二姐时首创的,此次在该剧中再度运用这一形式时,更是得心应手,使之成为典范:该剧的两位女主人公虽然都是二八少女、都有着很强烈的追求爱情的向往,但因身份、性格、生长环境的不同,她们呈现给观众的是非常鲜明的性格差异:较为端庄大方略带拘谨的闺门旦俞素秋与活泼有余、并稍带放纵的花旦韩玉姐。荀慧生在充分展示自己高超的演艺技巧的同时,把这两位主人公刻画得惟妙惟肖、活灵活现,所以在演出中常常使观众带着很多期待、亦获得很多惊喜。

2. 走前人未走过的道路

京剧从其形成之初,就不断形成了一些固定的程式。比如,一个大家闺秀式的主要人物登场时,一定是非常沉着、稳重的缓步上场,然后是慢条斯理的优雅地坐下,开始从容地自报家门。但在这出戏中根据剧情的需求,荀慧生大胆地撇开了前人早已形成的道路,让所扮演的女主人公俞素秋在得知父母争吵时,顾不上保持矜持、顾不上羞羞答答,就被丫鬟拉着疾步跑上舞台,与传统的上场方式形成极大的反差。但是观众虽然爱看"鲜",却也不是所有的"鲜"都爱看,特别是戏曲观众,他们对新的东西很是挑剔。因此,设置这样的出场,对于还从来没有见过整天大门不出,二门不迈的一个大家小姐这样出场的观众来说无疑是十分地大胆,于是荀慧生想到用增加细节的方法来加大这一新程式的接受程度。他说:"我想了个办法:预先给丫鬟鸾英安排了一个上场偷听的动作,她看老夫妇反目了,匆匆由上场门跑下去,暗示她向小姐报信去了。"[1] 这一安排给这种上场形式提前做好铺垫,减少了观众的唐突感。之后,他也是很自我欣赏地说:"这种出场法,今天看来也许不怎么新鲜,但在当时确很新鲜。"[2] 这种如水到渠成般的创新方式让观众很是稀罕,大家接受起来也自然且欣喜:小姐这么出场还挺好!

3. 演员的表演开始于后台

当俞仁老两口子为女儿是否应该退婚一事打得不可开交之时,随着女儿俞素秋上场,观众就将目光迅速转向了俞素秋。为什么?除了前面说到的铺垫,荀慧生还完成了一个更能反映俞素秋当时情绪的案头工作,他说:"剧作者既这样处理,我又觉得符合剧情,当时就开动脑筋,想法把这一出场具体表演出来,还要表演得好。我想:不能仅在出台后想办法,要预先在人物未上场前,就蓄好势子,憋足了劲。我先设身处地想:俞素秋这时似乎应该是坐在自己闺房之中,正在读书或刺绣,可以设想丫鬟怎样告诉:'老爷、夫人打起来了!'俞素秋一听,心里一定又惊慌、又着急,恨不得马上跑到前堂,于是鸾英拉起她就跑。正因为两个人在后台已酝酿了这种心理感情,所以一出台就能把后台的戏带上来,俞素秋在'丝鞭'里一出台,就带着惦念二老打架的心情,我用双眼微瞪,平视前方,正像生活中心里有事时那样,足下擦着滑步……为的是避免驼背,也表现是被拉扯着往前跑。"[3] 也就是说,虽然观众没有看到安

---

[1] 荀慧生《荀慧生演剧散论》,上海文艺出版社出版1963年版,第77页。
[2] 荀慧生《荀慧生演剧散论》,上海文艺出版社出版1963年版,第78页。
[3] 荀慧生《荀慧生演剧散论》,上海文艺出版社1963年版,第78页。

排在幕后的那个案头工作,但由于演员已有了充足的准备,所以当俞素秋一出现,人物的急切就把观众的情绪推向了高潮。在她的引领下,观众便流畅地欣赏到了俞素秋"从出场直到进门、下跪,整个是一气呵成的"表演。这种带着强烈情感"出场"的新形式足以让观众的精神为之一振,并迅速跟随着剧情的发展一并去探个究竟。

4.【二黄快板】适时而出

荀慧生说:"在《勘玉钏》中创造出'事事万般难猜想,杀人未必是张郎'一段【二黄快板】。'二黄'本来是没有【快板】的,可是在这一出戏的这一特定情节里,俞素秋听到父亲错疑自己的未婚夫张少莲为杀人犯,把他带去拷问的消息以后,心急如焚,不胜惊慌,在这种情况下,无论用【原板】、【摇板】都表达不了感情,也没有办法与紧张急迫的动作相配合。于是我就创造了'二黄'的【快板】。"[1] 这一创举不仅丰富了京剧唱腔的板式,更让观众在新创的板式中,感受到俞素秋不相信未婚夫是杀人犯、但又找不到解决的办法时,心慌意乱、不知所措的心情。唱腔的创新与扩展其实极为不易,荀慧生在一篇文章中说,有一次他在编新腔的时候,琴师说没有这样拉的而拒绝配合,但荀先生非常自信地坚持了下来,结果是观众首先接受了这种创新,然后琴师也不得不佩服地连说"拉得顺手了"。看来,一些新的东西不是说"它好,就一定能被人接受",还是需要坚持的,而这种坚持则来源于充分掌握了戏曲规律的演员的自信心。

5. 有着丰富手势的表演动作

在荀派戏中,我们看到很多手势不同于其他流派,他常常从自己的特点出发,去发现并吸收一些新的表演方式。在该剧中,一个伶俐而敏

---

[1] 荀慧生《荀慧生演剧散论》,上海文艺出版社1963年版,第47页。

捷、天真而活泼的未婚少女韩玉姐的手势应该是怎样的表现，荀慧生是无时无刻不在思索着的。一天，他去看电影，被当时正在热映的美国电影中的小演员秀兰邓波儿那纯真的表演所吸引，她的一举一动被荀慧生牢牢地记在心中，回去后将其吸收、融化、变形，最终成为京剧人物韩玉姐舞台上的、艺术化的手势，不仅使韩玉姐的形象更加具体、生动，还因为观众的认可而为荀派表演艺术注入了新的元素："双手的食指指自己的脸"、"双手伸直，稍稍耸肩"、"把一个手指放在唇前，好像吹气似的，表示不要声张"[1]等。

在这出戏的表演和唱腔里有如此多的新鲜东西，观众怎能不着迷？但需要说明的是这些新鲜不是演员想当然的创作，而是饱含着演员诸多的思与想，诸多的突破与创新，诸多的细心琢磨与大胆坚持。

二是品，品的是味

1. 品唱腔之韵味

很早以前，戏曲观众把"看戏"叫作"听戏"。我们也常常在影视剧里看到观众闭着眼睛摇头晃脑，或默声，或随着唱腔低吟。好的唱段常常会令人如痴如醉，他们正是在仔仔细细地品玩着从那唱腔里飘荡出来的韵味。作为"四大名旦"之一的荀慧生是该剧的主演，也是该剧的主创人员，他对观众的这个嗜好更是了如指掌。他曾专门就观众听戏这一现象说过一段话："过去，不少爱好京剧的人专门买一张距离舞台很近的票，不论偏正，只要得'听'，不管得'看'与否，这些观众往往是坐下来以后，闭上眼睛，不看舞台上的一切，专门用手拍着'板'，用耳朵来欣赏'唱工'。"为此，他在该剧中安排了很多清新俏丽、缠绵委婉、别致流畅的唱腔，在演唱时忽而婉转、忽而绵延，有时还会停歇一下，颇

---

[1] 任明耀《京剧奇葩"四大名旦"》，东南大学出版社1994年版，第92页。

有摄人魂魄之魅力。因此，在该剧的演出中每每出现或刚柔相济、或委婉缠绵、以情带声的浓烈的"荀味"唱腔时，剧场里便响起热烈的掌声。在我看的那场演出中就是这样，不少观众对荀味十足的唱段情有独钟，台上唱，台下轻声和，使剧场内回荡起"荀腔立体声"。

2. 品表演之趣味

前面说过，以前的很多戏迷是闭眼听韵味，而看荀的这出戏，则必须要睁大眼睛去看，因为，这出戏里唱段并不很多，多的则是做工表演。韩玉姐与哥哥在门口的玩笑、进屋后与哥哥的对话，均伴随着身段、手法、眼神、步态的俏皮表演；在与小商贩讨价还价时，她用手帕仔细擦拭并不属于自己的玉镯，准确地表达了她既爱又心疼花钱的心理；在公堂上与陈御史表示自己想要与张少莲成亲时的那种少女羞于出口、想说又难为情的、含含糊糊的语言和身段扭扭捏捏的表演，均让韩玉姐这个人物纯真又幽默、大胆且含蓄的形象更加真实而丰满。趣味丛生，常常让观众忍俊不禁。

3. 品人生之况味

荀慧生在说唱腔的作用时，有这么一句话："'唱词'的作用主要是交代剧情，表达剧中人物的感情变化，'唱腔'的运转正是为了使唱词的作用得到有力的表达。"[1]也就是说，唱腔的作用其实是让演员通过丰富的唱腔旋律和各种板式来对剧中人物性格或心情做进一步的诠释。因此，他在该剧中是非常注意这些唱段唱腔的合理安排。如，当俞素秋让贴身丫鬟给未婚夫送玉镯时，安排了一段"叫鸾英你我多亲近"的唱段唱腔，非常优美亲切，她用一种柔和、深情的语气将小姐与丫鬟的关系拉近，一方面体现她们平日里主与仆的和谐，更重要的一方面是要让鸾英一定

---

[1] 荀慧生《荀慧生演剧散论》，上海文艺出版社 1963 年版，第 42 页。

要把这件事情当作自己的事情认真、快速地去办，从而也增加了小姐此时此刻心情的急切程度。当俞素秋听父亲误认为未婚夫是杀人犯时，一段"事事万般难猜想，杀人未必是张郎"的唱腔，让观众体会到俞素秋对未婚夫的信任与深情。再如戏的后半部之中，很多韩玉姐的唱段都能让她的内心活动在演唱中呼之欲出，既让她那俏皮的性格外露无疑，也增强了对观众的吸引力。

京剧自其诞生起就创演出很多优秀的剧目，但由于年代久远、社会变迁等各种各样的原因，很多剧目遗憾失传，也有一部分剧目只能以折子戏的形式流传下来。可是，荀派的这一力作《勘玉钏》却完整的保留到了今天，笔者认为这与该剧中唱段安排得当分不开。一般的旦行戏都有着大段的唱，但该戏基本上没有太长的唱段，而是以短小的唱段穿插在剧情之中，使人物的情感随着情节的发展不断变化。这些唱腔韵味时而甜美、时而幽怨、时而愤怒、时而悲伤、时而娇羞、时而柔媚、时而喜悦、时而缠绵，犹如粒粒珍珠散落在整个剧目之中，又构成珠联璧合的整体而无法分割。也就是说，演员在唱腔方面上下足了功夫，他那丝丝入扣、拨人心弦、韵味十足的唱法无时不在打动着观众的心灵，使人荡气回肠、百听不厌；同时，也让观众从中品味两位女主人公因不同的世界观、不同的处世原则所体现出来的不同的人生况味，让人回味无穷。这应该是这出戏仍流行于舞台的重要原因之一。

三是看，看的是戏

1. 看的是戏

戏，一种解释是"戏剧"，另一种解释是"玩耍，游戏"。说观众看戏去，应该是这两种解释兼而有之。因为我们最早是个农业文明之国，所以，过去的老百姓生活比较单调而辛苦，在务农之余，看戏是人们休闲、玩耍的主要形式。因此，在看戏时，观众有时会进入剧情，为剧中人物的行为所感动，与剧中人物同悲同乐。如看到俞素秋和母亲定计要与父亲对抗时，观众就会略带激动且有所期待，这都说明观众进入了剧情之中。但有时观众也会因某一唱腔非常精彩，或者是某一个动作干净利落，而喊上一声"好"。如韩臣，虽为罪魁祸首之一，但他的言行常常让观众发出欢笑声；而白天以卖杂货为幌子踩点探路，夜间则摇身一变成为梁上君子的恶人江海，虽是地地道道的反面人物，但其跌扑蹿跃，尽显功底，也能赢得观众的掌声。这就是观众跳出了剧情为演员的精彩表演而给予的称赞。也就是说，虽然观众看得很认真，感情很投入，但知道自己是在看"戏"、自己是在娱乐。由此想来，便不难理解，为何观众对该剧中的那些勉强的地方、甚至是有点离谱的地方不仅没有横加责难，而且还会乐此不疲地、津津有味地看下去，这正是因为观众能从中获得一种释放、收获一份享受，这才是他们看戏的最终目的。

2. 看演戏的演员

所谓看演员，其实就是观众要看通过演员的唱念做打所体现出来的艺术表现形式。因为不同的演员，表现出来的艺术水准是不一样的，所以人们在看戏时是有选择演员的习惯的。在戏曲界，把优秀的演员称之为"角"。因此，戏曲艺术也有"角的艺术"之说，所以，戏曲观众常常是专门冲着"角"去的。荀慧生于1927年入选"四大名旦"，名声大振。其实，他早已成"角"，早在他23岁时就有人因喜欢他的表演艺术而向他拜师学戏，"以致20世纪30年代以来，戏曲界一直流行着'十旦九荀'之说。"[1] 他一生中收了大量徒弟，一些徒弟也早已是桃李满天下。因此，虽然他已离开我们近半个世纪，但其创演的剧目仍然活跃在舞台上，就是因为有一代又一代的荀派弟子、再传弟子们的传递。荀慧生时代，观众看荀派的创新过程，看荀慧生的艺术呈现；之后，不同年代的观众又

---

[1] 王家熙《荀学建构刍议》，载于《荀学理论初探》，2010年，第2页。

观赏着童芷苓、李玉茹、许翰英、孙毓敏、宋长荣、刘淑云、王萍、管波、唐禾香、常秋月等各个代际优秀演员的表演，看他们传承过来的剧目，看他们的唱、念是否还有荀派的韵味，看她们的做、表是否保持了荀派独有的表演特征。因此，这出戏通过演员们较为精准的承其形，传其神，仍能让当今的观众通过欣赏去领略到昔日荀的神韵，昔日"角"的魅力。

3. 看戏中的巧合

我们常说"无巧不成书"，戏也是这样，利用各种机缘与巧合去制造情节、制造矛盾、造成故事的发生发展，并在起伏跌宕中引领观众渐入佳境。因此，该剧中安排俞母看似不经意地把另一个手镯收到自己的囊中，然后制造出江海在盗走玉镯时，把老夫人、丫鬟杀死的重大案件。该剧还安排韩臣到张少莲家中，而此时张少莲正好有事要出去，强留韩臣为他看门，从而制造出韩臣独自待在张家的机会，因此，送玉镯的丫鬟顺情顺理地就把玉镯误给了韩臣。韩臣是个什么样的人？是与张少莲同窗的秀才，离异多年，家中有个妹妹。这天他与妹妹吵架后，出来溜达溜达散散心，而此时百无聊赖的他，又听说俞家的人谁都不认识张少莲，于是便对俞家小姐俞素秋产生了邪念。在其得手后，恰巧贼人江海入室盗窃并连杀两人。同时，江海在慌乱逃跑中又恰巧将窃来物品失落在张少莲的门前，于是刚遭到退婚打击的他、又蒙冤被押入县衙。另外一边，俞素秋当得知自己错赠了玉钏、错入了洞房后，非常自责，而恰恰这时候丫鬟说了一句："八成今天的张少莲和昨天的张少莲不是一个人吧。小姐，要是一个人还好，要是两个人那可就糟了。"这句话犹如一把匕首刺中俞素秋的心怀：是呀！"我还有什么脸面活着世上，我死，我死。"于是就引出了主人公自尽的悲剧。"玉钏"本是俞家小姐的心爱饰物，却分别落到了韩臣与江海之手，更为巧合的是都被韩玉姐看到了，在她的指证下，该案水落石出，让恶人得到了惩治。总之，该剧在诸多巧合当中演绎了一个曲折的故事，让观众在戏中随时都能找到看点。

4. 看戏中的转折

比如该剧中，刚看完俞素秋自尽观众心中的惜、悲、怜正浓的时候，一转场，由同一个演员饰演的另一个小姑娘就蹦跳着出场了。她的活泼引发了观众的欢喜，她的天真触动了观众的怜爱之心，使刚才还抑郁的观众瞬间换了心情。随着韩玉姐的自报家门"玉为肌骨铁为肠，闺阁少女宜红装。武艺虽然无半点，雄心压倒聂隐娘。"以及她向自己唯一的亲人哥哥撒娇式的讨要手镯，与卖杂货的穷追不舍式的讨价还价，都给观众一种天真朴实的邻家小姑娘的感觉。之后她又随着哥哥来到肃静、威严的公堂之上，也就是她要"见见世面"的地方，这也是观众爱看的一个点：观众感受到了一个不同以往的公堂氛围。也就是说，虽然这些现象在现实生活中是不大可能出现的，但因为是戏，所以观众只管欣赏而不愿去追究其是否合理。在一定意义上讲，这种剧情的转折和公堂氛围的反常，是适合广大观众的审美情趣与观赏心理的。

5. 看戏中的戏剧性

该戏中的两位主人公，一位是有着封建思想，含蓄而传统的女性；一位是具有现代开放意识，无拘无束的新女性。两个少女虽然都有追求婚姻幸福的强烈愿望，但俞素秋是将自己的幸福寄托在父母包办的未婚夫张少莲的身上，自己暗中资助，让张少莲早日迎娶自己，从而获得幸福。后来，她虽得知张少莲受冤，但因封建思想的禁锢，却不敢抛头露面去替未婚夫喊冤辩冤，最终酿造成悲剧。而韩玉姐对自己喜爱的人则是大胆追求。她勇敢地走向公堂，无畏地澄清张少莲的冤案，先是在陈御史那里得到支持，然后是去说服张少莲。当张少莲念及未婚妻对自己的忠贞而坚决不肯与韩玉姐成亲时，韩玉姐没有退缩，而是运用聪明的智慧去吓唬他："我哥哥因为欺骗，使俞素秋自尽，我哥哥犯下了罪行。你若不肯，我一会儿上吊去，也是一条人命，你也得抵命去。"最终两人喜结良缘，以喜剧收场。该剧前后段的人物、情节、事件与结果极具戏剧性，让观众从感觉上、思想上深刻地了解到两位女性的人生观。虽然该戏从创作到现在已有八十多年，但人们对幸福生活的向往是不变的，因此，在看该戏的过程中，观众能够感同身受。

总之，这个以一对玉钏串联两段情感故事的《勘玉钏》，非常鲜明地体现出荀慧生先生执着的敬业精神，和敢于打破常规、勇于创新的精神。它有"拿来"的东西，但都经过吸收、融化、变换，最终形成和谐而纯正的京剧艺术形式。它也有传承，传承的是京剧艺术中的精髓。尽管当今有人评论说，戏一定要合理，特别是一些历史剧，一定要合乎历史的真实，但我们看到以《勘玉钏》为代表的很多传统戏中有着这样或者那样的"不合理"的地方，可是照样能够流传至今。而今天一些看似"合理"的新编剧目却常常是在费人、费力、费财之后，很快就被束之高阁。所以，当今的新编剧目追求合理剧情虽然是时代的需求，是使艺术更加完善的需求，应该是在创作道路中的一个正确坚持，但从欣赏的角度来说，我们的新创剧目更大的功夫与精力还应该是用在艺术的合理创新上，应该在剧中人物的唱念做打上多费脑筋，多创作出能够流传的唱段，多呈现令人赏心悦目的表演，多塑造鲜活动人的形象，让观众能够在新编剧目中得到陶醉、过瘾的精神享受，在愉悦身心的同时，感受人生的乐趣，领悟人生的真谛。

从《编剧琐谈》看荀慧生戏曲剧本创编法则

翟 璐

与梅兰芳、程砚秋、尚小云共同被喻为京剧"四大名旦"的荀慧生先生,在长期的艺术生涯和表演实践中,从对前辈大家的学习和模仿到吸收创造、以自身条件为特点推陈出新,在唱念做打各个方面独树一帜形成了个性鲜明的荀派表演艺术,斐然于世。荀先生不仅在他早年所唱的梆子中汲取营养,创造出很多新式唱腔,同时吸收了话剧、电影等其他艺术门类的表演方式,形成了独具特色的艺术风格。荀先生一生创排、搬演了三百多出剧目,主要代表剧目有《红娘》《红楼二尤》《金玉奴》《辛安驿》《荀灌娘》等。其中《红娘》一剧更是成了中国京剧史上的不朽之作,堪称京剧花旦行当首屈一指的代表剧目。

作为自成一派的艺术大家和艺术名家,荀先生不仅在舞台表演、唱做风格上独树一帜,不止造就了"三分生"、"三感三化"等表演理论,也在编剧和导演层面上形成了自己独树一帜的创排理念,下面本文从《编剧琐谈》一文入手,具体剖析荀先生剧本创编的思想理念。

《编剧琐谈》是荀慧生先生应《剧本》月刊编辑部之邀,于1959年7月发表在《剧本》刊物上的一篇文章,后收录在上海文艺出版社1963年出版的《荀慧生演剧散论》一书中。荀先生在文中所言:"我是个登台多年的演员，过去偏重于实践，没有什么高深的理论，也没有编出多少剧本。"这当然是先生自谦的说辞，但他的艺术成就的确以舞台表演最为突出，目前为止对他的研究也主要着重于他的舞台表演理论。可是通过这篇小文，我们却看到了荀先生在剧本创作改编方面的理论主张，虽然全文只有三千多字，却是他多年切身实践的经验和精华，对我们年轻一辈在当今整理创排剧目也有学习和借鉴意义。

纵观荀先生一生所演出的三百多出剧目，可以大致归纳为三类：第一类是新编剧目，如《红娘》《红楼二尤》《丹青引》《勘玉钏》《荀灌娘》《绣襦记》等；第二类是增益首尾的传统剧目，如《玉堂春》《十三妹》《贩马记》《得意缘》等；第三类是从梆子移植过来的剧目，如《辛安驿》《香罗带》《元宵迷》《花田错》等。这三类剧目中，无论是增益首尾使之完整的传统剧目，是移植自梆子的剧目，抑或是改编自元杂剧《西厢记》的《红娘》、改编自古典小说《红楼梦》的《红楼二尤》等新编戏，无不体现出荀先生对于剧本改编的理念。

《编剧琐谈》一文以"什么样的剧本是好的剧本"这一问题为中心进行了细致而深入的论述。荀先生认为，好的剧本要思想内容好，结构严谨，情节动人，有感情，有趣味，既能给人以思想上的启迪，又能给人以美的感受。[1]

一、谈结构

注重戏剧结构，首先体现在整本演出的完整性上。

"近数十年来，戏剧多演零折短出，截头去尾，至今聆戏者莫名其妙，而有不能窥其全豹之憾。于戏剧进化上，殊有妨碍，余自……排演全本《玉堂春》处，知社会上对于整本戏剧之需要，遂聘请名家，搜觅秘本，排

---

[1] 荀慧生《荀慧生演剧散论》，上海文艺出版社1963年版，第237页。

演全本整戏。"¹ 荀先生所言反映了当时京剧传统老戏的上演状态。早前的京剧有很多片段式的折子戏，有一些是因为时间久远，流传下来的只是整本戏的精彩段落，还有一部分从其他剧种移植过来的戏，本身就不完整。荀先生自《玉堂春》始，先后增益首尾整理上演了一系列的传统老戏，形成了荀派上演剧目的一个类别。

下面我们就以《玉堂春》为例，分析探讨一下荀先生是如何注重戏剧结构的完整性的。

《玉堂春》是京剧的传统老戏，"早在清同治三年（1864）刊行的《都门纪略》翻刻本中，就曾有京剧早期著名青衣伶工胡喜禄擅演《三堂会审·玉堂春》中苏三的记载。"² "四大名旦"都搬演过，都为它谱了新腔，每个人的唱法和演法各有不同和侧重。荀慧生在早年学习这个戏的时候就想过要把它人物情节等丰富起来，于是《玉堂春》便成了他跟剧作家陈墨香合作的首部戏，产生了全本《玉堂春》。

具体在场次上他们是这样安排的：在"起解"、"会审"两折前加"嫖院"、"关王庙"³、"落凤坡"、"小公堂"等，后增加了"监会"、"装疯"、"团圆"等场次。如此一来，增益头尾，便形成一个情节完整结构严谨的大戏了。由此一经公演，受到了戏界和观众的一致好评，还经常出现一票难求的盛况。汉口大舞台印制的《荀剧"玉堂春"特刊》中有这样一段话："鉴于京剧之片段支离，日就颓敝，以萃力搜求旧本之善者，汰腐择精，从而致善，全本《玉堂春》其一也。"⁴

荀先生对戏剧结构的注重，还体现在他改编戏剧时对剧目场次情节的重新整理安排、突出新创主题上。

对于变化剧本结构，他这样生动地描述道："改变场面次序，变化剧本结构，这在我们叫'搬家'。这正如屋中陈设，物件数量不变，经过美

---

1 北京市艺术研究所编《名旦风采：荀尚筱艺术论集》，北京燕山出版社1996年版，第108页。
2 杜长胜编《中国京剧昆曲剧目导读》，学苑出版社2010年版，第165页。
3 此折为梆子传统戏，陈墨香将其吸收过来，后来在实际演出时剧情较拖沓，被荀慧生删去。
4 李伶伶《荀慧生全传》，中国青年出版社2010年版，第342页。

术家精心设计,加以调动,就显得分外美观大方。不经过调动,就会芜杂充塞,不能抓住观众。"[1] 荀先生在几十年的艺术实践中总结出了这样的艺术规律,京剧《红娘》就是他最经典的实践力作。

取材自王实甫元杂剧《西厢记》的京剧《红娘》,是荀慧生与剧作家陈水钟合作,为自己量身打造的荀派代表剧目。该剧于1936年编成,同年10月22日在北京首演。与原著中侧重描写张生、崔莺莺动人的才子佳人爱情故事不同,京剧《红娘》让崔莺莺和张生做了配角,把丫鬟红娘推上了主角的位置,扛起了反封建的大旗,歌颂了红娘的正直勇敢和善良,表现她成人之美、敢于与封建礼教斗争的美好品质。京剧《红娘》的剧本重新铺排结构,无论在情节上和结构上都做了改编和调整,突出了红娘这一人物形象,形成了一出以花旦为主角的新戏。全剧共八场,分别是"惊艳"、"许婚"、"悔婚"、"琴心"[2]、"传柬"、"逾墙"、"佳期"、"拷红",把原著中与红娘关系不大的"游殿"、"借厢"、"追荐"、"长亭"四个场次加以删减,最终形成了主题鲜明、人物丰满、历久弥新的京剧花旦经典剧目《红娘》。

二、谈布局

荀慧生认为:"戏剧的布局,讲究曲折委婉,在剧情发展上,不要叫人一望而知,一看即破。人物的行动不可出乎常情,剧情的发展也要合乎情理。"[3] 在这里用今天的话来讲荀先生主要讲了一出戏的节奏和悬念问题。

1. 节奏

戏剧节奏是话剧中常常被提及的一个重要概念,它是不可忽略的一

---

[1] 荀慧生:《荀慧生演剧散论》,上海文艺出版社1963年版,第238页。
[2] "琴心"一场,是1951年,荀慧生重新改编此所加。
[3] 荀慧生《荀慧生演剧散论》,上海文艺出版社1963年版,第237页。

个问题。而与话剧同在戏剧范畴下的京剧,则通过冷热场的转换和穿插,来实现节奏的把控。在编排创演剧目上,荀先生自己是非常注重节奏的,对于节奏的把握,荀先生自己有过一段非常精彩的阐述:"剧情发展要有波澜起伏,要结合观众的心情和剧情的变化。戏剧一定要有主要场子,也要有陪衬场子,根据剧情穿插变化。要在观众肚饿想吃东西时给他东西吃,同时也要给他消化时间。不要在他胃满肠肥时,仍把燕窝鱼翅端出来,观众就要倒胃口了。"[1]

在《编剧琐谈》中,荀慧生提到了《香罗带》这个剧目。下面我们就从这出戏当中,看荀慧生的戏曲创作改编理念。

《香罗带》一剧创作于1927年,由陈墨香编剧,改编自梆子《三疑计》。据荀先生自己讲,他幼年时曾多次演出梆子《三疑计》,但只有短短一折,相对于原作,移植成京剧的《香罗带》做出了很大的改动:

首先,改编后的剧名叫做《香罗带》,剧中增添了原剧中没有的道具——香罗带,并用以贯穿始终。原来剧中唐通回家后在陆世科书房发现自己妻子的睡鞋,于是怀疑二人私通。但古代女子的睡鞋早已废除,现代人很少知道,并且出现在舞台上也影响美观,荀慧生于是将睡鞋改成了香罗带。并且,关于香罗带是如何出现在陆世科的书房里,荀先生也做了巧妙的安排:因为陆世科发烧,唐通妻子林氏让儿子把唐通的被子拿给陆世科盖,儿子却误将林氏的被子拿了过去,并用香罗带捆了被子又忘记拿了回去,于是矛盾就顺理成章了。

其次,唐通怀疑妻子林氏与陆世科私通,但原剧中的陆世科却是一个胡子花白的老生,说服力不足。荀先生将陆世科改为小生,更增加了说服力,使剧中出现的误会和戏剧矛盾更加合乎情理了。

以上两点印证了荀先生在《编剧琐谈》中提出的"人物的行动不可出乎常情,剧情的发展也要合乎情理。"[2]。

---

[1] 荀慧生《荀慧生演剧散论》,上海文艺出版社1963年版,第241页。
[2] 荀慧生《荀慧生演剧散论》,上海文艺出版社1963年版,第237页。

值得注意的是，《香罗带》相比于《三疑计》，增加了陆世科辞馆而去以及唐通持书前来致歉的两个单场。这样的改动体现了荀先生对节奏的把握能力，不但使得全剧更加完整，结构更加严谨，同时这两个看似松散的"闲场"，又加强了戏剧的节奏，为后面的矛盾做了缓冲和铺垫，给前后场的剧情做了补充，可以说是非常重要的改动，充分体现了一个优秀表演艺术家的敏锐感觉和对节奏完美的把控能力。

2. 悬念

"留扣子"、"留包袱"是传统京剧中的编剧手法，也就是我们今天所说的戏剧悬念。戏剧这种艺术样式在形成中产生了必须遵循的艺术规律，无论古今中外，悬念都是戏剧作品所必备的元素。它不但推动故事情节发展，更是引起观众观看兴趣、把观众带入戏剧情境的神器。作为一个深谙戏曲演出艺术规律、熟知观众口味喜好的艺术大家，荀先生对于悬念自然格外注重。

我们还是以《香罗带》这出剧目为例，来看一下荀先生是怎样"留扣子"、"留包袱"来制造戏剧悬念的。剧中原本有这样一个情节：林慧娘被钦差陆巡按冤枉定罪，绑赴法场问斩，在前文中被误会已经死去的丈夫唐通在慧娘与儿唐芝死别之前回到家来。如此，本来营造的悬念在还没有到达戏剧高潮之前便真相大白，观众的紧张、疑虑也随之消失，结果就使那场悲愤哀怨的戏，达不到预期的效果。荀先生的改编本则把唐通回家安排在慧娘定死罪以后。"陆巡抚亲自监斩，法场上一片紧张。这时突然有人上来，原来是林慧娘的儿子和贴身丫鬟。他们把慧娘身后事都已预备妥当，特来做最后诀别。一阵锣鼓喧天，法场已无杂人，刽子手手起刀落，慧娘即将斩首。但就在这千钧一发之时，后台突然有人喊'刀下留人'，随之唐通出现，观众悲愤交集之心，这时才安定下来。"[1]

---

[1] 荀慧生《荀慧生演剧散论》，上海文艺出版社 1963 年版，第 238 页。

也就是这样一个小改动，不但制造了悬念，唤起观众的情感共鸣，更将波澜起伏的剧情推向了高潮，让戏更好看，观众更爱看。

三、谈唱词

与为文人士大夫所称道的昆曲不同，京剧来自民间，是市井文化的产物，它的唱词并不似昆曲文辞艰深古奥，引经据典，而是妇孺皆知、通俗易懂的。

荀先生深知京剧的特点，他非常注意编演剧目中唱词的文白，"唱词不要艰深古奥，因为曲高则和寡，观众不容易听明白。所以说：'文大用不上，文小也不行。'编剧不能卖弄文字，唱词太过文雅不见得就好。过去有些老学究编剧，忽然安排了一段古诗古词，引了几个典故，这是文不对题。卖弄他博学，其实观众并不欢迎。唱词要让观众听得懂。有些老戏里的唱词，有文有白，别有趣味，观众也很欣赏"[1]。

在实际的编演和创作中，荀先生就是严格遵循着这样一个创作原则的。例如他在《编剧琐谈》中谈到的《元宵迷》的例子：戏中有一段"那一日风波平地起，死里逃生最凄惨，舅父前来出主意，我与母亲两分离，母女隔断三千里……"荀先生认为这段唱词的前两句比较文，所以加上第三句的大白话，中和了雅和俗，恰到好处。

第二个例子还是出自荀派经典剧目《红娘》。众所周知元曲大家王实甫的《西厢记》在文学上具有非常高的造诣，唱词典雅引经据典，古雅华丽。如《西厢记》开场崔莺莺唱的"花落水流红，闲愁万种，无语怨东风。"在荀慧生的《红娘》中，此句就被分别改为"落花流水愁无限"以及"含情欲说心中事，鹦鹉檐前不敢言"。如此一来，既保留了《西厢记》中的典雅意蕴，又化深奥为通俗，适应了京剧观众的观赏水平与审美旨趣。

---

[1] 荀慧生《荀慧生演剧散论》，上海文艺出版社1963年版，第241页。

值得注意的是，荀先生所编创的剧目，尤其是《红娘》《红楼二尤》这类改编剧目，唱词虽然不着意追求辞藻华丽，但对原著的语言韵味做到了最精妙的保留，可谓是雅俗共赏，这大概也是荀剧久演不衰的奥妙之一吧。

四、与演员的契合

除了以上论述外，荀先生还特别从演员的角度，对好的剧本做出了界定：

好的剧本应该场场有戏，人人有戏，满台都是戏。这也就是说剧本除了要突出主要人物外，还应该留给配角演员发挥的余地。让每个演员都能充分展现出他的技艺、博得观众喝彩而不是沦为毫无用处的活道具。

剧本必须有内容，有主脑，切忌平泛。作为"一剧之本"的剧本，一定要多给演员留下表演动作和内心根据，让演员有足够的展现空间、英雄有用武之地。

对于那些传统老戏，荀先生还从演员的角度，主张对剧本采取"碎修"的办法。他说，"碎修就是将剧本中的一些情节、场面、台词做些修改，使之合乎情理，更能适合演员的表演，发挥演员的特点。"他否定了那些拘泥守旧认为老传统不能改的人的想法，主张通过"碎修"方法，使老戏越磨越亮、越放光彩。

总结：荀慧生的剧本创作法则

综上所述，荀先生在剧本的创作改编上有着自己的一套法则。这套经过多年实践经验累积锤炼而来的法则是十分珍贵的。一方面，它具备一定的理论价值，有着传统京剧所不具有的现代编剧意识；另一方面这种实践中得来的经验，又最能有效地指导实践，而不是隔靴搔痒。同时，演员出身的荀先生，在剧本的创作改编中更能注意到如何让演员达到最好的发挥，使演员和剧本达到最佳契合度。

论荀慧生演剧思想及其对京剧现状的启示

刘新阳

荀慧生先生继承全面、勇于创新，在他演出的剧目中不仅成功地塑造了红娘、金玉奴、尤三姐、韩玉姐等一批鲜活的人物形象，而且荀先生创立的荀派艺术还是京剧花旦行当中一个承前启后的重要的艺术流派。荀派艺术至今仍是京剧舞台上旦行流派中的一面旗帜，不仅如此，他个人的戏路十分宽广，在荀先生的常演剧目中，除了现在观众熟悉的《红娘》《金玉奴》《红楼二尤》等外，还有《孝义节》《刺汤》《御碑亭》《虹霓关》《英杰烈》《樊江关》《得意缘》《十三妹》《辛安驿》等一大批青衣、花旦和花衫行当的常演剧目，这些剧目也是构成荀派剧目的重要组成部分。

与此同时，今天无论是表演艺术工作者，还是戏曲理论工作者，一般注重对于某一个流派艺术特色和风格的研究，却忽视了作为一个艺术流派的创始人，在演剧思想上的研究。如果仅是孤立地对风格特色这些形式层面的重视和研究，往往容易忽略风格特色的成因以及确立风格特色的思想基础，这一方面可以视为戏曲表演艺术理论研究的缺失，另一方面也在实践层面无形地束缚了流派风格特色在剧目中的展现、丰富和发展。

但令人遗憾的是在"四大名旦"中，荀慧生先生是唯一没有在新中国成立后系统地拍摄过戏曲电影的艺术家,影像资料的缺乏也给今人在研究荀派表演艺术时带来了困难。所幸荀慧生先生在1962年和1963年曾分别出版了《荀慧生舞台艺术》和《荀慧生演剧散论》,这两部著作也是新中国成立后,集中系统整理出版荀慧生涉及表演艺术论述的辑著(两书收录文章有重复),同时,也是荀氏谈及表演艺术的重要文献。因此,《荀慧生舞台艺术》《荀慧生演剧散论》以及荀氏传世的音响资料就成为研究荀慧生先生表演艺术及演剧思想时的重要依据。笔者借助这些文献资料,尝试对荀慧生先生的演剧思想进行梳理和归纳,并结合荀氏的演剧思想,面对当前的京剧现状,努力提供某些启示。我想这应该是在当今放眼京剧现状的语境下,纪念荀慧生先生诞辰115周年的现实意义所在。

人物化

荀慧生先生在《演人别演"行"》一文中曾提到:"最近,看了一些青年演员们的戏,感到她们做戏很认真,看得出来确实把师傅传授的东西,一招一式地都演出来了。青衣是青衣的身段,花旦有花旦的手式,可是,就有一条:没神。说得简单一点,演得太呆,抓不住观众;说得深一点,是没有演出人物,只使观众看到,这个是青衣的行当,那个是花旦的路数,至于到底是个什么人,就模糊了。"[1]通过这段话,荀先生开宗明义地提出演员在舞台上"没神"、"演得太呆,抓不住观众"是由于"没有演出人物"的原因造成的,由此我们可以认为在荀先生看来,京剧是要"演出人物"来的,而"演"这个字同样也可以理解为"刻画",毕竟不论是"演"还是"刻画",它们最终都是围绕"人物"所展开的。正如荀先生所说:"不管你唱的是哪一行,人物,是顶要紧的。行当再严,也盖不过人物去。明确地说,行当就得服从人物。"[2]因此,荀慧生先生的夫人张伟君女士在

---

[1] 荀慧生《荀慧生演剧散论》,上海文艺出版社1963年版,第1页。
[2] 荀慧生《荀慧生演剧散论》,上海文艺出版社1963年版,第2页。

《荀慧生传略》中也曾明确指出："长于表演，长于刻画人物，是慧生表演艺术特色的核心。"[1]

身为"四大名旦"之一的荀慧生先生通过长期的舞台实践总结出的心得是重视京剧表演中对人物的塑造与刻画。但这不代表荀先生在重视塑造戏曲人物塑造的同时，忽视了行当的重要性。同时，荀先生也表示："我不是说，让大家都不忽视行当，而是希望能活泛着点，别把它看的忒死了。因为只有这样，才会领着你不为成规所拘，在同一行当中，看出不同的人物来。"[2]因此他也说："'练'是必要的，可是不能傻练。要巧练，要经师傅和艺术上的正确指导。千万可别练僵了，否则，也是演不好戏的。这些同志苦学苦练劲头、决心都是好的，但是，指着一般基本功的技术训练，不动脑筋，不动心，也创造不出有光彩的人物……依我看，凭的就是你演的那个人物，演的对、演的深就能抓得住；演得浅或者根本不是那个人，就抓不住。要想演好人物，就得多用脑子想，既得有规矩，又得有变化。"[3]由此可见，在荀先生看来技术、行当和人物的关系并非毫无关联或相互矛盾，而是要通过勤学苦练的技术、善于思考的分析和不逾行当的变化，最终服务于对戏曲人物的塑造与刻画。

在强调了人物、行当和"巧练"的关系后，荀慧生先生还针对"演人别演'行'"举了例子。《汾河湾》是荀先生十分钟爱的青衣戏，也是他的常演剧目之一。在谈到柳迎春时，他说："她（柳迎春）看到仁贵回来的时候，特别是在进窑以后，不但高兴，而且还不由地联想起她和仁贵十八年前少年夫妻的恩爱情谊。这种感情是很自然的，也是可以理解的。仁贵那句词'一见柳氏面含春'，一方面是表现了仁贵的疑心，一方面也确实是看到柳氏当时喜悦心情的表现，要不然，不但这句词不能解，就连柳氏这个人也不能解了。"[4]可惜京剧《汾河湾》在今天的京剧舞台上已

---

[1] 张伟君《荀慧生传略》，载《京剧谈往录》，北京出版社1985年版，第327页。
[2] 荀慧生《荀慧生演剧散论》，上海文艺出版社1963年版，第2页。
[3] 荀慧生《荀慧生演剧散论》，上海文艺出版社1963年版，第1—2页。
[4] 荀慧生《荀慧生演剧散论》，上海文艺出版社1963年版，第4页。

较难看到了，在荀派传人的演出中则更难一见，但就笔者有限见到几次《汾河湾》的演出，确实也曾有费解之处，核心之处即表现在柳迎春迎薛仁贵进窑后的"夫妻斗嘴"（龙头山、马头山等）和"春心荡漾"（柳唱"今日等来我明日也等，等你回来我好做做夫人"）。荀先生寥寥数语就为柳迎春进窑以后的表演寻找到了准确的内心依据。可以说，正是荀先生从人物出发、从生活逻辑出发的思考，解开了柳迎春"夫妻斗嘴"和"春心荡漾"的依据，但假如演员不认识到柳迎春此时是"联想起她和仁贵十八年前少年夫妻的恩爱情谊"，那么无论是夫妻间的"斗嘴怄气"，还是薛仁贵口中的"一见柳氏面含春"就成了简单意义上的"为了插科打诨而插科打诨"抑或"形式大于内容"，甚至"形式主义"了。正所谓"以己之昏昏，焉能度人之昭昭"，如果演员在演戏时不能做到深入分析人物的处境、思想和情感，而只在行当、流派和唱腔上下功夫，那么，呈现出的也必然是"糊涂唱，糊涂听"的观演关系。

结合荀先生所举的具体事例以及娓娓道来的书情戏理，并联系今天京剧舞台上表演艺术的现状，我以为，体现在荀慧生先生演剧思想中对于"人物化"刻画的主张不仅真实存在，而且在今天依然具有深远的指导意义。应该说，在荀慧生先生五十多年前对于观看青年演员演出的这种"没神"的观剧感受，在今天仍然存在，现在我们依然可以看到不少标榜某派青衣或某派花旦的青年演员，在舞台演出中只重视和强调她们所工习的行当甚至是某一流派在声腔艺术中技术、技巧层面的特点，而忽略了对于剧中人物的思考、判断以及"刻画"，这种在表演艺术认识上的局限，使戏曲演员往往孤立地看到技术、技巧层面的重要性并在此基础上的揣摩和苦练，却忽视了技术、技巧最终是为剧情、剧中人物所服务的根本任务，这就造成了今天中青年的京剧演员即便是在传统剧目的舞台呈现中依然不能通过自己的表演打动观众的局面，这也正是荀慧生先生所说有些演员演戏"没神"、"抓不住观众"、"太呆"、"不活泛"的根本原因。

性格化

如果说,演人物的"人物化"是荀慧生先生演剧思想中的核心内容,那么,面对不同身份、思想、性格的戏曲人物,荀先生又是如何进行区分和处理的呢?这就必须谈到荀先生在"演人物"主张基础上生发出的"性格化"。

荀先生在《花旦表演艺术琐谈》中指出:"穿裤子袄的,穿裙子袄的,穿裤子袄加大坎肩的,以至穿褶子、穿帔的虽然都是花旦,但是她们的身份不同……演出时,无论从性格上、做派上、念白上也都不能雷同。"[1]接下来,荀先生举例说:"穿裤子袄、裙子袄的花旦,一般都是'小家碧玉',天真烂漫的小姑娘,性格爽朗的妇女,或者是小丫鬟。穿裙子袄的比穿裤子袄的,身份似乎要略高一点……演起来应该是无拘无束,活泼为主,念白也得特别爽朗、干脆,可以锋芒毕露……她们多用京白,从而明显地表现出人物的性格特质。"[2]同时他也指出:"穿裤子袄加大坎肩的花旦,表演上应该收敛一些,……但内心的活动是复杂的……因此性格上略沉稳一些,阳面的表演不宜过多,而多侧重于阴面的表演。"[3]以上是荀慧生先生根据花旦行当中不同服饰、不同分支并结合不同人物展开的具有总体和共性特征的归纳,其中,荀先生还列举了不同类型的剧目和人物以及对孙玉姣、阎惜姣的人物分析,限于篇幅不再引述。与此同时,针对过去(也包括现在)部分花旦演员夸张的表演,荀先生洗练并充满辩证地指出:"活泼不等于风骚;爽朗不等于泼辣;细致不等于烦琐;含蓄不等于粗率;庄重不等于呆板;沉静不等于平板。"[4]从而,在强调表演不能过火的同时,更要注重演员的表演与人物性格间的关系。可以看出,花旦的不同分支以及不同着装本身就为不同的人物身份提供了不同性格特

---

[1] 荀慧生《荀慧生演剧散论》,上海文艺出版社1963年版,第33页。
[2] 荀慧生《荀慧生演剧散论》,上海文艺出版社1963年版,第33页。
[3] 荀慧生《荀慧生演剧散论》,上海文艺出版社1963年版,第33页。
[4] 荀慧生《荀慧生演剧散论》,上海文艺出版社1963年版,第38页。

征的依据，荀先生正是抓住了不同人物的性格特征来对不同的少女、妇女形象进行准确而深入的塑造。所以，荀先生所说的"侧重阳面的表演"和"侧重阴面的表演"都是在表演艺术层面，对不同类型、不同性格人物总括性表演手段。

京剧《红楼二尤》是荀慧生先生的代表剧目，在该戏的编排设计中，荀先生通过"一赶二"的方法，大胆尝试了前后分饰尤三姐、尤二姐两个人物。前半出戏尤三姐以爽朗活泼的花旦应工，后半出的尤三姐则由善良柔弱的闺门旦应工。荀先生不仅在行当的表演特征上区别开了同一剧目中前后出现的两个人物，还对同姓姊妹进行了细致而明确的"性格化"刻画。

他在《〈红楼二尤〉的表演和唱腔》中说："尤三姐是一个天真无邪的女孩子，她有着淳朴的稚气，在她们姊妹三人中她是最小的一个，受到母亲骄纵，所以她又是毫无顾忌，敢说敢做的。"[1] 随后又对尤二姐的性格加以分析总结："尤二姐和尤三姐是两种完全不同的性格，她善良而懦弱，如随风的柳絮，与三姐正好做了一个鲜明的对比。"[2] 并强调"尤二姐这个人物是个懦弱到极点的人物，放在旁人，在临死前也许还要说几句痛快话，指责指责所憎恨的人，可尤二姐到死还像一块豆腐、一只绵羊一样，任人宰割，没有多少怨言；这要换了三姐，在死前一定慷慨激昂、痛快淋漓地大骂凤姐一阵，两两相较，那真是一个强烈的对照"[3]。正因为此，在荀先生创造的《红楼二尤》中，既可以看到尤三姐与柳湘莲因听歌赏舞而一见倾心后、萌生爱意的内心波动与羞怯，又能够看到尤三姐转而面对贾珍、贾琏泼酒、灌酒时的毫无顾忌，还可以看到尤二姐对王熙凤暗害自己的无能为力和逆来顺受。诚然，《红楼二尤》中的尤氏姊妹都属于悲剧式的人物，但她们的性格以及悲剧命运的酿成却各不相

---

1 荀慧生《荀慧生演剧散论》，上海文艺出版社1963年版，第111页。
2 荀慧生《荀慧生演剧散论》，上海文艺出版社1963年版，第118页。
3 荀慧生《荀慧生演剧散论》，上海文艺出版社1963年版，第122页。

同，荀先生借助以人物性格分析把握为原则，以行当和灵活的表演为依托，在一个剧目中把两个性格截然不同人物的不同侧面全面地塑造并展现出来，进而不仅使其成为荀派的保留剧目，同时也使该剧成为20世纪20年代中期京剧探索革新中的典范之作。

荀先生在以上戏曲人物身上总结归纳的出身、处境、身份等方面的种种不同分析依据，证明了荀先生是把对于人物的刻画与塑造放在了高于行当的位置上，更善于在比较和分析的中寻找人物间性格的异同，从而在差别中准确地为不同人物寻找到适应"她们的"性格依据。不论是案头分析，还是研究分析，这些都是围绕塑造人物和演"活"人物来进行的。正因于此，在荀先生塑造的众多鲜活女性形象才会被同行赞许，也被观众所牢记。只可惜，我们今天的戏曲演员无论在方法上，还是在精神实质上，都太缺乏荀先生为塑造性格化的人物所做的功课了。

生活化

京剧是集程式性、虚拟性和写意性于一身的综合舞台表演艺术，这些统而化之的美学精神最终却是以戏曲表演艺术的根基——扎实的基本功训练来完成的。因此有人认为，戏曲演员在舞台上演戏凭借的是基本功的扎实与否。这种观点不无道理，但也不够全面。京剧是"角的艺术"，但不能简单地把这句话理解为观众买票就是单纯到剧场来"看演员"的，演员也不是像杂技演员一样，简单地把自己的技艺展现给观众就完成了任务。归根结底，所谓"角的艺术"是演员在舞台上通过表演为观众讲述怎样一个故事，通过人物或喜或悲的遭遇，使观众在了解剧情及人物命运的基础上，最终在审美上得到唱、念、做、打这些来自戏曲表现手段在技艺层面上给观众带来的艺术享受。

然而，不同的京剧流派在艺术思想的追求上却不尽相同，无论是看荀慧生先生的"音配像"，还是听他传世的实况或静场录音，都会使观众和听众感受到一种扑面而来的生活气息,这不仅体现在《红娘》《金玉奴》一类念京白的花旦戏上,即便是青衣、花衫戏,荀先生也同样注重人物"生活化"元素的融入。荀先生在著述中曾列举过很多"生活化"塑造人物的例子,在谈到《汾河湾》柳迎春的表演时,荀先生说:"'进窑'前后的戏,在表演上应该有些不同。进窑前,可以完全宗着青衣的路子演,端庄娴静,说话尺寸慢;进窑之后,夫妻相认了,闹误会的戏,就得活着点,接近于花衫的路子……比如从'你问的是那穿鞋的人儿么?'开始,到'我还与他睡觉呢',这段问答就不宜于用青衣的端庄规正的韵白去说,不妨说得更活泼、更直率、更接近于生活一些,甚至可以用京白……所以我念的时候,总是很接近自然地这样说'我还与他——用韵白,而后一顿再用京白说——睡觉!'戛然而止,完全是年少夫妻间互相逗弄的口吻,用的是花衫的路数。如果,这句话完全按照青衣的韵白念:'我、还、与、他啊,睡觉呢——'戏就太呆了,不但人物没了,而且仁贵听见她这样郑重其事地一说,也早就沉不住气了,戏也就没了。"[1] 从以上的表述,我们可以看出荀先生在对柳迎春这个人物进行全方位的分析后,又在表演手段的技术层面解决了柳迎春作为戏剧人物,在"进窑"前后由于人物思想情感发生变化后,而在言行举止上所产生的差异。尽管荀先生所说"我还与他——睡觉"用京白的处理手法可能仅是一家之言,但他却寻找并捕捉到了自己认为最恰当、最准确,也是最生动的表现方式,而这些思考和处理的依据则无一不源于表演者对于人的生活、行为逻辑的揣度与分析,从而,使戏曲人物在最大程度上贴近观众的思维逻辑,拉近京剧表演与观众之间的距离。

不仅如此,荀先生还对旦行之外的老生角色,《武家坡》的薛平贵和《汾河湾》的薛仁贵这两个表面看上去极为相似的人物进行了符合生活逻辑表演细节上的对比,在面对两戏旦角同样都有一句"军爷你看那旁有

---

[1] 荀慧生《荀慧生演剧散论》,上海文艺出版社1963年版,第4—5页。

人来了"的念白时,他强调薛仁贵"刚刚在汾河湾误射死了一个孩子,心里正打着鼓,唯恐人家找来,所以一听见柳迎春说有人来了,马上就有些惊慌、急急忙忙地向后看"[1],而薛平贵则"知道眼前这妇人是自己的妻子,即使有人来了,也不会出什么事"[2],从而在一个简单的"望门"上为薛仁贵和薛平贵捕捉到既符合生活逻辑又各不相同的内心依据。

此外,荀先生还通过排场、关目均有相似之处的《武家坡》《桑园会》和《汾河湾》三出戏做了符合生活逻辑的对比与分析。他在《演人别演"行"》认为,"王宝钏是断了相府门,绝了父女义,苦守寒窑十八年,没儿没女,如今已是没吃没喝,到野地里去挖苜蓿草充饥。虽然如此,但她终究还是出身于权门贵族,是相府千金小姐,不过到这个时候,薛平贵是她唯一的指望,这是一种身份、气度;罗敷女呢,家里有老人,出来是采桑喂蚕,能喂得起蚕的人家,大概还不至于冻馁,秋胡就是不回家,日子也能过得去,这又是一种身份、气度。柳迎春和王宝钏有相似的地方:男人都从军去了,都走了十八年;可是有一个很重要的不同:柳迎春已经有了儿子,而且长大成人能杈鱼打雁了,生活上有了依靠,虽然她也想念薛仁贵,但是心情和王宝钏不一样,这又是另一种身份、气度。不分析、不研究这三人的具体处境,都按着青衣唱,当然也不是不可以,可是观众看到的只是三个青衣,却看不到王宝钏、柳迎春和罗敷女了……这个就叫作'心里有'。"[3]在读到这一段文字时,让笔者很自然地联想到荀先生的话同话剧导演口中的"人物分析"以及话剧演员笔下的"人物小传",如果要求戏曲演员也做"人物小传"一类案头工作的话,那么,荀先生的思考和分析同话剧运用不同手段进行的"人物分析"和"人物小传"并没有核心和本质的区别,但不管这些思考分析究竟是姓"话"还是姓"京",荀先生的目的却是为了通过思考与分析,最终把舞台上的

---

[1] 荀慧生《荀慧生演剧散论》,上海文艺出版社1963年版,第5页。
[2] 荀慧生《荀慧生演剧散论》,上海文艺出版社1963年版,第5页。
[3] 荀慧生《荀慧生演剧散论》,上海文艺出版社1963年版,第2-3页。

戏曲人物演"活"、演得精彩，令人过目难忘。

因此，荀先生主张"得根据戏情、戏理，戏的前后变化发展，来决定怎么个演法，哪怕是小地方，也不要轻轻放过。观众会从你对于若干小地方的处理中，看出这个人物是怎么回事来……人物，总是有变化的，就是一出戏里的人物也不是从头到尾一个样，行当只能给你一个大体的规模，使你不要离格太远，但是变化却要靠自己去揣摩研究，不能太死了。根据戏情，根据对手的反应，根据一些偶然原因产生的即兴表演，临时在舞台上出现一些具体的变化，这在创造上不但是允许的，而且是必要的。所以，我主张，演花旦戏要有'活盖口'，不能死抱本子一成不变，像小孩子描红模字一样……变化，是创新的开始；在不断地变化、摸索中，才能逐步达到深入细致刻画人物的目标。如果只记住某种行当的程式，接到一个'角色'，不问她是谁，先看是哪'行'应工，就照着那一行的程式去演，那就准会演呆板了"[1]。

对荀先生以上的论述，笔者十分赞成，不管是"活盖口"、"即兴表演"，还是"小地方"，它们往往会在戏曲程式化表演的基础上起到"点睛"的作用，并由此突出强化演出效果，从这个角度说，这些依托于"生活化"思考并具有"点睛"的"小地方"的细节处理，决定了戏曲人物在舞台呈现中的鲜活与否。如荀先生在《我演〈金玉奴〉》一文中曾详尽地描述了莫稽赴任登舟时推搡金玉奴之后，金玉奴一系列有阶段、有层次、有变化的细节表演，笔者没有目睹过荀先生本人该剧此处的表演，却看过1981年荀派传人童芷苓与俞振飞、刘斌昆等人在上海联袂合演《金玉奴》的录像，童芷苓在这段的表演里把金玉奴看到官船时的喜悦、被莫稽推一个趔趄产生的惊吓、被莫稽进逼的惧怕、转而离去的愤怒、被父亲拉回再次看到江水心中顿生起轻生的念头、经老父亲相劝意识到自己不能抛下老父而死、再到父女对视时的抽泣和抱头痛哭，最后无奈强忍

---

[1] 荀慧生《荀慧生演剧散论》，上海文艺出版社1963年版，第5–6页。

复杂心情上船,这一系列的细节表演准确、细致、有条理地展示在舞台上。虽然这段无声的表演不足两分钟,却让笔者感受到了强大的感染力和震撼力,以致童先生的这段表演在脑海中十多年来挥之不去,始终有着深刻的印象。尽管之后笔者看过许多荀派演员的《金玉奴》,但此处我所见过的演员的表演,却始终无出童氏之右者。

如果对照荀先生以上的论述,再反观今天京剧舞台上一部分演员的表演,可以反衬出"生活化"中"真"的"活盖口"和"即兴表演"几乎已绝迹于舞台,同时像"小地方"的细节表演虽然也有不同程度的呈现,却总不够到位,上面所举童芷苓饰演金玉奴的细节表演就是一个很能说明问题的例子,可见对于"生活化"的探求,除了技术层面的训练之外,更有思想层面的认识以及具体应对时的处理与把握。

启示

荀慧生先生之所以成为京剧旦行中承前启后的一代宗师,固然与他数十年如一日的勤学苦练以及舞台实践密不可分,但通过长期实践总结出的在表演艺术层面上的演剧思想,也是指导其在舞台实践中一路走来的根基。荀慧生和荀派艺术所以被京剧业界的同行所钦佩,并被观众牢记,是因为他创演了一批脍炙人口、流传广远的代表性剧目,塑造了一批经典、鲜活的艺术人物,然而,不论是荀派剧目,还是由荀派塑造的艺术人物,抑或荀派的经典唱段,它们无一不是在荀慧生先生演剧思想的指导下才得以践行并完成的,这也恰恰证明了荀氏演剧思想在荀派的创立过程中起到了不可忽视的指导作用,而且拓展来看,荀慧生先生的演剧思想不仅局限应用于荀派、花旦乃至旦行,它还是京剧表演艺术中可以为不同行当提供参考和启示的一种宝贵的创作方法,更是前辈京剧表演艺术家为后人留下的一笔宝贵的财富,尤其是在今天它也依然具有指导当前整体表演艺术的重要意义。

平心而论，当前京剧的生态环境以及现状并不令人满意。一方面，在信息化迅猛普及、发展的时代背景下，娱乐市场多元化的格局和趋势日益明显，京剧观众的断档与流失造成京剧演出市场的萎靡不振；另一方面，由于中青年京剧演员受演出市场的制约，舞台实践机会偏少、造成当前京剧表演艺术整体水平的普遍下降，这既表现在传统戏演出数量越来越少，《四郎探母》《龙凤呈祥》《秦香莲》《失·空·斩》等剧目已几乎占据了京剧传统剧目演出数量的半壁江山，演出剧目逐渐呈现出的单一化趋势，又表现在当前的京剧舞台演出普遍缺乏表演艺术应有的表现力、感染力和震撼力，由此使观众产生"不过如此"的感叹，这些主客观因素都制约着今天京剧艺术的传承与发展。

应当承认，客观环境的变化我们无力改变，但这不等于京剧工作者只能"听天由命"。面对编剧、导演、作曲、舞美等一系列京剧的革新与探索，笔者一向主张京剧的振兴必将是"京剧人"的自我觉醒。要改善当前这种不利于京剧传承的现状，"京剧人"所能做到的唯有承担起提高自身表演艺术水准的责任。从"京剧人"的自身和内部讲，当前最突出的问题是表演技术水准的下降，由此产生京剧表演艺术缺乏感染力，而要改善这一现状，提高京剧表演基本功的训练固然是必要的第一步，但在达到技术层面要求的水准后，更需要在书文戏理和人物处境以及人物的思想感情入手，不断地为戏曲舞台上的人物寻找到更多符合人物、符合环境、符合性格和符合生活的依据，从而，在借助思考与分析的方法，在技术层面打开塑造鲜活艺术人物形象的一扇大门，从而在演剧思想和表演手段方法上，扭转戏曲表演艺术"死学死演"的观念。这样一来，散见于荀氏著述中演剧思想的"人物化"、"性格化"和"生活化"恰是可以帮助中青年京剧演员提升表演表现力和感染力的有效方法。从这个意义上说，荀慧生先生的演剧思想不仅可以为荀派乃至旦行表演艺术水平的提高提供参考，更适用于当前京剧各个行当、不同流派表演艺术的升华。

正如荀先生在《三分生》文中所说："只有你唱戏的，对人物有新鲜的感觉，观众才会对你有新鲜的感觉。而且越新鲜就更新鲜。只要你每次都对人物有陌生的感觉，你就会发觉原来还有许多细小的地方没注意，这些新发现就会引着你往人物深里头去，哪怕戏演完了，它还会扯着你：某处某处还有点事没琢磨到家呢，下回再唱时，得把它弄明白了。于是乎无尽无休，越研究越透。所谓千锤百炼就是这个意思。总之，由生可以生兴致，你越有兴致，观众也越觉得新鲜，台上就不可能老落死套……然而，由生入熟易，由熟入生难。生到熟是个练的问题，熟到生却是个想的问题，得动脑筋、动心。"[1]

不管是人物化、性格化，还是生活化，归根结底，荀慧生先生是主张京剧演员要在舞台表演艺术中善于思考、不断思考，并从思考中发现，从发现中处理和应对剧中人物身份、性格以及生活环境中的异同。换言之，京剧演员要以生活为依据的基础上为舞台表演和剧中人物寻找到合乎情理的技巧及表演程式的解读，并将其最终体现在京剧舞台和剧目演出中，从而自觉地提高京剧表演艺术自身的整体水准，从而，以鲜活并具有更高表现力、感染力以及震撼力的表演艺术，吸引、打动并争取当前更为广阔层面和意义上的观众，而非仅仅是狭义上所谓"懂戏"和"顾曲家"的京剧观众。笔者以为，这才是在面对当前京剧现状，荀慧生先生演剧思想给我们带来的启示。

结语

荀慧生先生的荀派艺术虽以花旦见长，但他对青衣、花衫、刀马旦戏同样擅长，"荀派＝花旦"和"花旦＝荀派"的片面认识都是对京剧荀派和花旦艺术的曲解。同时，荀先生在演剧中人物化、性格化以及生

---

[1] 荀慧生《荀慧生演剧散论》，上海文艺出版社1963年版，第15页。

活化的艺术主张和践行也始终贯穿于他所涉猎所有行当的表演。而这种在程式化的基础上，使表演生动、鲜活的追求探索并非仅限于荀派或旦角艺术，除荀慧生先生外，像周信芳、马连良、裘盛戎、袁世海等不同行当的表演艺术家也都在各自表演领域的舞台实践中进行过不同程度的有益探索。我以为，在京剧表演艺术整体水平呈现普遍下滑趋势的今天，运用并掌握荀慧生演剧思想的精神，为京剧的表演艺术探求更为广阔的表现空间，使演员的舞台表演具有更为强烈的表现力和感染力，从而，最终以生动、鲜活的表演艺术，打动、感染、吸引和赢得京剧艺术的新老观众，这不仅是荀氏演剧思想于当下的启示，更是"京剧人"通过自身最擅长的艺术手段进行"京剧自救"的有效途径。

荀慧生移植梆子剧目的启示

刘威利

京剧大师荀慧生所演的剧目中，有一部分是根据梆子剧种的剧目移植的，如《花田错》《金玉奴》《赵五娘》《元宵谜》《辛安驿》《香罗带》《庚娘》等等，这些剧目后来成为荀派艺术的代表作。纵观这些根据梆子剧种移植的剧目，再反观当今不同剧种间剧目的移植状况，二者形成鲜明对比，且在当今的剧目移植中出现了一系列问题。这些问题的解决，从荀慧生移植剧目的理念和方法中找寻方法，也许会有所启发。

剧目移植是在保留剧本大概剧情及主体思想的前提下，通过各种艺术手段，把其他剧种的剧目改编为本剧种的。当前，新编戏盛行，移植剧目所占比重已经很小，但在这些为数不多的移植剧目中，近些年有一个大致共同的现象，即对所移植的剧目几乎照抄照搬，只是唱腔和念白变成了本剧种的，即使对移植的经典剧目赋予时代特征和现代品格，很多也是对该剧目当时所处文化语境的误读，并不切实际地一味用当今的道德观念和价值尺度来评判。

移植的剧目，一般属于经典剧目，经典剧目在艺术上已经达到了相当的高度，是不应该轻易改动的，虽然有时也应该随着时代的发展和观众审美情趣的变化不断加工改造，给予其新的生命力，但移植时应该考虑该剧目的历史内蕴和精神实质,而不能过度地进行所谓的现代转换,不具体分析实际情况,完全按照今人的价值判断去改编。不过话又说回来,对一些经典剧目中带有的封建传统观念及其道德评判,应该重新审视和合理修改,赋予其时代价值和美学内涵,引起当代观众的共鸣,与当代观众心理相契合。

荀慧生将其早年所演的河北梆子《鸿鸾禧》移植成京剧《金玉奴》,便能很好地说明这一问题。最初移植的时候,先是有意识地削减原剧中宣扬鸿鸾星照命,强调婚姻本天定等带有封建迷信色彩的情节,并将剧名改为《棒打无情郎》。上演了一段时间后,荀慧生意识到改戏应当尊重历史真实,不能用后人的道德观念去规范古人。金玉奴是封建时代的女性,按照三从四德的标准,她与莫稽最终团圆才为合理,而且符合观众喜看大团圆结局的习惯。于是,他把已经删去了的金玉奴捐弃前嫌与莫稽重归于好的情节重新恢复过来。1959 年,北京市举办直属戏曲院团观摩演出,荀先生以该剧参演。此时的他,艺术观已随时代变化有了空前的飞跃,他认识到,戏曲演出对于社会道德的培养负有潜移默化的重任。舞台上演的虽然是古代故事,宣传的人生观、道德观却是当代的。安排金玉奴与见利忘义、富贵忘本、得新弃旧、残忍杀妻的莫稽再次团圆,属于爱憎含混、是非不分。据此,他毅然舍弃了大团圆的结尾,加强了棒打莫稽的分量,让金玉奴义正词严地痛斥莫稽的种种恶行劣迹,以此引导观众更加痛恨人世间的假恶丑和制造人间悲剧的封建社会。这出从河北梆子移植的传统戏,经过荀先生精益求精的改造,思想意义更加积极,人物个性也得到升华。[1] 从河北梆子《鸿鸾禧》到移植为京剧《金玉奴》,这一反复的改编过程,对当今不同剧种间的剧目移植,在剧作的主体内涵和思想意蕴方面,提供了有益的参考和借鉴。

在剧目移植时,对剧本的处理,改写唱词也是很重要的环节之一。

---

[1] 甄光俊《荀慧生与河北梆子渊源》,载《戏曲艺术》2003 年第 1 期。

各地方剧种的唱词是按照各自的句格形式编写的，各地的方言、声调、音韵等也各有差异，所以一个剧目在移植成别的剧种时，必须按照本剧种的句格规律做相应的改动。这是剧目移植时应该遵守的基本原则，也是在移植过程中显而易见的问题。20世纪五六十年代，全国各地剧种出现了一大批相互移植的经典剧目，当时的创作者和主演们对这种移植原则很看重，并且自觉遵循。然而近些年，不同的剧种相互移植剧目时，很多都是几乎照搬原作的唱词，而较少考虑这些唱词是否符合本剧种的剧作特征以及该剧种观众的审美习惯。荀慧生在移植梆子剧目时很注重这些，既照顾了京剧的文辞特点，又能找到梆子唱词的影子，还符合剧中人物本身的身份背景和性格特征。如《香罗带》第六场"释疑"中，林慧娘的一段唱：

> 强对菱花整鬓云，却教脂粉掩啼痕。
> 愁随春水添三寸，心比秋莲苦十分。
> 白璧无瑕成话柄，红颜薄命本天生。
> 可怜一种凄凉恨，螓首蛾眉害煞了人。[1]

有文有白，典雅中透出通俗，既不卖弄典故、堆砌文辞，也剔除了梆子剧目中的水词俗词，雅俗相宜，恰到好处，为广大京剧观众所接受。同时，对唱词的平仄、音韵和旋律等也根据京剧的唱腔音乐做了充分考虑。

移植剧目的念白，也要充分剧种化。剧中人物念白用的是剧种所属的语言，也即该剧种流行区的地域方言。不同地域的方言，其语音结构、词汇结构和语法结构是不相同的，并且有各自成套的系统。不同区域的方言，承载着该地区在长期的历史进程中积累的大量文化信息，表达出该地区民众的世界观、价值观、思维方式和社会特性等。而在该地区形成、

---

[1]《荀慧生演出剧本选》，上海文艺出版社1982年版，第213页。

发展起来的剧种所使用的念白,势必也渗透了该地方的民众性格和文化心理。而当一个剧种的剧目移植成别的剧种的剧目时,相应地,念白也应当使用富于本剧种特色的方言,应该传递出本剧种所属的民众性格和文化心理。然而,近几年的移植剧目,在念白方面几乎也是原封不动地搬过去,只是在念时用了本剧种方言的语调。这样的念白,既体现不出该剧种语言的丰富性和独特的文化内涵,也大大消减了剧种固有的个性特征。

近几年不同剧种间移植的剧目,表演路数也几乎是按原剧种的路子走的,有的还是原封不动地照抄照搬。这对剧种来说,是一种严重的伤害。每个剧种各有其表演程式、绝技绝活、行当特征和流派风格等,移植剧目照抄照搬的话,剧种个性就会被遮蔽,不仅发挥不出本剧种的特长,生搬硬套别的剧种的表演手段,也会更显得不伦不类。荀慧生在移植梆子剧目时,对此问题非常注意。在由梆子剧目移植的《花田错》中,他把梆子花旦的技艺融入京剧之中,并将其扎实的跷功运用到该剧。1919年,荀慧生首次赴上海的打炮戏就是这出《花田错》,动作优美,表演细腻,令上海观众耳目一新。兼及其他剧目,荀慧生把所学到的梆子的各种技艺,如以跷功为基础的多种花梆子台步、抖肩、跑圆场、涮眼珠,以及腰功、腿功、把子功、毯子功等花旦技巧,或在移植、或在改编、或在新创的剧目中,都根据剧情、人物和表演的需要,对这些技艺进行综合运用,化到所演的剧目当中。这样的例子,在其由梆子移植为京剧的剧目中不胜枚举。

表演技艺和程式的运用,在剧目移植中也至关重要,关乎一个剧种的精神实质和审美品格,也是区别于其他剧种的重要标志之一。在建构戏曲表演理论体系的当今,各剧种特有的表演技艺是关键的组成部分,是构筑戏曲表演理论体系的重要支撑。荀慧生在几十年的表演实践中,糅入梆子的传统演技,并把花旦、青衣、刀马旦等不同行当的演技熔于一炉,创造了明显有别于其他流派特征的荀派艺术,这是对京剧旦行表演艺术的新拓展，也是对京剧表演艺术体系的重大贡献，更是构建京剧表演理论体系的重要基石。如果没有其对梆子表演艺术的借鉴、吸收和融化，如果没有其对梆子剧目的移植改编，也许即使能创造出另一种风格的京剧旦行荀派艺术，但绝对不会是现在这样的表演风格，也很难说能给京剧表演艺术体系带来多大的新风尚。而如果荀慧生在移植剧目时，只是原样照搬梆子的表演技艺，那这种表演艺术仍旧只是梆子的，因为这种表演技艺运用到京剧中还是与梆子完全重复的，放在整个戏曲表演艺术体系中来看，并没有对戏曲表演体系的建构做出开拓性的贡献，对其进行理论体系总结时，学理性也就大打折扣。因此，在进行剧目移植时，对表演艺术手段要高度重视，一味照搬原剧目的表演技艺，不仅显示不出本剧种的特色和个性，也是对戏曲表演艺术体系的一种伤害，进而也无从构建其表演理论体系。表演趋同化，其艺术体系和理论体系都无从谈起。

移植剧目时，音乐唱腔的设置，自然是使用本剧种的声腔。但近年来的戏曲音乐唱腔，剧种特色逐渐淡化，不同剧种竟然有趋同之势。移植剧目尽管不像上面所说的剧本唱词、念白和表演技艺那样生搬硬套，但也出现了很多问题。荀慧生移植的梆子剧目，对唱腔音乐的处理方法和手段，值得思考和借鉴。如他在对《辛安驿》进行移植时，周凤英见到年少英俊的罗雁心生爱慕一节，用的是【南梆子】唱腔，从过门到唱腔，处处可见梆子的音乐特性，但又不是完全按照梆子的腔来唱，仔细听还是京剧味道，并不让人觉得有生硬之感。荀慧生把梆子和京剧两个剧种的声腔自然糅合的艺术创造，既灵活多变又严谨规范，是荀派声腔的一大特色，为京剧旦行声腔艺术做出了重大贡献。再如《玉堂春》，虽说这出戏是由荀慧生与王瑶卿、陈墨香共同打提纲、写本子，根据京剧前辈艺人的演出整理改编的，但这出戏最早也是从梆子演出本移植的，荀慧生本人也唱过梆子剧种的《玉堂春》。他在《漫谈〈玉堂春〉》一文中说："【慢板】、【原板】是'会审'的主要唱段，在唱词选择、唱法处理上我亦有不同之处。在【二黄原板】中有一句词是：'在神案之下叙一叙旧情'（梆子是唱'在周仓足下叙一叙交情'）。过去每演此处，刘秉义及潘必正还有声有色的比划着说：'你就不怕周仓老爷拿大刀劈了你。'我为了表现苏三对暧昧的事难以出口，所以在最后两个字的唱法上借用了梆子的腔调，把'旧'字按滑字处理，'情'字也唱得很轻。"[1] 可见，荀慧生是如何在京剧剧目中，化用梆子的音乐声腔，来更好地烘托京剧唱腔。这样的处理，更加丰富和细腻，既符合人物身份和此景此情，又不失京剧本身的剧种特色和音乐属性。

除了对移植剧目和新创剧目进行借鉴、化用别的剧种声腔外，荀慧生对唱腔的创造有自己的创腔原则和手段方法。在几十年的舞台艺术生涯中，通过移植剧目演出和排演新戏，他创造过不少新腔，但"这样做绝不是为了标新立异，为创造而创造。主要是感到在某些戏中，由于角色的性格、处境和感情变化，原有的唱腔已经不能完美地表达，因而引起创新腔的动机"[2]。近年来，一些剧种有些剧目的音乐唱腔，恐怕不完全像荀慧生说的那样，是为了更完美地表达，以弥补原唱腔的不足。反倒不顾既定情景中的人物性格和情节发展，一味地求新求异，追求所谓的原创，持这种想法的大有人在。在改革唱腔和创造新腔时，不能操之过急，只求表面，不重实质。荀慧生创造新腔是在熟悉台词、体会角色性格、分析剧本主题、内容和排练、演出的过程中酝酿成熟的。并且他还认为，创造唱腔绝不能生搬硬套，既要了解得多、广，又要体会得深、透，然后加以发展变化、灵活运用。荀慧生对唱腔创造的这些理念和技法，是各剧种在剧目移植和新编戏中都应当认真汲取和仿效的，为如何设计唱腔指明了方向。

当前，很多剧种的移植剧目趋同化现象十分严重，造成此种状况关键的因素主要是由以上诸方面存在的问题所引起的，但这些方面最终可

---

[1] 和宝堂主编《荀慧生文集》，中国戏剧出版社 2014 年版，第 221 页。
[2] 和宝堂主编《荀慧生文集》，中国戏剧出版社 2014 年版，第 54 页。

以归结为根本没把握住剧种的气质。剧目移植在剧本唱词和念白、表演技艺和唱腔音乐等方面要充分展现剧种的个性特征，而决定剧种个性特征的便是剧种的气质。剧种的气质，深受该剧种所流布区域的地域文化与集体人格所熏染，也受到该剧种的历史积淀和艺术积累的影响，进而也使该剧种所属的代表性剧目与代表性人物及其表演风格和唱腔特征等受到浸染。也就是说，剧种的气质是通过该剧种的剧目、表演、唱念等体现出来的。反过来讲，成型的剧种气质，又会影响到该剧种的剧目创作、演员表演、唱腔作曲等主创人员的创作活动。剧种的气质有其内在的本质特征，具有相对的稳定性，即使在某些条件下，可能发生细微的变化，但终究不会从根本上改变。这也是一个戏曲剧种成其为剧种的内在根本。

因此，在进行剧目移植时，对剧作、表演和唱腔要认真把握，使其符合剧种个性特征是很重要的一个方面，但最重要的还是对剧种气质的熟稔和深谙。剧种的个性特征和剧种的气质是不一样的，个性特征是直观的、表象的，而剧种气质定型后形成的相对固定的内在性，也是剧种的个性特征所难以概括的。

深刻领悟到了剧种气质的内涵，在移植剧目时，对剧本唱词和念白的处理，也就不会仅仅止于表面的改写，它不仅要符合剧种的创作规范和表达习惯，还要展现出该剧种诠释的其所属区域的文化心理和群体性格。认真把握住了剧种气质的精髓，在移植剧目时，对表演技艺的运用，也就不会仅仅止于简单的借用，它不仅要吻合剧种的表演形制和美学原则，还要体现出该剧种用技术技巧手段所渗透的内化力量和历史积淀。仔细体味到了剧种气质的真谛，在移植剧目时，对音乐唱腔的吸纳，也就不会仅仅止于随意的挪移，它不仅要契合剧种的声腔形态和情感表达，还要显现出该剧种以腔音形式传递的地域元音和民众心声。只有这样，移植的剧目才能在各个方面都充分彰显出剧种独特的气质。其实，不只是移植剧目，新编戏也应如此，当然这是另作讨论的一个话题了。

荀慧生是深谙剧种气质的京剧艺术大师，在进行剧目移植时才会这么得心应手、挥洒自如，他透过了艺术的表层，深入到内里，去探寻剧种的本质内核，将其精华化为己用，在不同剧种的剧目移植改编之间驾驭得游刃有余，入乎其内，出乎其外，尽情驰骋。当今的人们应该好好体悟荀慧生剧目移植的理念和技法，让其深深扎根于丰沃的土壤之中，待到绿荫匝地，必将枝丫峥嵘，长远恒久。

深刻同情，由衷敬意
——从改编《霍小玉》谈荀派编剧思想的继承和发展

杨 平

京剧艺术不仅仅体现在舞台呈现中的方方面面，同时也体现在剧本剧理之中。因此，我们常看的京剧，尤其是传统戏，并不善于表现与爱情有关的，尤其是偏重于细腻情感的女性题材。当一剧中，旦行成为主角，与生行并重，例如传统戏中《御碑亭》《武家坡》《四郎探母》等，女性角色也不过是作为传统文化所歌颂的三从四德的一种简单化身，并没有她们主观的思想和更多的能动性。她们不需要对自己的人生做出任何的抉择，道路就在那里，节烈或者不节烈，你自己看着办。因此，我们不能把这一类的剧目划到女性题材中去。而真正替女性发声，描述和体会女性命运和思想的剧目，才是真正意义上的女性题材。

"四大名旦"均有一些女性题材作品，梅派的《西施》，程派的《红拂传》，尚派的《汉明妃》等等都对剧中女性的内心体验进行了一定的描绘。而荀派戏与她们的不同之处在于，对于女性的深切同情和细腻刻画，将女性这一弱势群体的脆弱、无助和美德，作为剧目的主脑进行描写，占据了剧目几乎全部的笔墨。

一个剧目的成败，精神内涵是根基，是灵魂，是底气。戏曲对善恶忠奸的夸张分辨，实际上也是对于人性中善与恶的极端褒贬。我们试看荀派名剧《金玉奴》对莫稽的描写。冯梦龙所写莫稽，是在金家族人金癞子大闹婚礼之后，心生嫌隙，以致后来痛下杀手。这样的情节，合乎情理，而京剧中却将莫稽写得更加冷酷下贱：当初是爬着进人家家门的，后来却恩将仇报。在京剧中，莫稽没有一点儿人性，极端恶劣。戏曲这种"至善"、"至恶"的手法，表达的是对一种行为的赞美和追随，同时也是对另一种行为的痛斥与不齿。描写即态度，这正是传统戏的编剧思维。

荀派剧目的编剧，除了荀先生自己，又有陈墨香、陈水钟等著名编剧，另外，更有王瑶卿先生扶助。但毕竟，都是男性作者，这令我们越发惊愕于荀派剧目对女性题材高超的掌控力。

首先，对女性尤其是恋爱中女性心理的细腻揣摩令人赞叹。

前面已经说过，京剧对于描绘爱情并不擅长，京剧中大多表现的是婚姻，是抛却细腻情感之后的节义，更像是将男性的忠孝稍作调整转移到女性角色身上而已，缺少的是只为"情"动的那种细腻柔肠。而荀派戏恰在此处浓墨重彩，将青春少女的爱情描写得淋漓尽致。以《霍小玉》为例，最为脍炙人口的就是那段【南梆子】转【流水】的唱腔"夜失眠只觉得精神散漫"，至后来的"时新的宝髻蟠龙现，对对簪花插鬓边"和"梳妆非是多迟慢，女子人人是这般"等语，用梳妆的时间，拉长了两个相慕已久迫切想要见面的情人的初次见面时间，增强了紧张兴奋的心情，也同时将戏曲特有的张力夸大到极致。这一在时空上与现实生活不对称的表现手法，正是传统戏曲将日常生活升华为舞台艺术的一个重要手段。

其次，对传统女性的同情与赞美令人感动。

同情，不只是怜悯，更是一种感同身受的思维方式。霍小玉的死，在今人看来似乎很奇怪、很执拗，一个男人负心了，那就再寻一个好男人即可，而不能理解霍小玉痴情为何。如果我们深究其中的道理，体味故事中人物的命运与抉择，就会发现一种穿越千年今古一理的情怀。这是蒋防对霍小玉这位女子的深切同情，荀慧生也在京剧中延续了这种对女性、尤其是对于情操高尚的女性的同情。

京剧《霍小玉》被誉为荀派六大悲剧之一，由荀慧生与戏曲剧作家陈墨香合编的。在 1933 年 5 月 26 日首演于北京哈尔飞戏院（今西单剧场，已拆）。[1] 愿为女子代言的荀慧生和陈墨香两位先生，将李益的无耻，霍小玉的痴情写得比原作蒋防的《霍小玉传》夸张了很多。事实上，唐传奇中，《霍小玉传》以其春秋笔法，惜字如金和对现实的最强烈的批判与反抗，足以称雄于当时以及后世的所有作品，成为数一数二的上品。李益究竟爱不爱霍小玉，为何他会负心？又为何如此绝情？在《霍小玉传》中，蒋防都有所透露，只是不像后来的诸多改编版本写的那样直白，也正因如此成为见仁见智的批判现实主义佳作。当李益闻知"有一仙人，谪在下界，不邀财货，但慕风流"之色目要"共十郎相当"时，他的反应是"生闻之惊跃，神飞体轻，引鲍手且拜且谢曰：'一生作奴，死亦不悔'"。鲍十一娘一走，李益立刻为见霍小玉做各种准备，从朋友京兆参军尚公处，借来青骊驹、黄金勒。晚上又沐浴更衣，通夕不寐。早晨起来"引镜自照，惟惧不谐"，"徘徊之间，至于亭午"。在进入霍小玉院中，未进屋时，竟因"忽见鸟语，愕然不敢进"而"逡巡"、"心犹疑惧"，这些描述，不但非常符合历史上真实的李益本人，又将李益胆小、犹豫、势利的性格突显出来。历史上的李益究竟是一个什么样的人，从他传世的大量诗作中可见一斑。李益诗中，多次写到了"照镜"这一细节，这在古时，尤其男子当中应属少有。另外，其诗中还多次出现了"惊"字，例如他的最著名的作品《喜见外弟又言别》中那句"问姓惊初见，称名忆旧容"。

改编《霍小玉传》时，一个重要的课题就是如何写李益：他是本来的负心还是半路的负心呢？京剧各种老的演出本中自然是本来的负心。这牵扯到一个问题，就是究竟是环境改变了人还是环境只起到了发掘一个人性格中潜在的另一面的引线作用？显然，蒋防认为是后者，而京剧老本也是这样选择的。

荀慧生演出本中，为李益设计了一个开场的铺垫戏：剧目开篇即以

---

[1] 荀慧生《荀慧生演出剧本选》，上海文艺出版社 1982 年版。

李益与黄衫客在鲍十一娘所开的酒肆中偶遇写起,其中交代了黄衫客的慷慨侠客性情,鲍十一娘爱打抱不平的脾气,更重要的是刻画了李益性格的缺陷,为后来他的因好逸且好色与霍小玉结合和最后因世俗功利对霍小玉绝情埋下伏笔。鲍十一娘找李益要酒钱的时候,特别强调了"别瞧穷人倒有骨头,人家是有钱喝,没有钱不喝,像他这种穷酸,最难办呢。"这正与《霍小玉传》中李益找人借"行头"装阔气相谐。别人穷,有志气,李益的穷,却是真正的穷酸!穷酸,是李益价值观的体现,霍小玉看重的是人本身的价值,而李益看重的是虚荣,他的心中,世俗的力量太大了,不可违逆,人人尊奉,他根本想不到,不邀财货的霍小玉怎么会在乎他骑什么马穿什么衣服呢?因此,他的变心便成了理所当然。

  在荀派传人的版本中,李益的厚颜无耻被写得更加鲜明。例如宋长荣先生演出本,在李益娶霍小玉和卢小姐时都唱了"永做夫妻哪有差"一段【流水】,又如孙毓敏先生创造的霍小玉与李益作画中,李益要与霍小玉"铺纸磨墨"等语,都非常符合传奇中那个颇有"情致"的李益,当霍小玉与他定下八年之约的时候,李益被感动了,他"引臂替枕"又"请以素缣"与霍小玉海誓山盟。这里,蒋防用了"生素多才思,援笔成章,引谕山河,指诚日月"数笔,将李益这种轻诺寡信的无耻之徒骂得好生痛快。可恰是这种"情致",将霍小玉这样的女子骗得死不瞑目。霍小玉太爱才了,当她爱的"才"辜负了她,她的生命也就失去了延续下去的意义和支柱,于是她就这样"韶颜稚齿"地"饮恨而终"了。京剧版本在霍小玉临死之时,用了大段念白,其中那句"我因一念怜才",写出了霍小玉对高尚人格的追求,写出了她对自己单纯不能识人的怅叹,写出了此时此刻对李益这种"假情思"的不齿。此时,文武场面全歇,鲍十一娘和黄衫客押着李益立于台上,全场只静听小玉这句虽然无力却咬牙念出的道白,场上场下,古往今来,悲愤一同!

  当我要去改编这出戏的时候,我希望更加贴切传奇的原旨。首先是李益的负心:一方面,李益的负心应该不是开始就有此打算,而是随着事态变化而逐渐转变的；另一方面，李益的负心是必然的，从客观上讲，唐代的门阀制度，导致像李益这样的人家，必然大族之内通婚，几乎没有正娶霍小玉的可能。那么，李益为何不能将霍小玉纳为妾室或者像其他很多唐朝的达官贵人那样狎妓呢？因为他觉得他对不起霍小玉，既然已经背负，干脆连面都不要见了。在他看来，霍小玉的痴情于他也是没有太大道理的，他很难理解为什么可以痴情到为他孑然一身甚至了却残生的地步。这就是他主观上不能娶霍小玉的原因了。他对"才"，虽然掌握，但并不倾慕，文章才赋在他手里，不过是玩弄之物，登云之梯，一如女性对于他也是一样。在孙毓敏先生的版本中，李益的表兄看到他的负心丑态非常气愤而与他争执分手，李益唱"表兄气傲世少有，言语参差气不休"。正写的是李益的价值观。

第二是对霍小玉的同情，我们是否应该歌颂霍小玉的这种近于"傻"的痴情，这一点从前述霍小玉的爱"才"就可以给出结论，应该！因为我们歌颂的不是她的自杀行为，而是她对于高尚情操的追求和坚定，这也正是荀派剧目表现女性爱情题材时非常重要的一个观点。就像金玉奴，开篇便唱"人生在天地间原有俊丑，富与贵贫与贱又何必忧愁"那出自一个社会最底层的少女的振聋发聩的声音一样。荀派剧目对于传统女性的坚韧、善良与高尚充满了同情和敬意，正是源自这种感情，荀派很多剧目对于那些伤害这样美好道德的反面人物加以十二分的痛斥，让他们丑态百出，让人们骂不绝口！而事实上，无论是唐传奇《霍小玉传》还是明话本《金玉奴棒打薄情郎》都本没有将男主人公写到如此不堪，他们的冷酷自私和绝情都是有的，但也都是有着一定的社会基础的。我认为，作为今人，要学习和继承的是荀派剧目中对于女性的同情或者说对于高尚情操的敬仰，而要发展的则是对于这种批判现实主义精神的更深层次社会原因的剖析。

在我改编的《霍小玉》中，李益的形象更加中庸，李益是一个才子，他的诗真的好到可以令一个有才少女动容，霍小玉甚至说，"才子岂能无貌？"李益被八年之约感动，也是真的，但是他不应该动辄"引喻山河，指诚日月"，这样的行为本身很说明问题，真正的感动不能流于形式，更不能巧言令色。用李益表面的浅薄行为去揭示他深藏的鄙陋内心——蒋防确系高手！再有，在传奇中，李益真正的转折点是他母亲假说生病调他回家，蒋防二用"逡巡"二字，李益此时不是铁打的心肠，他明知是对不起霍小玉的，也明知是对不起自己平素的审美的，然而，他，不敢。"逡巡不敢辞让"是李益悲剧，更是霍小玉的悲剧，一个想用自己的"才"与"怜才"去同庶出的命运抗争、同社会的门第界限抗争、同人人所谓的"现实"抗争的弱女子悲惨结局。因此我沿袭荀先生演出本的黄衫客与李益偶遇这一情节，删繁就简，在第一场略略伏下一个胸怀登云之志，又羞于囊中匮乏，傲于得配王爷之女的少年书生形象。在后面，他见霍小玉时，在经典的【南梆子】转【流水】唱腔中加入李益的犹豫害怕，不是让他着急想进去见小玉，而是让他担心、徘徊、几度想离开。之后，我将笔墨重点写了李益与霍小玉写缣盟誓这一段上，将他的无情和无耻隐晦其中，将霍小玉的悲剧结局埋伏其内，推起此剧中另一高潮。及至小玉归天，李益心中也同样愧悔难当，这才会有传奇中，后来李益再三娶妻妾都不得善终的诡异行为。

如果李益天生坏透，霍小玉也不会爱上他；如果他性格没有缺点，霍小玉也不会有此悲剧结局。将这两点写出来，霍小玉的悲剧就成了一种输给现实的悲剧，这远比明显爱错一个人人喊打的坏人要来得更具批判现实主义意义了。同情即敬意，荀派剧目描写了许许多多像霍小玉这样的女子，为我们展示人间真情与挚爱，我们应当继承这种风格，将此间美好传承下去。

主要参考文献
1. 荀慧生《荀慧生演出剧本选》，上海文艺出版社1982年版。
2. 王胜明《李益研究》，巴蜀书社2004年版。

艺术传承

荀派艺术呼唤新一代的领军人物

陈培仲

荀派创始人荀慧生先生非常重视京剧艺术的传承、延续与发展，从荀派初露端倪的1923年，他在上海收叶寿梅为徒开始，直至1963年收贵州的李妙春为徒止，共收徒60名（按：据荀派研究家王家熙先生统计为80多名），其中不乏名家、大腕，如童芷苓、李玉茹、吴素秋、赵燕侠、毛世来、宋德珠、陈永玲、许翰英、白玉薇、李玉芝、尚明珠、厉慧敏、毕谷云、陆正红、张正芳、荀令香、荀令莱等，他们在学习、继承荀派艺术时，都能结合自身的条件，适当加以微调，有的还转益多师、兼学别派，从多方面汲取营养，以丰富和发展荀派艺术，成为弘扬荀派的领军人物。有的学荀而不拘于荀，敢于突破创新，独树一帜，成为开宗立派的佼佼者，如赵燕侠、童芷苓被誉为赵派、童派，在荀派艺术的发展史上，写下了极具个性和光彩的一章。

改革开放的新时期以来，随着老一辈艺术家逐渐退出舞台，一大批新中国培育的中青年演员成为京剧界的中坚力量，有的还成为各行当、各流派的领军人物，如荀派的刘长瑜、孙毓敏、宋长荣，迅速崛起，被公认为荀门三杰。他们都是荀大师钟爱的学生，得到过恩师的真传实授。他们也不负恩师的厚望，在新的历史时期，自觉地担当起承前启后、继往开来的历史重任。

刘长瑜毕业于中国戏曲学校,师从于连泉、赵桐栅、华慧麟、雪艳琴、程玉菁等老师,从小打下了扎实基础。慧眼识珠的史若虚校长,发现刘长瑜的天赋条件很适合学荀派,特地聘请荀慧生先生为刘长瑜等几个学生教授《辛安驿》《红楼二尤》等剧。刘长瑜的艺术悟性很高,不仅学荀师的表演技巧,更学荀师"演人不演行"的演剧思想。她牢记荀师的教诲:"你要演剧中的人物,不要演我荀某人","要了解人物的前五百年,后五百年"。她数十年如一日,孜孜不倦、苦苦追求如何运用唱、念、做、打的手段和程式技巧,刻画人物的鲜明性格,表达人物丰富的内心感情;如何适应观众的审美需求,在严谨的程式规范中融入生活气息,增加时代色彩。而这正是荀派艺术的重要特征:性格化、生活化。

在她首演的剧目中,塑造了不少令人难忘的艺术形象:从梅英、春草、燕燕等出身卑微而心地美好的古代丫鬟,到田小雁、李铁梅、小英等近代和现代的成长中的英雄人物,个个都栩栩如生,真实可信。从这些人物身上,我们不但可以感受到一种同今天的观众声息相通的真情实感,倾听到一种同时代的脉搏契合和谐的节奏和律动,而且获得优美的艺术享受。这种享受甚至并不亚于欣赏那些经过千锤百炼的传统剧目时的享受。她的表演,并未离开传统规范,但不给人以陈旧感,而是富有新鲜洒脱的风采神韵,具有一种现代美。她塑造的春草和铁梅这两个典型形象,不仅是她艺术生涯中的两座高峰,至今无人超越,也是京剧百花园中的两朵奇葩,其独特的色彩和芳香,无可替代。这是刘长瑜学荀而不拘于荀,广采博收、融会贯通,大胆进行艺术革新和创造的结果。她以优异成绩,实现了恩师"要演人物,不要演我荀某人"的期望,这是她对恩师的最好回报。

孙毓敏历经磨难而又拼搏奋起的人生,颇具传奇色彩,用她的话说是"活了两辈子"。她是当今梨园界的奇才、全才。作为演员,她深得荀慧生先生的赏识和器重,荀先生亲传多出荀派代表剧目。孙毓敏曾是荀慧生剧团的主演之一，演出近百出剧目，参与移植改编的新剧目有20多出，是公认的荀派艺术的杰出传人。作为教育家，她培养了众多弟子，正式拜师的徒弟就有80多人，遍布全国，甚至海外。她担任北京戏曲学校校长14年，将学校办得有声有色，成为全国重点中专，并升格为艺术职业学院。作为北京市作家协会会员，她已出版了10多部著作，受到业内外人士的好评。作为社会的活动家，她担任了三届全国政协委员，不仅参政、议政，更策划和主持多项戏曲活动，为振兴戏曲大声疾呼。她多次率领师生在国内外巡回演出，她多次登上讲坛，宣扬戏曲文化。她编著的《孙毓敏随笔集锦》（4册，90万字）记录了她的所思所悟、所作所为，见证了孙毓敏的性格特征、心路历程和不凡业绩，从中我们看到了痴情艺术、执着敬业、奋力拼搏的孙毓敏，看到了热心公益、快人快语、敢作敢为的孙毓敏，也看到了残疾多病、珍惜亲情、害怕爱情的孙毓敏。文如其人，字里行间，我们看到了真实鲜活的孙毓敏，看到了她为传承荀派艺术、振兴戏曲事业所付出的心血，所做出的贡献。

　　孙毓敏对荀派艺术不仅有丰富的实践，而且在理论上也不乏真知灼见。她在《"荀学"建构初探》《与众不同的荀派艺术》《荀派的手势及水袖投法》《谈谈荀派艺术的传承与创新关系》《打开荀派艺术大门的一把钥匙——〈荀慧生文集〉序言》等一系列的论文中，对荀派的美学精神、风格特征、表演诀窍、传承革新等，都有精准的阐释，完全是从感性、实践中概括提炼而来，从技术层面上升到学术层面。她的理论不是从概念到概念的文字游戏，也不是不着边际的隔靴搔痒，而是从实践中得出的真知，反过来又可以指导实践。如她提出的"亮点发声法"，经学生在实践中运用后，取得了很好的效果。她的讲座常常将理论与实践、欣赏与示范紧密结合，娓娓道来、生动活泼、妙趣横生，与她的演出一样，同样精彩，让人体味到京剧的博大精深。

　　孙毓敏是性情中人，她热心公益、广结善缘、尊老爱幼、乐于助人；她对前辈、恩师满怀崇敬和感恩之情。她策划、参与了纪念荀师的各种活动，如出版文集、唱片全集，拍摄电视连续剧《荀慧生》，建立荀慧生纪念馆等，尽心竭力、有目共睹；她和胡芝风等倡议和主持为93名老艺术家颁发终身成就奖，以民间组织的力量弥补了政府奖项的空白，使不少被冷落的老前辈感到温暖，十分激动；她对后辈充满关爱之情，力助新人成长，如她为爱徒常秋月、唐禾香、龚苏萍、许翠等人的演出，亲自撰文助威，字里行间洋溢着浓浓的师生之情，令人动容，她将当年荀师对自己的呵护和关爱又传递到下一代身上。中华民族尊师重道、尊老爱幼的民族美德就这样代代相传、生生不息。

与刘长瑜、孙毓敏在大城市的正规戏校学戏不同，宋长荣出身贫苦农家，只因酷爱京剧，自幼投身沭阳县京剧班，长年在农村边学戏边演出。他不怕吃苦受累，学戏格外认真，特别喜欢荀派艺术，曾从新艳秋、王慧君等学花旦，很快脱颖而出。1956年在淮阴地区汇演中获青年演员一等奖，后进入江苏省京剧团深造，演出《玉堂春》《拾玉镯》《勘玉钏》《霍小玉》等戏。恰逢荀慧生剧团到南京演出，也许是同为贫苦人家出身，同从农村起步学艺，荀先生对这位来自农村的"小土孩儿"有着天生的亲和感，十分喜欢，特地收他为徒，让他随荀剧团演出——既能让他观摩学习又便于随时传艺。宋长荣有幸得到荀师的亲传，对荀派艺术有了更深的理解，技艺大进，被视为男旦中不可多得的后起之秀。他还参加过《红灯记》《江姐》《送肥记》等现代戏的演出。"文革"之后传统戏恢复演出，宋长荣以一出《红娘》风靡大江南北、港台地区，演出在千场以上，真是演到哪里红到哪里，被誉为"活红娘"、"小村庄中飞出的金凤凰"。1985年他在北京举办荀派剧目展览演出，一举推出《霍小玉》《鱼藻宫》《香罗带》《红楼二尤》《金玉奴》《勘玉钏》《花田错》《红娘》八出荀派代表剧目，集中展示他高水平的传承成果，既有荀师的风范，也有宋氏的风采，广受好评。他还演出了《紫钗记》《野皇妃》等新编剧目，展示了他多方面的才华。宋长荣长期扎根在淮阴，为基层群众服务，保持艰苦朴素的作风。他为人低调，不事张扬，勤奋耕耘，默默奉献，是一位令人敬重的老艺术家，也是为数不多的男旦艺术家，格外珍贵。

刘长瑜、孙毓敏、宋长荣三位荀派领军人物，均已年过古稀，仍然宝刀不老，退而不休，继续奋战在台前幕后、课堂内外，传道授业、著书立说，为弘扬荀派、振兴京剧进行不懈努力，其精神令人感佩。但毕竟岁数不饶人，不能让他们继续超负荷地运转，背上过于沉重的负担。当务之急，是应当呼唤和造就新一代的荀派领军人物了。

放眼当今菊坛，荀派的再传弟子至少在百人以上，在历届中国京剧优秀青年演员研究生班毕业的荀派传人就有耿巧云、乔慧斌、管波、王晓燕、吕慧敏、张虹、唐禾香、熊明霞、常秋月、陈阳、陈静、陈媛、张佳春等10多人。仅孙毓敏在2014年3月之前收的拜过师的专业演员既有龚苏萍、许翠、刘亚杰、袁婷、李光玉、王桂荣等57名，加上未拜师的专业人员王晶、李艳艳、刘淑云、陈开群、刘子薇等27名，共84名，可见荀派再传弟子的阵营相当可观。他们在戏曲处于困境的严酷现实面前，坚守岗位，不抛弃、不放弃，锲而不舍，执着追求，为传承和弘扬荀派艺术，做出了各自的努力，相当不易，应当充分肯定。但在第三代传人中，似乎还未出现业内外人士公认的领军人物，未能出现影响广泛、风格独特的拔尖人才，不能不说是件憾事。这除了主观因素外，与当今戏曲的生态环境、剧团体制、生产机制等客观因素密切相关，这需要专门研讨。

一般说来，如今的青年演员，功底不厚，会的戏少，演出少，观众少，自然难以产生广泛影响。荀慧生先生演出过300多出戏，如今的演员能演出100出戏就很不错了。荀先生经常上演的六大喜剧（《丹青引》《绣襦记》《埋香幻》《勘玉钏》《红娘》《卓文君》）、六大悲剧（《钗头凤》《杜十娘》《鱼藻宫》《红楼二尤》《霍小玉》《晴雯》）、六大武剧（《荀灌娘》《陶三春结婚》《盘丝洞》《大英杰烈》《婚姻魔障》《美人一丈青》）、六大传统剧（《玉堂春》《贩马记》《十三妹》《棋盘山》《得意缘》《金玉奴》）、六大跌扑剧（《战宛城》《东吴女丈夫》《翠屏山》《虹霓关》《蝴蝶梦》《九曲桥》)、六大移植剧（《花田错》《赵五娘》《辛安驿》《元宵谜》《香罗带》《庚娘》），如今能有几人能全部演出？因此，尽量争取演出机会，努力加强艺术实践，提高艺术修养和演出水平，培养和争取更多的观众，实在是造就新一代领军人物的必由之路。上海举办过麒派演员培训班，天津举办过尚（小云）派演员培训班，都收到很好的效果，可以借鉴其经验，举办荀派培训班，使基础不错的后起之秀，更上层楼，加快成熟。同时，加强舆论宣传，尽力为青年演员的成长鸣锣开道、擂鼓助威，以提高其知名度、号召力，也是必不可少的。张火丁的火红，舆论宣传功不可没，值得戏曲界更多人思考和借鉴。提倡和开展演员之间的艺术竞争，也是激励其奋勇上进的良好方法。当年"四大名旦"正是在艺术竞争中脱颖而出的。

2015年7月11日国务院印发了《关于支持戏曲传承发展的若干政策》，这无疑是戏曲界的福音。其中专门有完善戏曲人才培养和保障机制、支持戏曲演出、改善戏曲生产条件等多项政策，十分具体。如果都能贯彻执行，相信戏曲的生态环境会有较大的改善，戏曲的整体面貌会有较大的改观，包括荀派艺术在内的各行当、各流派将会涌现出更多的杰出人才和领军人物。我们翘首期盼，拭目以待。

粉墨丹青任岫云

王 越　陈 卓

她是一位荀派名家，也是一位书画大家。她在华丽舞台上演绎着悲欢离合，在素纸翰墨间书写着缤纷世界。她具有东方的矜持温婉、超脱的人生境界。她的演唱堪称舞台艺术的宝典。她的为人，如一盏红烛，一杯烧酒……

她就是荀慧生先生在山西的弟子——任岫云。

一、刻苦学艺，崭露头角

任岫云，原名蒋鸿福，浙江杭州人。1935 年 12 月出生，从艺前曾就读于南京中华女子中学。母亲是位京剧迷，耳濡目染，她从小就爱上了京剧，经常参加文化宫业余京剧活动。十四岁时因病辍学，有幸得到几位京剧老师传授的《六月雪》《女起解》《教子》《春秋配》等剧目，掌握了青衣、花旦的唱念做打基本功。开蒙戏是《六月雪》，彩唱登台，令人眼前一亮，惊喜万分的人们纷纷建议她父母让她投师从艺。那时的她仅仅是一个票友，并没有想到将来会以此为生。后来由于她父亲在"三反"、"五反"运动中受到冲击，他们家被扫地出门，露宿街头了。为了生存，依任岫云的话讲"就是上刀山下火海也得上了"，她下海了。1952年她16岁时，在南京中华剧院进行了第一次公演，演出剧目《拾玉镯·法门寺》。她扮相漂亮，嗓音甜美，端庄秀美间透出一种与众不同的气质，特别有台缘，她还把平日里苦练的跷功也运用到剧中，增加表现力，且跷功在当时的舞台上已经不多见，观众给予她热烈的掌声。

在家境艰难的困境中，任岫云正式开始了她的京剧演艺生涯。每天起五更苦练基本功，从未间断。由于演出需要，她不断地学习新剧目充实自己，边学边演边实践，向不同的老师请教，不论什么流派的戏，只要是演出需要她都刻苦去学，不拘一格，集百家之长，四处求教，不归门不归派。她先后向华秋实学习了程派剧目《锁麟囊》《荒山泪》、荀派剧目《红娘》《红楼二尤》，向新丽琴学习梅派剧目《贵妃醉酒》《西施》《奇双会》等五六十出各个流派的剧目，海纳百川。她既能表演大家闺秀的温润矜持，又能展现小家碧玉的活泼俏丽；既工青衣，又工刀马旦、武旦、花旦，广开艺术视野，厚积薄发：这为她后来形成自己的表演风格、传承荀派艺术打下了坚实的基础。

这种既学既演的方法非常符合戏曲表演的艺术规律，学了就上台，而不是学了先搁一边，等有机会了再演，这样的学戏过程极大地丰富了任岫云的演出实践经验。她曾说："如果学完了不马上上舞台就忘了，哪有给你左排右排的时间，好不好见观众吧！"回忆起年轻时学戏演戏的日子，任岫云感叹："（那时）哪有时间玩啊，脑子里就是戏，妈妈姥姥和妹妹还得养活哪。今天唱完了很累了吧？不能休息，要赶紧学明天的戏。人家跟你说一遍，得赶紧记下来。我那时上高中了，有文化，用笔记下来，唱腔用简谱记，不是像有些人全靠死记硬背。文化高理解得也快。第二天早晨起来，复习一遍，就马上演出了。每天脑子里就是戏，那可真是极其紧张。老艺人都真心盼你好，都无私地教你。"

任岫云悟性好学戏快，紧张的学习演出带来的是丰厚的成果。她学习了梅派、程派、荀派、张派等流派的很多戏，没拜师荀慧生先生之前，她已经演出了很多荀派的戏,如《埋香幻》《鱼藻宫》《钗头凤》《元宵谜》《绣襦记》《丹青引》等等。在艺术实践中,她渐渐悟到了艺精多师的道理,博学前辈之长,汲取艺术精华,才能丰富和提高演唱艺术。

那时她在江浙一带经常演出的剧目有《霸王别姬》《骂殿》《西施》《四郎探母》《醉酒》《荒山泪》《锁麟囊》《孔雀东南飞》《红娘》《玉堂春》《红楼二尤》《乌龙院》《武家坡》《春秋配》《生死恨》等,随着演出剧目的不断增加,演出地域的相继扩大,各地方剧团也不断向她发出聘请,任岫云说:"过去主要演员是顶着雷呢,就等你卖钱呢,不像现在拿工资。你说得再好艺术不好不行,没有真才实学,没人要你。为什么过去演员拼命练功呢,每天都在磨剑,没有能力敢去应战吗?从这个码头到另一个码头,走的地方多了,哪能游山玩水?更不敢生病,确实锻炼人。"

1957年她应聘来到云南昆明。昆明的京剧非常繁荣,仅一条街上就有三个京剧团,一个是由任岫云挂头牌的劳动剧团,一个是关肃霜挂头牌的云南大剧院,还有一个是部队转业的剧团。三团鼎立,每天上演各家拿手剧目。1958年冬,时任文化部副部长的夏衍去云南,看了任岫云演出的荀派名剧《红娘》,认为她具备表演荀派艺术的功力与实力,回京后,经夏衍亲自推荐,他的秘书徐帆为她办理了拜师事宜。1959年4月1日,任岫云来到北京,徐帆亲自将她送到荀慧生先生家里,开始了她师从荀先生三年的深造。任岫云始终认为,她能拜到荀氏门下,住在师父家学习,与师父朝夕相处,毫无疑问是人生最幸运的事。

二、宗师荀派,难忘恩师

入京三年,任岫云踏实努力、一丝不苟,当她用一个多月时间学完《念奴娇》后,荀先生十分欣慰,提议为她举办专场演出,并请夏衍副部长、北京市文化局领导马彦祥和几位专家等到西单剧场看演出,之后又以荀剧团的名义连演三场,前场由任岫云演出,第二场由荀先生的女儿荀令莱演出，最后一场由荀慧生先生亲自登台演出，既表明了前辈扶植后辈，器重任岫云的良苦用心，也标志着任岫云在荀派艺术上，得到了荀慧生先生的真传。

荀慧生先生像家人一样关爱弟子，每逢任岫云演出，荀先生总是带她坐车一同去剧场（打电话叫车），从化妆到服装都给她以指点。散场以后，等她卸了妆还带她去丰泽园一起吃夜宵，回来再聊聊演出哪好哪不足。任岫云至今非常感激师父的恩情，她回忆说："就是家人也不过如此啊！从上台到下台，那得多长的时间啊！比他自己唱戏都累。师父尽责尽心尽力，这点情谊，真是世间少有！太感人了！师父从来没有正颜厉色地批评我，都是笑眯眯的。一次演出回来师父问我'今天感觉怎么样啊？'我当时觉得这个问题太大了，紧张地想不出词来，就说：'我没感觉。'有时候演出完师父表扬说：'行，不错，下回演得更好！'师父总是以鼓励为主，而不是说，'你怎么演得这样？给我丢人！'从来没有。他还叫我演出完了之后，去征求剧团老同志的意见，去找打鼓的，找二旦，找小生，找陪我演出的演员等等，去征求人家的意见，指出来我的不足。这个过程让我对人物理解更深化了。

"荀先生的教学方法非常灵活，他不是让你惧怕，而是让你明白道理。不是像教幼儿园那样，绝对不是一招一式地比划，而是画龙点睛，他只一点，你就升华了。师父叫我要灵活地学，不要死学。他是男的我是女的，从性别上来说就不一样，师父在表演上已经构成一个完整的体系，你学不到，你只能一点一滴地学他，能学到他的一点皮毛你就已经不简单了，你还能学成他那样？不可能！"

荀慧生先生教戏认真严谨，不墨守成规，一边坚持继承传统一边鼓励任岫云多思考，细揣摩，让她在理解角色的基础上发挥创造。他曾多次语重心长地教导任岫云："要演好戏，就要善于从人物出发去表演，多读书，读《红楼梦》，琢磨书中的人物心理状态，还要去创造，没有创造，就没有发展，没有前途，就会成为僵死的东西。"荀先生的教学理念，在当今看来仍然是超前的。他面对的弟子任岫云已经是有一定名气的演员，因而，他不是采取给戏校学生那样的教学，不是一板一眼、一字一句地抠戏，而是更多地教导她去读书，去感悟，去理解，结合自己的特长学习荀派艺术。

排《红娘》的时候，荀先生叫他的琴师郎富润给任岫云吊嗓子，先纠正唱腔，然后让她听录音，注意口语和唱腔。排戏时用的是荀先生的全班人马。任岫云说，"我真是享受了！陪我师父唱戏的人陪我唱，那可真是感觉不一样啊！无形中他就把你带动起来了，带动可不得了，整台演员素质高，如果你的素质差，经验差，他能把这个戏给铺垫好，到那个节骨眼儿他一托你就上去了，上去了那就舒服，大家伙儿都托着你，就跟走路似的，你不会走，大家都扶着你，就无形中就觉得跟平时演戏不一样了，这就是台上无声的传递，这就是影响啊！你要到一个好的剧团，无形中就提高了你的素质了。周围人全高，影响着你也高了。如果你周围全低，一个不如一个，那你就完蛋了，你好，你再好也把你拉下去了。我的节奏慢，打打打，儿下子，你就得加快。你节奏快了，一下子就让你慢下来，那打鼓的，领弦的，都得领着你，这个感觉，哈哈哈……"任岫云每当说起过去荀先生给她排戏演戏过程，总是充满幸福的回忆。她说："我这辈子在艺术上真是吃了偏饭了，荀先生的其他弟子都没有享受过这样的待遇。"

荀先生教戏无私心，先后把他的代表作《红娘》《勘玉钏》《红楼二尤》《花田错》《香罗带》《荀灌娘》《金玉奴》等戏——亲授给她，使她深得真传。荀先生对任岫云的评价是"为人做事都实在"，他在给友人的信中夸她："岫云天资卓越，确是可造之才。"

荀慧生先生待人特别真诚。二20世纪五六十年代，物资紧缺，任岫云说："我在师父家吃住三年，那是个困难时期呀，物质很匮乏，我师父吃什么我吃什么，我没有交过一分钱的饭钱。咱们哪能不交啊，可师父就是不要，那绝对不要！师父和师母待我和家人一样，让我和小妹（荀令莱）睡一张床。荀先生应酬多，有时荀先生让我看家，我生怕落嫌疑，说：'师父，您把门锁上吧。'但是师父说：'不不不，我怕有什么事，你给我盯着。'"师父对她特别信任，让她感动。她说："我师父很平易近人，但是不爱说话，不是见人就夸夸其谈，语言不多。"

  荀慧生先生性格幽默，从一件小事就可以看出他的大度。荀先生家有个做饭的老李，山东人，不太会讲话。困难时期，一天荀先生买回来只活鸭，多不容易啊，真是开斋了！全家人包括任岫云及荀先生的朋友在内的人坐好了，等鸭子做好端上桌后，荀先生满心高兴，一尝味道不对，一翻，鸭子没开膛，扔了可惜，不扔又不能吃。师母很生气，想辞掉老李，荀先生说算了，不仅没有辞掉老李，还作诗一首，原诗大意是：灾荒之年吃鸭难，买只活鸭来解馋。鸭熟上桌我尝鲜，入口只觉苦辣酸。一种怪味异非常，翻来覆去来查看，原来鸭肚未开腔。鸭子鸭子你太冤，偏偏遇见这厨郎。啼笑皆非，喜笑颜开变忧肠，叫人谈笑论短长。任岫云说，这个不会做鸭子的老李，是一个义仆，忠厚忠诚，天下难寻的好人，在"文革"中荀先生最困难的时候，只有他一个没离开，没有工资，也不要钱，直到荀先生不幸去世他才回了山东。

  荀慧生先生对艺术精益求精。20世纪五六十年代，全国正搞戏曲改革，改编移植老戏，荀先生时任北京市戏曲研究所所长，正在修改排演《金玉奴》(《红鸾喜》)，他认为原剧有迷信成分，于是在很多情节上做了大的改动，特别是在结尾处把过去金玉奴经过调解又和莫稽重归于好改成了拒绝原谅他，使情节更加符合新时代观众的审美需求，并增加了唱段。经荀先生修改，旧戏出新意，内容健康了，情理通顺了，上演后一直流传到现在。后来，京剧名家童芷苓、孙毓敏也先后进行过艺术加工，使这出戏更加完善。

  荀派艺术确有独特之处。荀慧生先生从不循规蹈矩，而是不断创新，他从来都是根据人物的身份和性格进行创作。如荀灌娘去借兵时，在娇柔迟疑的情态表演中，突出了荀灌娘13岁女孩的稚气。再如，荀灌娘的手势不光是传统京剧旦角的兰花指，荀先生还创造了伸出大拇指的表演。荀派表演艺术，活泼俏丽，清新妩媚，丰富多彩，委婉动人，感情奔放，性格鲜明，宛如艺术殿堂上的一道耀眼的光，照耀和感染着任岫云。

三、戏画结合，构建精神家园

跟随荀先生学戏的日子里，任岫云还受到了荀先生喜爱书画的影响。荀先生是个多才多艺的艺术表演大师，具有深厚的艺术修养，他每天除了坚持记日记外，还经常画些山水画。他是近代著名画家吴昌硕的弟子。有时荀先生作画，任岫云就帮助研墨押纸。一次，荀先生刚画毕，由于任岫云挪动不慎，画纸被弄破一块，任岫云又后悔又害怕，但是荀先生却安慰说："不要紧，再画一张。"这样好脾气、耐心又有涵养的师父，让任岫云记忆终生。

如果问，任岫云在舞台上边表演边唱边作画的艺术风格是怎样形成的，除了她自身有一定的天赋和努力之外，与荀慧生先生对她的影响密不可分。她从师父的修养中，深切地感受到了大师的艺术魅力。荀先生的待人接物、言谈话语，她都看在眼里，记在心中，成为她做人、演戏的典范。

1963年任岫云应邀来到山西太原，首场演出是在地处最繁华街市的和平剧场，她演出了荀派名剧《红娘》，受到观众热烈欢迎。这恐怕有三个原因：一是太原观众对荀派艺术的了解和喜爱。荀慧生先生20世纪50年代曾两次来太原演出。第一次是在1951年1月，荀先生演出了他的看家戏《红娘》《红楼二尤》《勘玉川》《香罗带》，受到观众极大欢迎。第二次是1957年国庆节来太原，演出了《红娘》《卓文君》《诓妻嫁妹》《香罗带》《借东风》《洪羊洞》等八场戏。当时文化部代表到车站欢迎，山西国庆筹委会特别请荀慧生先生上观礼台，荀剧团还和八个剧团在晋祠进行了联欢。这一切令荀先生很受感动，他对比新旧社会的不同，感慨颇深，在《山西日报》上发表了《两次来太原的感受》。事隔六年，任岫云再次献演了荀派名剧，观众们喜欢她，散戏后久久不肯离去。在观众席中，坐着山西著名晋剧须生泰斗丁果仙，她观看完任岫云的演出后，非常恳切地说希望她能留在山西，令任岫云深受感动。

  任岫云留在了山西，成为三晋大地上著名的京剧荀派代表人物。几十年中，她演出了传统戏、新编历史剧、现代戏等剧目几十出。20世纪60年代主要演出了现代京剧《社长女儿》《黛诺》《芦荡火种》等。70年代主要演出了《红灯记》《沙家浜》《龙江颂》《黛诺》《八一风暴》《审椅子》《送肥记》《彩练明珠》《海港》《杜鹃山》《蝶恋花》《闯王旗》等剧目。80年代恢复传统戏，她在演出了许多荀派代表剧目后，还排演了在全国引起轰动、受到广泛好评的《蔡锷与小凤仙》。

  任岫云深知，一个优秀的艺术家不应该仅仅在舞台上靓丽，还应该对文学、音乐、美术等相关艺术有一定造诣，提高修养，陶冶心灵。多年来，她在业余时间潜心作画，徜徉在丹青世界里，梅兰竹菊、花鸟鱼虫跃然纸上。她在探索中不断融会贯通，形成了自己的创作风格：神韵雄浑，豪放中不失古朴，古朴中又见壮阔，具有大家风范。她的画有气势，她画的红梅，傲然怒放；她的画，有艺术家的细腻，她画的小鸟，鲜活生动，爱意浓浓。

  1982年，她根据《霍小玉》改编成小戏《诗画联楹》，边唱边表演边挥毫作画，一曲结束，一幅红梅跃然纸上，令观众耳目一新，拍手叫绝！在纪念徽班进京二百周年纪念演出中，山西省京剧院晋京演出，将此剧献给了北京观众。别具一格的表演艺术形式，博得满堂彩，开创了山西戏曲舞台上边演唱边书画的先河，创新了荀派的表演，丰富了荀派的表演剧目。1990年9月9日，山西省委省政府为她隆重举办了"任岫云舞台生活40年"的纪念活动，除了举办纪念演出，还特意举办了她的首次个人画展，发行了《任岫云从艺四十年论文集》。

四、俏也不争春,只把春来报

任岫云的人生哲学有点老庄哲学的思想,任何事情从来不争不抢,你给我,我捧着;你不给我,我让着,一切顺其自然。她"无意苦争春",愿意当绿叶,希望能让更多优秀演员有展示才华的机会。她说:"帮助青年人,提携青年人,培养青年一代的成长,本来就是我们老一辈演员责无旁贷的使命,只有搞好传帮带,京剧事业才会发扬光大。"

那还是她在演出《蔡锷与小凤仙》的时候,她为了传承荀派艺术,培养青年一代演员的成长,担任了"小凤仙"这一角色的创作,在她自己演出这个人物受到广泛好评的时候,她主动指导青年演员王毓青和石志红排演小凤仙,而她自己则饰演配角"红姨太",她的这种艺德带动了整个团里风气的转变,全团上下齐心协力,有一种拼搏向上的精气神。《蔡锷与小凤仙》的演出,更是演出了历史的回响,演出了时代的风采。

任岫云先后为剧团青年演员周丽欧排导了《红娘》《红楼二尤》,为石志红排了《玉堂春》《四郎探母》,为贾艳丽排了《痴梦》《红娘》《玉堂春》,为张艳芬排了《红娘》,为焦晓霞排了《坐宫》等等,只要是年轻人来学,她都倾力去教。教学生排戏,她从未喝过学生的一杯水,吃过学生的一顿饭,她不收任何费用和礼物。她说:"当年师父教我就是这样的,我也要像师父一样。"目前山西省京剧院采取"重点培养,普遍提高"的举措,准备从青年演员中选择适合荀派表演的演员拜师任岫云,使荀派得以在山西发扬光大。真是"立雪荀门出岫云,植根三晋育苗壮"。

任岫云希望多给青年演员演出的机会,整理改编传统戏,增加剧目种类,同时降低演出票价,加强交通建设,让更多的观众能够走进剧场体验京剧艺术的魅力。时任山西省委宣传部的张维庆部长为她题词赞誉她"艺坛四十年,名利不争先,奉献真善美,丹心照人间"。

现如今,任岫云已经 81 岁了,对人生的感悟更深,对名利看得更淡。她在 1999 年得了脑梗,当时半身不遂。2002 年得了癌症。2012 年得了心梗。但是，任岫云老师身体却恢复得极好，问其缘由，她说，一切放下，宁静恬淡。任岫云老师有一种极好的心态，每天上午作画，周末参加京剧票友活动，"笑看云卷云舒，静观花开花落"。她喜欢沐浴着温暖的阳光，或是欣赏珍爱画卷，或是凝神提笔作画。一杯清茶，一片阳光，淡泊，美好。

研讨会实录

纪念荀慧生诞辰 115 周年暨荀派艺术研讨会（一）

时间：2015 年 11 月 07 日（上午）
地点：万方苑国际酒店六层第一会议室

黄珊珊：各位老师，欢迎大家莅临纪念荀慧生诞辰 115 周年暨荀派艺术研讨会，首先我代表学院对大家的到来表示最衷心的感谢和最热烈的欢迎！荀慧生先生是中国京剧艺术发展史上具有重要影响的一代宗师，荀派艺术的创始人。作为"四大名旦"之一，在 60 年的艺术生涯中，他塑造了一系列生动传神的艺术形象，深受广大观众喜爱。他一生收徒众多，为荀派艺术的发扬光大奠定了坚实的基础。荀先生在丰富的舞台艺术实践之外，还致力于中国戏曲艺术理论的总结、阐发，为人们更好地发展京剧艺术、更深刻地领会中国戏曲艺术的魅力做出了突出的贡献。2015 年适逢荀慧生先生诞辰 115 周年，今天我们邀请了众多专家学者来共同研讨荀慧生先生在艺术表演及理论方面的经验和成就，将会为荀派艺术的传承发展、荀派艺术理论的体系建设注入新的活力。在专家研讨发言之前，我想简单回溯一下北京戏曲艺术职业学院、北京市艺术研究所的历史，以及荀慧生荀派艺术在北京戏曲艺术职业学院、北京市艺术研究所的历史渊源关系。

北京戏曲艺术职业学院是 1952 年建校，建校 60 多年以来，培养了 7 千余名艺术人才。毕业生中有 20 人获全国戏剧最高奖——梅花奖，学院成了名副其实的艺术家的摇篮。著名的表演艺术家郝寿臣、马连良、孙毓敏等曾任我院的校长,特别是在荀派名家孙毓敏老院长的带领下,北京戏曲艺术职业学院培养了一批荀派表演艺术人才,形成了荀派艺术传承的重要基地。北京市艺术研究所的前身是1952年成立的北京市文化局戏曲编导委员会,曾经是全国戏曲研究的重镇,荀慧生先生担任首任所长,梅兰芳、马连良、萧军等老一辈众多名家曾担任过编委会委员、研究员或顾问。在荀先生主持研究所工作期间,编辑出版了《京剧汇编》,筹备了《京剧剧目辞典》编纂工作,对推动戏曲理论做出了独特的贡献。2006年北京市艺术研究所与北京戏曲艺术职业学院合并,充实了学院的教学、科研力量,也形成了荀派艺术的教育、传承,荀派理论的总结研究的历史性会合。现在北京戏曲艺术职业学院收藏的与荀慧生相关的原始资料主要有荀先生珍藏的48册剧本,其中大部分是他演过的,百余幅荀先生的生活照、剧照及原始照片。20世纪20年代到60年代,一些载有与荀先生有关的演出消息、剧目、评论、人物评论等文章,荀先生的部分胶木唱片及磁带等录音资料,这些资料是继续挖掘整理研究荀派艺术的重要资源。

刚才我把我们的情况给大家介绍了一下,下面按照会议的要求,我把今天参加会议的嘉宾给大家做一个介绍:

荀派京剧表演艺术家孙毓敏老师

中国艺术研究院戏曲研究所所长王馗老师

北京市文联戏曲家协会副主席、秘书长杨乾武老师

河北省艺术研究所所长周大明老师

河北省艺术研究所理论研究室副主任史晓丽老师

湖北省艺术研究所所长胡应明老师

湖北省艺术研究所刘慰东老师

上海市艺术研究所研究员周锡山老师

山西省戏剧研究所副所长王越老师

戏曲理论研究专家周传家老师

中国戏曲学院京剧研究所副所长张关正老师

中国戏曲学院退休专家陈培仲老师

北京市艺术研究所退休专家于文青老师

天津市艺术研究所副研究员齐会英老师

马连良艺术研究会理事孙大乐老师

辽宁省艺术研究所研究室主任刘新阳老师

辽宁省艺术研究所研究员李淑坤老师

中央民族大学教授李佩伦老师

北京戏曲艺术职业学院原副院长李连仲老师

戏曲研究专家和宝堂老师

北京戏曲艺术职业学院院长刘侗老师

北京戏曲艺术职业学院副院长许翠老师

北京戏曲艺术职业学院荀派传人方开柳老师

北京戏曲艺术职业学院艺术研究中心王晓燕老师

北京戏曲艺术职业学院演艺中心主任廖维老师

北京戏曲艺术职业学院研究中心主任助理丁琳老师

北京戏曲艺术职业学院研究中心研究员薛晓金老师

北京戏曲艺术职业学院研究中心研究员张燕鹰老师

北京戏曲艺术职业学院研究中心研究员傅显舟老师

北京戏曲艺术职业学院研究中心副研究员李黎明老师

北京戏曲艺术职业学院研究中心副研究员李鸣春老师

北京戏曲艺术职业学院研究中心副研究员郭涛老师

北京戏曲艺术职业学院研究中心副研究员王凌雨老师

北京戏曲艺术职业学院研究中心副研究员白莲老师

北京戏曲艺术职业学院研究中心退休专家吴赣生老师

北京戏曲艺术职业学院研究中心助理研究员李颖君老师

北京戏曲艺术职业学院研究中心助理研究员李小佳老师

北京戏曲艺术职业学院研究中心助理研究员杨楠老师

北京戏曲艺术职业学院研究中心实习研究员翟璐老师

北京戏曲艺术职业学院研究中心实习研究员傅彬老师

还有刘鑫鑫老师和张思辰老师。

再次对大家的到来表示最衷心的感谢。首先有请我们学院的名誉院长孙毓敏老师致欢迎辞。

孙毓敏：先鞠一躬。各位来自全国部分地区的专家，大家早上好。首先学院的现领导班子委托我代表他们对来自河北、天津、山东、山西、上海、湖北等各地的研究所的代表及专家们，表示我们北京戏曲艺术职业学院及北京市艺研所向各位的到来表达我们最热诚和真挚的欢迎！

今年在荀慧生大师诞辰115周年的纪念活动之际，我们以辐射的方法在全国各地展开了分散的纪念活动，各地的再传弟子们只要成熟或者条件允许的情况下，能办一个专场就算纪念系列的一部分。同时为他们颁发荀派艺术继承人的荣誉牌。为了对荀学的建构形成初步的模式，我们又编印了一本《荀学论文之二》和《荀慧生文集》，在礼品袋里，希望各位看完之后多提宝贵意见。

荀派艺术研究成果在"四大名旦"中来讲，算是少数民族，因为大家都不太明了，就知道荀派挺活泼，剩下的缺少研究。其实荀慧生大师生前本人就曾担任过北京市艺术研究所的所长多年，直到"文化大革命"才结束。说明他老人家是很重视艺术研究的，但早年的艺术家由于文化的限制，往往是茶壶里煮饺子，肚内有货，倒不出来，非常需要各位文化层次高的研究家们多多关注当代、关注您面前的艺术家们，不管他们是年轻人、中年人、老年人，因为他们都是正当年，尤其是传统艺术的分量，总在争议中成长，被"极左思潮"所干扰，受了不少委屈。但我曾出国多次，亲身感受到了外国人对我们传统艺术的广泛欢迎和认可，超过了中国人对我们自己的认识，这是可悲的。我体会到，中国的传统艺术，尤其是戏曲属于中国独有、世界第一、无可比拟的，别的国家最多的艺术形式不会超过十个，比如歌剧、舞剧、交响乐、音乐剧、哑剧、话剧等，连杂技也只有美国和苏联这样的大国有，小国是没有的，因此未超过十个品种。而只有中国仅仅戏曲品种这一项，以歌舞演故事，富含唱、念、做、打、翻、舞等六功五法，就达到了300多个剧种，现在虽已减少，也有278个之多。全国有5000个剧团，有几十万从业人员，如此庞大的充满高级智慧天才的精英队伍，岂可小视？这是我们中华民族的骄傲，我们可以理直气壮地为中国的戏曲艺术传统瑰宝感到自豪。

因此，传承、发展、研究是我们不可推卸的历史责任，让我们重温7月12号颁布的国务院办公室颁发的，题目叫作《关于支持戏曲传承发展若干政策的通知》的文件，是7月12号在网上发布。开头我以为会不会是网上胡说八道？后来市委宣传部让我写文章了，看来这是真实的。而且刘奇葆召开了一次文艺座谈会加以推动，因此我想我们对这个文件应该吃透它的精神。总之，这个文件的政策精神我们深深感到底气十足。

因此在这个时刻我们来共同纪念荀慧生大师115周年的活动，同时以一出完整的荀派《玉堂春》作为范例来加以研究，很有意义。在11月14号、15号这两天里，还有两场戏，一场戏是折子戏7出和清唱晚会37段，及理论研讨会要举办，这些活动都办得正当其时，直接而高度地配合了中央的政策精神。我体会以国务院办公室的名义颁布这么一个对传统艺术高度重视的政策精神，并请各省市地县监管办理，是空前的第一次，好像过去没有过，就这么高的层次，专门为传统艺术颁发这么一个政策精神。因此我们深深地感谢以习近平总书记为首的党中央如此高度重视我们的传统艺术。从现在开始，让我们携起手来发挥我们的聪明才智，多出成果，开好这次研讨会。祝大家在北京过得愉快，有所收获。谢谢大家。

黄珊珊：感谢孙院长。我们筹备这个会从今年上半年就开始筹备，对各位老师发出邀请，下面我们就荀慧生表演艺术、荀派艺术传承、荀派艺术与其他流派的比较等议题，大家展开研讨。

陈培仲：题目是"荀派艺术呼唤新一代的领军人物"（见论文）。

王馗：尊敬的孙先生，尊敬的刘院长、黄院长，尊敬的在座的各位专家老师，大家上午好。我参加这个研讨会主要是向荀先生致敬，向我们的流派致敬，向我们的传承者致敬，是有这样一个想法。我自己在这方面研究是非常弱的，作为中国艺术研究院戏曲研究所一直关注戏曲的发展，我们跟北京戏曲职业学院联系并不是很多，包括我们现在年轻的一代人跟北京艺术研究所联系也不是特别多。我觉得我们以后可以多加强一些联系跟交流。

说起荀先生、荀大师，我特别崇敬，在于我当时读书，进入大学以后，我读的第一本关于戏曲的书就是荀先生的《表演艺术跟艺术散论》。这本书不但让我认识到荀大师的艺术，而且也开始接触京剧艺术跟中国的戏曲艺术。因此我觉得一本好的书它是可以引导人的，特别是作为一个艺术家，他通过自己的艺术经验，把自己的艺术不但在舞台上展现出来，而且通过文字的方式呈现出来，这是很重要的一个传承推广的方式。

距我读书已经20多年了，至今我对于这一本书里面展现出来的艺术规律，以及这一本书对艺术规律的表达方式，我一直都十分赞叹。对当代的艺术总结、流派总结，包括艺术大师的总结，都有很多经验可以借鉴。刚才资料里我们看到封杰先生的京剧的谈艺录，包括很多相关的资料，可能我们在当代所做的工作，在某种程度上比起五六十年代所做的精致度、深入度，都有所不及。特别是我这几年研究的一个课题，就是中国戏曲的身段谱的经验记录，我们就会发觉其实五六十年代所做的工作，跟我们曾经的大师有关。当然那个时期大师的谈艺，以及文化界的结合度都是有关的。这是我想表达的一个意思,我觉得在我们今天纪念荀慧生先生115周年的日子里面,我们要致敬,同时我们也应该反思一下我们现在所做的任何的这些工作,是不是真正推动了这个流派、京剧艺术,以及中国戏曲艺术的继续发展,这是一点。

接下来我想从三个方面讲一下我自己的感受,跟我自己作为学术研究的后学者的一点点建议。

第一个,我觉得京剧表演艺术的挖掘跟推广还是需要进一步加强。我们往往提到流派,提到流派的时候往往会讲到最经典的一些代表性剧目。刚才陈先生讲到六大喜剧、六大悲剧,这么一算下来,荀先生几百出戏,最终就浓缩在这几十出戏里面。对于传承来说,可能只是在这几十出里面再继续选择。但是我觉得流派有几个特点。流派是提存的艺术,因此流派的传承不但要学他存化的这些东西,而且要学他那种深入的基础。对于荀先生这样一个艺术创作,我们只看到最后形成的极具特色的东西,但实际他在形成这样一个特点的基础,原本实际是有大量的功法技艺,包括演出剧目。因此我觉得当代的传承者,应该在学习流派的过程中,还是应该扩大自己基础的打造。

为什么刚刚我说对北京艺术职业学院要特别致敬呢?也是因为我们这样一个学校,把学校教育的理念推广开来。今年国办发了扶持戏曲的21条政策,我们就会发觉我们更多强调了师承的传承。我在文件发表之后写了相关文章,我觉得我们师承很重要,荀派师承传承,可能有几位大师级的传承者,还有很重要的继承者,还有很多传承人员。但是我觉得戏校的工作是一定要加强的。因为戏校实际是师承传承的扩展、延伸,而且是非常重要的补充,学校教育把我们行当密切协作的作用体现出来,以及把我们戏曲所需要的文化的,戏曲整体文化的基础给弥补过来。那天孙先生在最后出场发言里面,我觉得特别重要,一个荀派的专场演出不是哪一个人,而是整体的一个团队,众多行当共同推动起来这样一个荀派的明星去展示。我们戏校这么多年的经验,在我们当代戏曲发展政策非常利好的情况下，应该加大我们整体的学校教育，把我们几十年的经验更好地把它呈现出来，而不只是强调师承这样一个观念下，弱化我们的教育。因为什么呢？我们中国各个地方的戏校发展状态非常堪忧，像北京戏校这样的发展态势真的是很少。因此我倒觉得，我们北京戏校应该通过自己的建设，把我们这样一个引领的作用凸显出来，能够在我们戏曲扶持政策里面，能够展示我们应该对于戏曲传承发展的作用。

第二个，关于流派，流派确实是丰富的，不但是流派自己，中国京剧的流派丰富，而且京剧里面每一个流派也是丰富的，因此我觉得对于它的继承跟发展，也应该体现它的丰富性。好多年来，我们谈到荀派往往就觉得它的特点总是那种活泼的，善于表现一种青春活力的、无拘无束的个性色彩。我看了荀先生演出的经验以后，其实发觉他驾驭的行当不止一个小花旦，他演出的剧目也不止一个类型的角色，因此我觉得对于当代传承来说，应该是全面去继承它。昨天许翠老师演出了这样一个戏，也许传统剧目还有其他，比方说跨越传统行当的这种，应该是在继承的范围里面。

第三个，我觉得流派是活的，因此在我们继承跟发展过程中，流派的剧目应该是随着新一代的演员应该有更好的拓展。早晨我听到杨乾武先生讲到小剧场的发展，他跟我提到传统的《三岔口》的剧目，在小剧场演出里就完全不同。我倒觉得我们流派的传承者，在发展的领域里面，应该要有更多的艺术的拓展，让我们的流派活起来，不但传统经典是鲜活的，而且用流派的经验法则，在创新的领域里面仍然能够让流派活下去。

总体上来说，对京剧表演的推广和挖掘，我觉得这是需要加强的领域。

第二个，京剧表演的文本对于传承戏曲的重要作用应该得到加强。这也是荀先生的文集跟他的艺术散论所展现出来的经验，那个经验我不知道当时撰写的时候是不是他，我觉得肯定有很多文化人参与，就相当于今天的口述一样，不是一个演员，我把我自己的经验展现出来，而且是要有一堆的文化人促使你把不曾想到的问题进行总结。因此我觉得那个文本很重要。因为它不但是提供自己的表演经验，而且要展示整个文化界，那么对于你这个表演经验的一种总结跟认同。因此我就觉得，当前这种表演文本是需要的。我知道我们北京戏校曾经对自己的教学剧目有过专门的著录，我当时翻看了一下，我觉得真的非常好，锣鼓、身段、调度跟文本全部综合到一起来，但对经验的介绍还是不够的。我倒觉得，我们是不是可以更进一步，就像荀先生写自己的经验记录一样，能够更多致力于这方面的挖掘整理，通过我们流派的传承人、继承人的共同努力，把我们一个经典剧目、一批经典剧目里面那些宝贵的经验全部汇集到里面去。

荀先生的文集里面，实际著录的传统剧目也不过十出而已，在他那么丰富的作品里面，这只是其中一个零头，当然也是他最经典的。我们今天有这么多荀派的弟子，这么多京剧流派的传承人，我倒觉得我们有责任，也是非常有必要去做的。20多年之前，这么一本书能够感染我投身戏曲的理论研究，我们现在如果不断去奉献这样的作品，我想我们年轻的爱好者、年轻的研究者会越来越多。

第三个，围绕中国戏曲的传承跟创造的辩证关系，我觉得要做好进一步让我们京剧表演艺术，包括传承发展，要有一个进一步拓展的空间。为什么要这样说呢？因为我在荀先生的文集里面看到一个很重要的，荀先生讲自己的表演经验的时候，他实际是把自己的剧目创作，跟整个京剧的传统联系在一起，比方说里面提到很重要的，像思春这样一个排场，他实际讲的这个戏有《辛安驿》《虹霓关》《战宛城》好几部戏，他把好几部戏同样的场面挖掘出来，展现他自己流派的理解。包括他在流派塑造里面，在不同剧目里面，同一个场面展现出来的丰富性。我觉得我们当前京剧实际上也存在着这样一些拓展的可能。因为曾经有一段时间关注广东粤剧，广东粤剧里面有一个很重要的名词，叫作排场。排场总共有三百多出，排场是什么概念呢？比折子戏要小，但都是共有的剧目，比方说教子，他把它丰富以后就是《三娘教子》这个折子戏。如果再丰富就是整个《三娘教子》的大戏。不但可以用在《三娘教子》这个戏里面，还可以用在其他剧目的教子，这是因为广东粤剧在发展过程中，有一个编写提纲戏的历史阶段。编写提纲戏的时候，大家都是即兴编创，因此只要展示一个人物贪玩，需要母亲教育他的时候，直接就把这个排场搬过来。后来我发现我们京剧实际也存在这样一个规律，只不过我们没有进行系统的整理。我在看到荀先生这样的文集以后，我特别有感触，荀先生20世纪50年代的时候，就已经通过《思春》告诉我们京剧里面的传统，而且是不被人留意，或者有意无意已经把它漠视的传统。我们今天对于研究京剧艺术的整理发掘，不但在理论上，而且在实践中都要贯彻这样一个工作的时候，对于戏校来说，要把这些东西汇集起来就非常有益，这不仅仅是荀派要做的事情，而是许多流派要做的事情，甚至是中国京剧界要做的事情。当然对于戏校来说，可能做这个工作，能够驾驭有余。

这是我说的三个想法。总体上来说，致敬，希望我们中国艺术研究院跟北京市艺术研究所、北京戏曲艺术职业学院能够有更多的学术交往，共同推动我们戏曲的发展。有不当之处，请各位批评，谢谢大家。

于文青：题目是"荀派艺术魅力探微"（见论文）。

黄珊珊：谢谢于老先生这么认真的准备。

杨乾武：感谢给我一个学习的机会，感谢各位老师，我非常喜欢你们荀派艺术，这是一个千载难逢的学习机会，我就简单说两句。刚才孙老师说了，我在思考一个问题，就是在当下的生态环境中，什么样的方式是最好的传承方式，最有效的传承方式。因为根据我的观察、我们"四大名旦"、四大流派的传承，现在在社会上影响最大的是程派，就是从观众接受度上亦是，为什么？因为程派有几个完整的剧目在不断演出，它完整,我一再强调完整的演出。已经过了黄金时代的京剧在今天怎么复兴,是这么一个议题,在新时代怎么复兴?京剧辉煌的鼎盛时期是民国时代。

今天这个时代观众就是要看完整的演出,可能那些老戏迷满足于唱念做打的技艺,我不是反对技艺,技艺是核心的灵魂,技艺要用来演绎一个完整的戏剧,这是当今时代观众的需求。民国时代知识者是看小说的,看唐传奇、明清小说、读诗歌、看戏剧。民国时代绝大部分民众是文盲,文盲就看戏。但现在这个时代没有文盲,就是文盲,他通过看电视剧,也接受了完整的剧情。因此,现在如果要看一个作品是需要完整剧情的,就是我们所说的故事。现在任何一个剧场演出,两个多小时,你不是一个完整的东西、完整的演出,是很难把人抓住的。当然老戏迷可以,但是老戏迷越来越老了,我们还是要考虑未来,这是必然的趋势。

讲到这个时代的必然,我刚刚看了一本书,我可以推荐给大家,里边有一个美国的未来学家预测未来30年,就是在互联网科技时代的必然趋势。它有几个关键词,我觉得说得特别有意思,第一个关键词就是分享,这个时代是分享的时代,你的东西没人分享就完了,我就不说了,大家都懂得。再就是互动,一个东西要产生影响,你不跟社会互动,不跟你对象互动,那也就不存在,那也就是自娱自乐,我也不说了。再就是流动,一个东西你分享互动就是流动,流动就是像空间、时间的流动、传播,这个很好懂。最后才是认知,认知就是上升到理论,上升到理论非常简单,就是话语权,就是你在这个社会当中的话语权,最后的高地占领了,就搞定了,就是这么简单。就是八个字,把这个说清楚了,我觉得特别好,我推荐给大家。

刚开始我就认为最好的传播方式就是完整的演出,因为我看一个戏,逻辑不通,我会反感,我会不接受。我不知道我这个感受大家有没有,反正我很强烈,我觉得这块怎么会是这个逻辑呢。比如昨天我看戏,昨天的演出我觉得技艺完全没有问题,非常好,但那个戏要作为一个完整的演出,剧本必须重新结构、重新组织。因为我过去看的都是"起解"、"会审"。起解把前边的剧情彻底叙述一遍，到会审的时候又得说。如果弄成一个完整的戏，昨天庙会还没有，也不是完整的。如果是完整的戏，那你得重新组合，就是这些段落重新组合，还要用现代剧场、当代剧场的空间思维，现在是没有的。一桌二椅是很高明的一种美学方式、美学思维，但还要转换成当代剧场的空间思维、时空思维，不是二幕，二幕是很笨拙的、很机械的、很程式化的，那些都太简单化了。如果说得不好听点，有点弱智，这话很难听，就是弱智，就是缺乏舞台智慧。但是我觉得中国戏曲海洋式的资源，我们只是没有用好而已，用好过后完全能够转化，获得新生，获得当代观众的认同。

  首先还是我们这个行业人，如果我是戏曲工作者，我首先得反省我自己，我的智慧，我不好去抱怨环境，就像我的爹妈一样，我能抱怨我爹妈贫困吗？我能说我爹妈不是官二代、不是富人吗？那你也太没良心了。我们没得选择，有选择的是自己，自己的反省、自己的努力。我觉得现在是中国戏曲发展最好的时机，钱的问题是可以搞定的，只要有一个好的剧目、好的项目，钱的问题搞不定那是前些年的事，现在搞得定。国家艺术基金今年扶持戏曲的项目将近一半，在我看来就过头了，我甚至在微信上调侃说这有拍政府马屁之嫌，一半都是戏曲，并且明确规定要扶持戏曲，多好的机会啊。北京文化艺术基金已经论证了，明年启动一个亿，那我们拿什么项目去要这一个亿呢？北京市的戏曲工作者们，太好的机会了。从去年开始，我就开始做小剧场艺术节，面向的观众很明确、定位很明确，是青年人，我在多少年以前就想做，去年做起来了，还赶到国务院政策发表之前。我认为今天艺术的突破口是小而专、小而精，不是大，贪大求全害了我们20多年，再继续下去，假大空这种局面再不改变，我们是自掘坟墓。我说得严重一点，根本都是自娱自乐，做那么大，没人来，你自己说它好这不行。我这个人太激动了，一说就说过火了，对不起，说得太严重了，我不说了，耽误大家工夫。我觉得老师们准备得很充分，我希望老师们多说荀派，我来学习。谢谢大家。

孙毓敏：他是理论家里的愤青。

周传家：我建议真正懂荀派的先说，有准备的先说，远道而来的先说。我对荀派知道的太少，所以也没有什么见解。18年前，北京市艺术研究所、武汉艺术研究所曾经联合举办了荀（慧生）尚（小云）筱（翠花）诞辰100周年纪念会，一晃将近20年过去了，有非常多的感慨，我这个人不要说玄奘那种精神，一般人坚持不了，因为各种各样的因素，脱离了戏曲界，在这儿也愧对大家。

对荀派，我的确知道很少，也没有什么高论，但是我总觉得作为文学艺术它的黄金时代的主要标志应该有两个，一个是创作繁荣，第二个是流派纷呈。只有创作繁荣、流派纷呈才能说明这个艺术是兴旺的、发达的。比如诗，中国诗经就有，但还不到兴旺发达，真正兴旺发达是到唐代，初唐、盛唐、中唐、晚唐。词五代就有了，但真正繁荣的时候也是到宋代，南苏北清，婉约、豪放，再加上柳永那一类的，真是繁荣。戏曲创作也是如此，到了元代有很多流派，产生了悲剧、喜剧。到了明清传奇更加完整、更加繁荣，有吴江派、有临川派。包括昆曲早期有很多流派，常州、苏州、无锡，都有很多流派。京剧更是如此，如果没有四大须生、"四大名旦"，京剧也谈不上繁荣。所以我觉得流派是非常重要的。

我们要想繁荣我们中国戏曲，必须要继承流派、发展流派，使我们的流派艺术更加多姿多彩。要想继承流派，恐怕首先要了解流派，要了解流派，首先要了解流派的掌门人，因为掌门人往往是一个流派的徽章，是一个流派的代表，是一个流派的标志，是一个流派的领军人物，他也是摇钱树，他也是一个标志。所以对于荀先生，首先我们应该深入了解，我了解很少，一般认为好像荀先生，特别是流传的一字评，我觉得对荀先生评价，很多人心目当中的是不太公正的，就认为荀先生就是唱唱喜剧，荀先生主要是表演一些青春、活泼、亮丽，甚至有点风骚，甚至有些风尘味道的女子，实际远远不是如此。刚才陈培仲先生的文章已经介绍了，他有六大喜剧、六大悲剧、六大跌扑剧、六大武剧、六大传统剧、六大正剧。我们今天继承了解流派，了解荀慧生先生，首先要了解荀慧生先生他的实质、他的主题，绝不是表演上哼哼唧唧、挤眉弄眼、耸肩搭背，最根本的东西是大的戏剧观。荀先生是大的戏剧观，他表现的题材是没有禁忌的，悲、正、喜、诞，各种剧都有。他表演的生活也是非常宽泛的，他是从生活中来的，他没有脱离生活。所以他表演的风范，那也是整体的一个风范，所以我非常赞成刘侗先生的讲话，我们对戏曲的继承应当从整体着眼。杨乾武刚才开始赞成整体，后来他又反对大的东西，他有不同的侧面，也有自我矛盾的地方。

我觉得戏曲的继承有几种，一种是整体继承，第二种就是非整体继承，第三个是元素的继承，有三大类。所谓整体继承就是全本戏，而荀先生他演出的全本戏是最多的，从某种程度来说《玉堂春》是他最早的整本戏，我不知道这样说是不是合适。我们在继承整本戏的同时，不能忽视折子戏，折子戏都是一个剧本当中最为精彩的亮点，都是剧本当中最富有戏剧性，或者表演最有特色，往往能给人留下很多口碑的片段才能称为折子戏。所以昆曲到后来，整本戏不行了以后，就大演折子戏，形成了乾嘉传统、姑苏风范。所以我们今天继承戏曲不能忽视折子戏，这些玲珑剔透的折子戏往往都凝聚了历代艺人的心血、汗水、打磨，所以继承折子戏是对的，但绝对不是唯一的，所以还要注重整本戏的继承。

我觉得荀慧生先生有他的大戏剧观，首先题材上没有禁忌，非常宽泛，从形式上、样式上注重整本戏的继承。荀慧生先生是以人作为戏剧的起点、本质、归宿，他的戏剧都是塑造人物的，所谓那些表演，那都是表面的现象，最根本是塑造人物，比如昨天这出戏，我觉得就是一个大戏剧观的体现，首先是最早的整本戏，一共三个钟头，这是完整的。像梅兰芳先生是分开演的，很多演员在演《玉堂春》都是分开演，演两段，一个是起解，再一个是会审。荀慧生先生追求完整，我觉得追求完整是对的，因为中国人最爱听故事、最爱看故事，你没有故事，从半截里演，有很多人不清楚，就影响观赏。所以我觉得荀慧生先生大戏剧观念，除了题材宽泛，还表现在样式的完整。第三，注重人物的塑造，能揭示人物最本质的东西。有人说过这样的话，程先生演《玉堂春》是用青衣的行当，梅先生是用闺门旦，荀先生是用花衫。我不知道这样说对不对。实际上荀先生是把青衣、花衫融为一体的，但他是以花衫为基础的，所以里面伴了一些歌舞。如果说程先生用哀婉凄绝的唱揭示出苏三的悲剧性，令我们肃然起敬，令我们扼腕喟叹，那么梅先生他是雍容大方、中和之美。尚先生主要表现苏三的刚强的性格，不屈不挠的性格，而荀先生的苏三更多地透露了市井气息和风尘味道。我最喜欢荀先生这个，实际这最符合苏三的身份。据说荀先生演会审的时候，在红袍、蓝袍跟王金龙斗智斗心的时候，她还拿出一个小镜子化妆、扑扑脸上的粉、抹抹口红，表现风尘味。她不是一个大家闺秀、千金之体，她就是一个下层的被侮辱被损害的女性。我觉得荀先生对《玉堂春》把握是最准确的，也是最深刻的，激起我们对生活的很多认识。比起梅先生的雍容中和之美，比起尚先生的刚强斗争精神，比起程先生的哀婉，我觉得他更能揭示生活的本质，所以我认为他是塑造人物的。而且他对王金龙的两难处境，对王金龙和蓝袍、红袍之间的斗心斗智，把官场之间，文人之间，文人之间互相倾轧，以损害别人、刺痛别人、挖掘别人隐私作为一种快乐的人性的恶，揭示得很好，而且有度，我觉得很好。

再一个，荀先生的表演绝对是全方位的表演。俞振飞先生曾经谈到昆曲的表演，有人说戏曲是线性艺术，我承认是对，但绝对不仅仅是线性艺术，昆曲表演有点、有线、有面，还有体。所谓体就是一种拉动，就是舞台调度。有很多戏就是一场，就一个人在舞台上，像《夜奔》、《思凡》。如果仅仅是线性的表现，不可能表现那么丰富的生活，正是通过有点、有线、有面、有拉动、有调度，形成全方位动态的表演，所以说昆曲的魅力是无穷的。我觉得不光是昆曲，京剧也是如此，甚至在某些方面超越了昆曲。所以说荀先生的表演是非常完整、非常全面的，绝对不是卖弄几个技艺，卖弄了一些零碎。现在学习仅仅学这个，那就学歪了。像学程一样，学憋嗓子，这都是一种曲解、一种扭曲。所以真正继承荀派艺术，要继承他的大戏剧观，大戏剧观就体现在观念，观念是一种开关，观念包括思想、包括内容、包括形式，甚至包括受众，包括市场，包括票房。从这几点来继承，就可以是整本戏，也可以是折子戏，也可以是元素的训练，但是归根结底最终的目标是全面继承发扬荀派艺术，荀派艺术是一片生活，既有写意，也有写实，有很多细腻的表现。

我们在继承荀先生的过程当中，还要学习他的"三分生"的艺术见解。刚才于文青先生的文章也提到了，我记得在十七八年前，我当时写文章也是，第一个就是三分生的创新原则，就是说对待传统不是全新，不是全熟，不是全旧，而是有"三分生"，有些生疏感，永远面临创造的境界，不是油滑了、演熟了，是熟能生巧，但也能生懒、生惰、生油滑，反正就那一套，我到舞台上就硬，他不，他每一次都面临着新的灵感的发现，新的即兴创造。"三分生"的创造精神非常可取。正因为如此，他才和梅式表演不完全一样。正像梅兰芳先生表演一样，他听取意见以后非常虚心接受，都进行了改造。正因为如此，所以荀派艺术是常演常新的。要继承荀慧生先生那种曲不离口、拳不离手，夏练三伏、冬练三九那种刻苦的精神。他曾经表白，他说艺术没什么诀窍，如果说有诀窍的话，就是我专心，就是一心一意去练功、去体验、去创造、去表现。这虽然是老生常谈，但特别有价值。

第三点，他有"十字诀"，这"十字诀"值得我们现在每个年轻人，对每一个字都要进行考量，去挖掘，去发挥。关于荀派艺术的风格、特点，王家熙先生是大专家，他去世，我送了花圈，我没去，他是真懂。像孙毓敏先生人家是真懂的，和宝堂先生是真懂的，要学习荀慧生先生要真学真练。通过对荀慧生先生的纪念，还要挖掘他的"十字诀"。对于荀派的研究，很多大家都有很多总结，我最赞同的还是孙毓敏先生的总结，那就是三化、三感，性格化、生活化、时代化，"三感"最后是一个幽默感，这个总结还是很精辟的。

参加这个会有恍如隔世之感，感觉到老之将至，今天参加这个会是很难得的学习机会，说得不对的请大家批评指正。

黄珊珊：下面请胡所长发言。

胡应明：非常感谢北京戏曲艺术职业学院和北京市艺术研究所的盛情邀请，尽管我没有时间，更没有这方面的学养来准备荀派艺术研讨会这方面的论文，但是我还是很珍惜这次学习交流的机会。昨天一大早出发，辗转到十点才赶到北京，没赶上看昨天晚上的演出，非常遗憾。的确没有准备文章，但还是做了一点思考。没有看过荀先生真正的演出，但是我从孙毓敏老师、刘长瑜老师在汉口大码头的演出，我是深深领受了荀派艺术的艺术魅力。刚才孙老师说到，"四大名旦"中，荀派是"少数民族"，但我更认为"少数道不孤"。因为我们荀派艺术、荀慧生先生在"四大名旦"中，唯有他有一个艺名——白牡丹，唯有他是学梆子戏，18岁才正式演京剧。而且唯有他是先花旦、后青衣，等等这些刚好能凸显我们荀派艺术的特点，包括周老师刚才所说的大戏剧观，因为他的经历、他的杂，所以这一点上，我就在想，有两个问题引起我的思考，我甚至认为荀派艺术对我们当今的启示在哪儿，比如说在"四大名旦"中我个人认为荀先生的表演，他所演出的人物，塑造的人物是最鲜活的、最富于人间气息的，这些人物也恰恰是我们当代，特别是青年观众，吻合他们的审美情趣，所以这个问题值得我们去思索。为什么刚才说程派是整本戏？我觉得原因不仅仅在于此。这是第一个可能引起我们思考的问题，最契合当代审美情趣的流派艺术。怎么在我们传承人的身上，把他的神韵、把他的精神光大起来，这是一个方面。

第二个，另外一种启示，我觉得有这么一个意义。荀先生一生演出了上百出戏，沪上的文人曾经赞叹，"一朵能行白牡丹，生香活色耐人看"。荀先生的艺术的确是活色生香的。这与他学梆子出身，在新腔中引进【南梆子】，包括【反四平汉调】类似这样的，都能为我所用，为塑造人物，为我所用。而且绝非是那种硬拼杂凑的。所以我在这里只是提出应该值得思考的问题，当荀先生面对学生，对他的法无定法的诸多新创新的表演表示不解的时候，荀先生说了，在今天看来仍然是意味深长，却又是特别质朴的一段话。我觉得荀先生这段话是值得我们戏曲人在今天怎么保护传承发扬我们的荀派艺术、京剧艺术，我觉得是非常有裨益的。荀先生是这样说的，"唱戏哪儿能没有苦呢？那都是老先生们多少年来辛辛苦苦、勤勤恳恳攒下来的宝贵经验，形成了一套规律，唱戏的按照它唱，听戏的也随着它听，要是没谱，唱戏的和听戏的可搭不上茬了。可还有一成道理，规矩是死的，人是活的，活人不但不能被死老规矩拘着，而且还要有所补充，有补充这个规矩的责任。拿我作比吧，我之所以多少能演几个戏，也正是因为尊重规矩，但又不为它拘着的结果。"我觉得这句话对我个人，对我们今天戏曲的传承发展，我觉得真是意味深长，有某种真理的光辉。

我就简单谈一点荀派艺术给我个人，引起我们思考的这两点。我就简单说这些，谢谢大家。

周大明：我怀着非常崇敬的心情来参加这次学术研讨会。我们河北省艺术研究所很早就接到了北京艺术职业学院和北京市艺术研究所的邀请函，知道有这次学术研讨活动，对你们的选题，对你们对荀慧生大师的关注、研究和学术积累，我们都感到非常敬佩。我们是同行，特别感到激动的是荀慧生大师是我们河北东光人，昨天又听黄院长说，荀慧生大师又是北京艺术研究所的第一任所长，这是1952年。到1959年，荀慧生大师又是我们河北省河北梆子剧院的第一任院长，荀大师他的艺术，不论是他的演技独创一派，对传承、对教育、对研究方方面面文化的传承、影响，我觉得也是把我们紧紧连在一起，我们共同学习和共同关注。

我觉得荀院长在1959年任我们河北梆子剧院第一任院长这样的经历，一下就把我们河北的演艺事业，推到一个高的起点，有一个大的格局和新的境界。在荀院长的带领和影响下，我们河北省梆子剧院就成为河北省演艺界，起码是八个省市院团的龙头单位，至今为止还有这样的重要作用、重要影响。我们对自己有这样一个高的大师引领而感到自豪。当时我们很多的河北梆子的表演艺术家，包括著名的表演艺术家（张淑敏），还有荀大师的入室弟子（齐花坦），还有河北梆子表演艺术家（田春鸟、安秀花）很多的表演艺术家他们都到荀大师的家里去学习，包括像学习一些剧目《红娘》，到家里去学习，有这样的学习机会，给我们河北亲传荀大师的艺术，真是很荣幸。这么多年的指引和教育，我们以此为自豪。

荀大师不仅仅是在表演方面，他自己也讲述到二十几岁以后，他就开始创作一些唱腔，并且在编剧、表演方面进行研究琢磨，他这种传授，刚才有专家老师说他是大戏剧观、大文化观，确实是这样。他开创的荀派艺术，将中国戏曲文化发扬光大。我看这本书里面，王家熙先生写到荀学，这个提法我刚刚见到，但应当予以关注，去这样构建，去做荀学。只要我们去挖掘，确实是一个富矿，是一个宝藏。

作为学习和研究，我们可以算是专门的艺术研究工作者，这么多年，几十年来，尤其是新中国成立以后，我们可能做了很多戏剧史方面的工作，因为我们的成分，像我们院长、所长都知道，我们的成分很多是学校毕业的文化人，成长为文化学者，这样的路子。但是像对荀先生这样大师的研究，我觉得我们现在做得还不够，研究得还很少，没有把他真正的细腻的东西、全方位的东西整理出来、挖掘出来、记录下来，那么就跟我们研究队伍整个成长过程也有关系。我们可能过去更关注对这些史料的挖掘，那就是我们的学习过程。我们老师讲，我们始终是大师们的弟子，我们是永恒的学生，那么我们在起步的时候，我们从文本开始，从读书开始，我们就开始从了解一些史实什么的，做这样的工作。后来我们又做一些理论建构，那就是大的框架的建设，包括一些概论的工作。从80年代，基本上各门类的戏剧概论、舞蹈概论、音乐概论、美学概论、文学概论，有的是一版再版，这样成长、成熟，我们始终在向大师学习。但是我们的学术研究，我觉得表演理论研究是非常薄弱的，老实说我们个人缺乏这方面的素养，所以缺乏这样研究的追求，也缺乏这样的成果。如果不看到这样，我们今后十年、二十年，我们还不可能完成这样的很光荣的任务，还不可能完成。因为我们新人一代一代还是这样的渠道，还是要通过这样的学习起步、阶段性的成长。那么就是说，我们有一部分同志接受过训练，我们下过排练场，我们学过艺，那么大师的体验、他的文集，每一句话都可以说到我们心里，他是很朴素的话，很简单的话，很简洁的话，但是它是艺术的精华，它是生活和艺术的提炼。我觉得我们研究者在这样的大师的学术研讨会上，也通过和大师的学习，和大师高度的比照，看到我们研究的短板。

刚才有一些专家老师谈得非常好，对荀大师的艺术这种敬仰、这种理解，还有研究的深度，我觉着展示了我们全国艺术研究的高水平，但是我们还远远不够，真的我们要开拓一个新局面，要对戏曲表演艺术深入研究，戏曲表演艺术不仅是一个一般理论，因为任何一个流派，任何一个大师，他都是独一无二的，他都是独特的，他都是需要你专门付出专门的关注，提炼出独特的东西，你才能到位。所以我们去看他流派的经典剧目也好，看过去的音像作品也好，读文字也好，方方面面的学习、补课，我觉得也是我们艺术研究界，通过这样的学术研讨会，对我们的一个要求。这是我想表达的一个意思。

再一个，我对荀派艺术的敬仰，这种敬畏之情，我觉得还在于荀派艺术所表现的那种女性的柔媚，包括活泼、天真这些性格，荀大师表现出来的，我觉得他是我们中国女性典型的性格美学，应该给予高度关注，不能简单把几个"四大名旦"特别提炼出一个字的定义，可能会对一个流派不够全面。虽然提炼了最突出的特点，但是真正学到他的精华，它一定是一个完整的东西，一定是非常鲜活的东西，我们要触摸到，我们要把精神实质，他的学术价值，对今后艺术的发展和传承的价值，真正把它提炼出来，能够把它传承下去，让后代人接着我们的工作再深入下去。

不仅是刚才提到的河北梆子表演艺术家，包括京剧四小名旦宋德珠老师也是荀慧生大师的弟子，宋德珠老师他是宋派，他的身段、他的表演，包括他的跷功，都是和荀大师一脉相承，但是又有自己的特点，也是流派之一。荀大师的艺术与河北的艺术家这种关系，起码那些口述史，还有艺术的发展源流这些东西，都是需要我们和北京市艺术研究所，将来我们多合作去做的，丰富荀派艺术的艺术宝库，把我们能够做的事情，我们担当起来。谢谢。

黄珊珊：感谢今天所有发言的老师，都做了这么充分的准备，让我们得到了很好的学习。今天上午的研讨就到此结束。

纪念荀慧生诞辰 115 周年暨荀派艺术研讨会（二）

时间：2015 年 11 月 07 日（下午）
地点：万方苑酒店六层第一会议室

黄珊珊：各位老师，下午的发言现在开始。刚才于文青老师跟我说了一个关于神童的故事，孙院长今天上午发给大家的荀派的论文初刊之二 255 页关于毕业的年份要更正一下，是 1939 年生，1964 年毕业于南开大学中文系，上面写成 1946 年，说他成为一个神童，稍微更正一下。下午开会之前，我要隆重介绍一下北京京剧院著名荀派表演艺术家岳惠玲老师，欢迎岳老师到来。周志强老师是我们的京胡演奏家，著名的荀派京胡演奏家。下午的发言现在开始，热烈欢迎张关正老师。

张关正：昨天晚上得到了一次非常高质量的艺术享受，看了一场那么精彩的《玉堂春》，今天能来参加这样一个纪念活动确实感悟特别多。上午替陈培仲老师读了一篇稿，实际上了一堂课，让我对荀先生有了更深的认识，那么我有这么两点感悟，尽量说得简略一点。

第一，我就在想值得纪念的京剧界的大师确实很多，也年年有纪念活动，但是在诸多的艺术大师当中，能够连续，起码说有二三十年不断在纪念，而且每一次纪念活动都很有新意，都很有影响的不多。而荀慧生先生就是其中之一。那么为什么荀先生的纪念活动能够不断搞？我自己觉得，一是荀先生的艺术魅力和他的人格魅力。第二，我就觉得荀先生艺术的传承之广，这个传承不仅仅是舞台上的传承，凡是纪念活动搞得起来，一个是已经踏上政府的门槛。再一个就是它有一些有影响、有孝心的、有实际操作能力的、有凝聚力的学生、徒弟。而荀先生作为荀派艺术不仅在舞台上光彩照人，对整个京剧表演艺术，对戏曲表演艺术影响之大，同时荀先生在他艺术的传承，在他的徒弟人才队伍当中，我觉得有这么一些优秀的徒弟们，特别是当代的荀门三杰，以孙毓敏、刘长瑜、宋长荣老师这样三位在艺术上忠实的传承人，而且他们真正做到了薪火相传，完成着荀大师生前想做、还没来得及做完的事情。所以可以说，要没有这三位，特别没有毓敏老师，我觉得就不可能有这些年不断对荀先生的纪念。这是我的一个感悟。

所以荀派的传承不仅是舞台上唱念做打，荀派也不仅仅是一个流派的艺术、技术的传承，也就是说，以荀先生的艺术为代表，更深入地展开去挖掘，几位专家都说是一个富矿，要由一个流派的传承、流派的研究，提升到一个学派的建立、创立和完善和推广。所以作为荀学，我认为已经超越了舞台的范围。那么荀先生舞台上如此光彩照人，创造了这么多鲜活的艺术形象，创造了独特的表演手段，唱腔、身段、表演的特色，包括他表演理论的创立。另一点就是荀先生独特的人生阅历，他的人生经历和特有的智慧，形成了人生的哲学思想。所以我就想荀学的创立是什么内容？怎么来做？

昨天对于北京戏曲职业艺术学院在隆重纪念荀先生115周年的纪念活动中，我很敬佩，就是没有把它当作仅仅是一般性的完成一个公事，隔年有机会了，咱们政府申请点钱，大家一热闹就完了，有的也连续在搞，好像就是五年前跟今天换了一拨人，还这点内容，一个演唱会，弄俩折子戏，开一个座谈会，基本上文章也差不多，好像也就如此了，就是在重复。我觉得北京戏曲艺术职业学院虽然就是昨天和今天，一场戏，一个座谈会，我觉得在纪念上有它的想法和追求。我是妄猜，我是学习者，因为荀派的传承，我们纪念他，就是想让这门艺术薪火相传。那么一门艺术的传承离不开三个方面：一、人才。二、剧目。三、市场。那么这一次选择让许翠许院长作为荀派再传弟子中的佼佼者，来演这样一出"四大名旦"都演的，并不是荀先生独创的、且分量很重的全部《玉堂春》，我自己感觉到，给我这样几个启发。

一个，让我更好地认识荀派，不要把荀慧生荀派仅仅和花旦划成等号。荀派不仅仅是花旦，所以学荀派，光说会表演几下基本功就是荀派，只能演小丫头就是荀派，这是对荀派理解太狭隘。而一个真正的荀派的艺术家、传人，无一不是像荀先生一样，是集青衣、花旦、花衫、刀马于一身，是一个全才。所以选择《玉堂春》这样一个经典的老戏，又要演出荀派的特色，可以说前边的"嫖院"，那你没有很深厚的表演功底，没有闺门旦，没有花旦这样的功底，你很难驾驭一个钟头的"嫖院"。不用说起解、会审，那就是大青衣的戏。所以我也在想荀先生的剧目当中，有很多都是一人演两个角色，要不是前边以唱为主、后边以表演为主，要不就是前边以表演为主、后边以唱为主。所以我觉得对于荀派艺术深入理解，昨天选择这样一个戏，对于我们看戏的，对于对荀先生有兴趣、敬仰的人，也是一种提示。荀派艺术要这样来展示。

另一面，虽然以前也有人在做，这次很有意识，不怕戏三个多钟头，我不就演"起解"、"会审"、"嫖院"，到最后全面展示了许翠这样优秀的荀派传人的艺术功力和水平。同时我觉得也提出了一个问题，京剧这些年大家都在为它苦苦着急的就是国粹艺术怎么能够挽救发展的颓势，能够既留住老观众，又能吸引新观众。在这个过程中，大家都在做尝试，但都遇到一个问题，就是一部分老观众可能对戏很熟，不大在乎这个戏的情节故事，我来了就是听这几个精彩的唱段，欣赏几段精彩的表演桥段就够了。但是大量的新观众由于对传统京剧并不十分熟，对传统艺术家表演的东西也比较生疏，确实还没有像老听众那样，我就是听这段【反二黄】，我就满足了，他要看故事。所以类似像《玉堂春》这样的戏，要不要续头续尾让她演全了，我觉得这是一个探索。这也是我们这次在纪念荀慧生的活动中拿出全部《玉堂春》，也是等于大家来思索一下，既是对荀派艺术全面的认识，同时也提出一个问题，我们在老戏的整理、传承上怎么做更好。京剧以歌舞演故事，没有歌舞，光讲故事，那就变成跟话剧、影视没区别了。我们强调，歌舞要有唱念做打，有独特的魅力。但是现在在一些老观众的心目中，因为戏太熟了，他不是来看故事的，他就是来听其中的精彩唱段，到这儿就好像更重视的是表演形式手段上的唱和念，但是对接触京剧比较少的观众，他进剧场还是要看故事。所以我觉得是不是应该更全面地来理解京剧是以歌舞演故事，歌舞是表演手段，其最终的任务是要讲故事，要塑造人物形象，通过人物形象来讲故事，给人一种人生哲理各方面的一种启迪，同时得到了一种非常高雅的艺术欣赏，就是戏曲特有的唱念做打这样的艺术手段，二者都应兼顾。

所以在昨天看完《玉堂春》以后，自己也是作为一个戏曲工作者，也是经常在想这些问题。我想应该融汇不同意见，做各种大胆的尝试。首先，我同意刚才陈培仲老师说的，诸多的传人在荀派领域，这些年培养了相当一批优秀的中青年演员，可以说他们完成了荀派艺术这一代高原的建设，下一步还是需要高峰。没有高峰，光有高原，确实很难使这个流派继续往前走，继续保持它的辉煌。所以陈培仲老师那个题目，呼唤新一代的荀派领军人物，我想也不仅仅是荀派，可能作为我们学院，我们都是学校，学校可能更多的是为高原打基础，可能高峰的形成还有赖于社会的磨炼，需要有良好氛围。我在这儿跟杨乾武主席聊，就有很多问题，可能在我们打好基础的前提下，还需要有一个适合于尖端人才、高峰产生，适合京剧这门艺术发展的经营的机制。反正现在我觉得，人才多是好事，但是和尚脑袋一般平，一个剧团恨不得生旦净末丑行行都有，这个不说了，一个团里恨不得旦角梅尚程荀张都有，结果谁都能唱一出，谁都差不多，谁也一年唱不了两场，最后各个剧团就是大家都饿不死，大家也别想再出尖端人才，一人分着吃，这样出不来尖端人才。尖端人才一年没有上百场的演出,没有上百个剧目的积累,你让他成为大师是不可能的。但是现在的情况是人才挺多,水平差不了太多,但是真正能成为大师天赋、品格的可不是多数,但是这种机制下,可能就扼杀了潜在的大师。因为他也吃不饱。所以我觉得如何来培养现代这个时代我们的高峰、我们的领军人物,是值得我们戏曲教育界,大概也跟院团有很大的关系,虽然院团不承担培养人这样一个义务,但是现在演员的成长,还是在剧团里完成,最后向高峰冲击这个阶段不在学校。

就今天的纪念活动,自己有这么一个体会,很想对荀派到荀学,流派和学派这样两个层次的衔接和建设上,我觉得值得我们做一些实际的工作。我也希望对荀大师的纪念活动,可能还要不断来搞,现在是115周年,到120年搞的时候,能不能有更新的内容、更新的局面,提出更新的任务,这就是我们这一代人大家要做的。这是我自己一点体会,谢谢大家。

王越:首先感谢刘侗院长、黄珊珊副院长,感谢孙老师,感谢在座的专家,有机会在这个地方和大家见面,非常荣幸,非常高兴。本身来参加这个会,实际是我们所长,他临时有事,派我临时过来。我看了咱们《玉堂春》的演出,这是我第一次看这么全一出戏,看了几十年的戏,是第一次这么全的看正宗的,许翠老师是继承人,又是学院副院长,我看了以后真的是很精彩,觉得很兴奋。我就说今天发言我谈三点,第一点是谈昨天看了戏的感受。再简单介绍一下荀派在我们山西的传承。第三个,谈几点建议。

昨天晚上看了孙毓敏老师入室弟子许翠老师演的全本《玉堂春》以后,我领略了荀派的艺术风采,真正感觉赏心悦目。我刚才这么近看了以后,我觉得她特别上相,扮相特别漂亮,真的很漂亮。我觉得她的表演特别规范、很本分、不过火,一般我理解荀派都是那种特别俏皮,做戏比较活泼有余的表演,觉得这就是荀派,实际理解是不正确的,真正荀派我认为是很本分、不过火的表演。刻画人物很细腻，嗓音、音域很宽、唱得很甜，这点很喜欢，有青衣的端庄稳重，有花旦的清新俏丽，有闺门旦的大方精巧。人物每个心理状态层次刻画得很分明，动作造型很美，喜怒哀乐，整出戏在言谈举止当中，一走一停、一举一动、一指一看都有美感。所以我觉得她刻画的人物很成功，尤其我注意到她的眼神。我在底下看以为她眼睛很大，今天近距离一看，我说真会用眼睛，演花旦嘛，眼睛是心灵的窗户，你这个眼神很重要。在台上演出，在我们晋剧有一句话，"台前一站，就地开花。"就是说你得站在那儿，就得有台缘，就得把观众眼光吸引过来。那个眼神可会用了，这就是花旦的表演特点，业务好。

还有气息掌握得好。一般我们说气息，就是演唱当中丹田气要控制，我觉得你的表演很松弛，全身都是气息的控制，所以很松弛、很漂亮。一个造型，我觉得很美、很漂亮。以前都是在电视上看您的演出，这次看了以后，觉得很规范、很漂亮，我很喜欢。三个半小时看完了，我觉得刻画人物很到位，很重的一场大戏。唱、念、做俱佳。

从荀派经典保留剧目《玉堂春》的演出可以看出，也可以说明，荀派艺术生命力得以一辈一辈传承，是有其深厚的文化魅力，它的文化艺术特色是有共同的价值取向、审美规范的基础上、个性的呈现和张扬。北京戏曲艺术职业学院和荀派学术研究会对文化艺术的弘扬，在我们戏剧史上将留下浓墨重彩的一笔，影响很深远。

另外我想说一下，其实几个配角也很好，我当时看了以后，我说演小生的，还有演刘大人的那个，我说他真会表演，形象、道白都很不错。包括几个三花脸，包括（沈燕林）说，一看是说我们太原话，唱的是我们山西梆子、晋剧，在剧场很有效果，反响很好。我觉得整台演出，这老师真不错，是老师演，不是说在剧团演，我说这学校真是了不得。在车上黄院长还跟我说，有评剧《花为媒》，还有昆曲，还有河北梆子，介绍了好几个，王晓燕老师跟我说的。我说你们学校真的很了不起，培养了这么多人，而且还有这么多老师，这么多专业都能演出，教学相长，学生也能培养得很好。这是我昨天看演出以后的一点感想。

第二，我来之前，我看晋剧，我们地方几大梆子，我们有52个剧种，山西也是大剧种。80年代我们普查时候就有52个，这些年有一些流失了，有剧团演出的现在是28个，有21个已经没有剧团演出了。2013年文化部统计我们有46个剧种，是一个大省。荀派演出我也看过，在我们山西荀派有一定的影响力，因为我们有一个任岫云老师，她是荀慧生先生的入室弟子。荀先生在1951年1月，曾经到我们山西太原演出过《红娘》《红楼二尤》《香罗带》《勘玉钏》这些，当时收了一个徒弟叫宋丽华。1957年国庆节又到我们山西太原去演出，当时省领导还把他请到观礼台上，和八个剧团在晋祠进行联欢。荀先生很感慨，很受感动，还在山西日报发了文章，说来太原的两次不同的感受，对山西太原也很有感情。任岫云曾经和（关树生）在一个团，在云南。那个时候夏衍文化部长去看演出的时候，觉得她很不错，就叫他的秘书徐帆介绍，然后就拜了荀先生，在他们家住了三年，大概是1958年到1960年三年，吃住在家里，跟他学戏。1960年到了我们山西太原，一直在我们那儿待了40多年。她自己演出荀派好多传统剧目。等我开始记事的时候，看她都是现代戏，《龙江颂》《审椅子》，《沙家浜》的阿庆嫂她演得最多，《彩练明珠》，演了很多戏。她在我们那儿是很有影响的荀派代表人物，她培养了一些学生。她继承了荀先生演戏的一些风格以后，很好传承以后还有发展，比如说她爱人是画画的，然后她就把书画第一次在舞台上，根据《霍小玉》改《诗画联营》一折演出的。在那儿边唱边舞边画，一幅梅花就画出来了。这在我们山西还是第一次把书画的方式用于舞台，载歌载舞，完成真正的一幅画，这种方式在我们山西她是第一个。其他剧种画的梅花。她的书画作品也很受欢迎，在我们山西其他剧种，蒲剧、晋剧才开始向她学习。这方面，我认为她是把荀派的表演艺术发展了，与时俱进，发扬光大了。她是荀派，从她传承当中，不光继承，还要创新发展。然后她还培养了一些学生，我们一级演员（贾晔丽）是她培养的，(张艳芬）排的《红娘》，焦晓霞排的《坐宫》，都获得了省级杏花奖。任岫云她不是科班的，没有进过科班，但是她的表演在我们山西很有名，省委还给她举行了演唱艺术40年大型的学术研讨会。

  我对荀派，我说实话，我没有更深的研究，但是我很喜欢荀派的表演艺术，所以怎么去发展。这点和张老师、陈老师不谋而合，我怎么想到要有领军人物呢？梅派李胜素等等，程派张火丁等等，张派王蓉蓉等等，我觉得荀派是谁？我知道耿巧云、管波这么几个，但是领军人物是谁？可能我对京剧界不太了解，对我们地方戏比较了解。所以我就想应该有一个领军人物。怎么让荀派有更好的交流发展，我就想到说，办一个培训班，把经典的保留剧目更好传承一下，因为好多剧目，实际我们地方上也存在这个问题，都失传了。传承的就是那几出，梅花奖传承下来的剧目很有限，据我了解，荀派有几十出的保留剧目，我觉得可以把他们传承下来的剧目很好传承下去，不要流失了，要不太可惜。还有加强荀派剧本创作，丰富荀派新的剧目，这点我觉得不光是我们看到的《玉堂春》《红娘》都很优秀，直到现在我看《红娘》都很爱看，但除此之外，我们荀派应该有其他的代表剧目。梅派、程派之所以越来越有影响力，实际上是这些当代再传弟子，他们把这个流派又给带到了高峰，所以新的代表人、领军人物我觉得要有创新的发展。

  最后，祝愿北京戏曲艺术职业学院在刘侗院长带领下，黄珊珊副院长带领下，学院越办越好，荀派发扬光大，谢谢。

周锡山：题目是"《红娘》和《晴雯》剧本改编简评"（见论文）。

岳惠玲：第一，我不太会讲话，我跟我师姐孙毓敏不一样，我师姐特别有理论水准。我能参加这个会，我感到很荣幸。另一方面我也很感谢我的师姐孙毓敏，给我这个机会。我就浅谈学习荀派艺术的一点体会。

著名的京剧表演艺术大师、荀派创始人荀慧生先生是在近60年的舞台生活中,他老人家创造出了长于表演、长于刻画人物、生活当中有艺术、艺术当中有生活、声情并茂的荀派艺术。这是我这么多年学习的一种体会。他在京剧旦角唱腔和表演技巧独树一帜,现在有好多花旦演员学习荀派,原来不说是十净九裘吗?我觉得荀派现在也是十旦九荀,我说的是花旦。这个问题我确实应该感谢我的师姐孙毓敏,她在传承方面确实立了汗马功劳,好多好多现在荀派学生那么多,好多都要归功于她,由于她不懈努力和推动荀派艺术,我是心服口服,非常佩服她。

我是1952年进入北京市戏曲学校。我记得在1955年有一次我们学校彩排《豆汁记》,我的启蒙老师赵绮霞先生,给我按荀先生的扮的:不贴小弯、只贴大绺的大片子,中间带一个虎符的亮泡子。我们那时候住在一个大殿里头,我们学校在庙里头,在大殿里等着彩排,好多同学都围着我看。这时候荀慧生先生的二儿子荀令文老师来了,看见我的扮相就脱口而出,说:"这个孩子扮相真像我爸爸年轻时候的扮相。"当时逗得大家伙全都笑了。

后来赵绮霞老师就按照荀派要求,教了我们《红娘》。另一方面还带着我去大北照相馆,按照荀派的扮相照了一张剧照。这张照片我现在还留着呢。赵老师还带我去荀先生家拜访荀先生,把我介绍给荀先生。这样给我后来拜荀慧生先生为师创造了条件。

1960年毕业后,当时在北京市当市长的彭真市长,在他的亲自关怀下,成立了北京实验京剧团。后来彭真市长要求我们每个毕业生都要重新拜师,继续深造。于是,像我这样只懂得一知半解的穷学生,在党的关怀和操办下,在1962年拜了荀慧生先生为师。和我一起拜师的还有五个同学,那天真的盛况空前。同时收徒的艺术家有尚小云先生、于连泉先生、谭富英先生、姜妙香先生、荀慧生先生,五个老师收了六个学生,这张照片我至今保存着,以为纪念。

我学荀派艺术,就是遵照师父对我的教导。荀先生说学习荀派艺术要规规矩矩，认认真真地学人物，学唱腔，别哗众取宠，歪曲荀派艺术、糟蹋荀派艺术。荀先生教育我，不管来什么活都要认真，好好地化装，在台上别松松垮垮的，否则时间长了，习惯成自然，你以后演主演，想改也很难了。有一次我去家里看荀先生时，看他跟朋友聊天，他说作为一个花旦演员，要多听相声，学习相声幽默风趣的语言艺术来充实自己。这句话我印象非常深刻。荀先生看过《杨三姐告状》，当时是新凤霞和赵丽蓉演的《杨三姐告状》。荀先生还在报纸上发表过一篇文章，荀先生对赵丽蓉的表演和她的语言艺术非常赞成，认为她的表演技巧值得京剧演员学习，师父的这些话我都记在心里。

在我演出荀派戏中，这几十年间，我每当要自己编点唱腔、设计什么动作时，就感觉很难，所以我当时就想，像荀先生这些艺术家们真是天才。荀先生京剧的唱腔跟别人截然不同，而且又是那样美、婉转动听。而且他的唱腔设计，特别符合人物的内心表达，念白又是那么与众不同，既生活又生动。按照荀派的念法，立刻就感觉表达人物性格的生动传神就真的好多了。在身段上，我也觉得荀派不同，它很有民族舞蹈范，挺胸弯腰的那种优美，在表演上又与众不同，强调要演出人物的感情。我记得60年代初，我在中和剧场看荀先生全部《金玉奴》，金玉奴想跳江一死，当时金玉奴的爸爸金松说："孩子，还有爸爸我呢。"父女二人相对而泣的时候，看得我都哭了，我那时候才18岁，对京剧艺术可以说不是特别懂，但是真的，他表演得太真实了。他那么大岁数了，那时候都快六十岁的人了，表演得特别生动。还有他在演韩玉姐的时候，演得特别可爱。我印象深刻，他当时已经60多岁了，他的形象已经不是很理想了，但他能让观众忘掉他这个不足，痴迷在他的表演中，我觉得这是多大的功夫。所以我心里永远热爱荀派，爱戴这位空前绝后的艺术大师，我对他的表演艺术心悦诚服。我就说到这儿。谢谢。

李淑坤：题目是"从京剧《金玉奴》谈荀派的表演特色"（见论文）。

黄珊珊：特别感谢李淑坤老师。

刘新阳：题目是"论荀慧生演剧思想及其对京剧现状的启示"（见论文）。

和宝堂：我不知道今天会议的内容，我以为就昨天看完戏，今天谈谈感想。不是还有一个荀派研讨会吗？那个发言稿我写好了。我发言稿的名字就叫《熟戏生唱》。因为老说三分生，我觉得没有人动这心，因为多少年来，《红娘》也好，《勘玉钏》也好，这些戏过去荀先生演的时候，舞台上特别活跃。后来像孙毓敏、宋长荣这出《红娘》都演过一千多场，场场都跟开锅一样。可是到了现在，有时候一场戏六个红娘、七个红娘，就都掉在凉水盆里，一点反响都没有，挺好的一出《红娘》眼看就没救了，这是什么原因呢？就是因为戏，那天我给毕谷云老师打电话，说他们词太熟了，张嘴就来，不动脑子，观众根本没法去听，其实就是一个生的问题。刚才说由生到熟很容易，一练就行了，但是由熟到生很难很难，因为你不能够让人家都知道你下回要说什么，那么这个戏就没法演了，你就不可能去打动人。所以现在这个戏就变成这么一个状态，越演越没有意思了，都是在背词，像这种状态现在已经非常严重。尤其像这出《红娘》，最明显的就是七个红娘，台底下一点笑声都没有。

刚才说要学习人家说相声。还有我们看影视话剧，人家的对白往往中间要停顿很长一段时间，比如说问参谋长这个仗怎么打，这个参谋长可能要吸三口烟才回答他这个问题，吸这三口烟的过程之中，就把戏给抻了，实际是最抓人的时候。比如说我们经常说《打渔杀家》，"爹爹慢走，门还没曾关呢。"就这么一句很简单的话，然后老生"唉，不关也罢"，这就没戏了，整个这出戏就没了。因为关不关门是关系到这个家还在不在的问题，所以不是门关不关的问题，像这种对白中间的空隙是很大的。"啊，爹爹，屋里面还有些动用的家具呢"。她爸爸没法回答这问题，听到女儿幼稚、无知、可怜的问话，我听到周信芳讲到这点，这出戏的戏核就是这两句词,杀家了,儿女情长了,在这个时候表现最集中。可是我们往往没有去动心琢磨这两句台词,就说我对上来了,还有门未曾没关呢,不关也罢就完了,这就不叫戏呀,这样的戏演来演去都给演没了。把子应该一下一下打,都不是在打,完全就是在走一个形式,这种武打在舞台上是不可取的。我们念白、唱腔也同样存在这样的问题。所以熟戏生唱是今天摆在我们,尤其学荀派来说最关键的一环,如果这个问题不解决,我们的戏永远没有人爱看,永远不会动人。

还有"花间访叙",我就看荀先生演《花田错》的时候,他的上场很不高兴,因为按部就班,每天都要出来跟员外夫人见个面,跟着小姐出来,安人好、员外好,天天这样她很烦,所以就往旁边一站,也没精打采。当时荀先生扮相也不好,大家都知道,又大又老又魁梧。小姐往旁边一站,弄得观众也并不爱看。看荀先生那时候形象已经不会吸引人了,看的就是一个老头在那儿站着,看着特别没意思。所以一上台,大伙先是一片哗然,他也没精打采,往小姐旁边一站,但突然他就变成一个小姑娘,因为我连着看两遍,第一遍看完之后,我就不明白怎么就变成小姑娘了。你跟小姐"花间访叙"。你想想一个整天闷在家里面,闺阁里面,根本没见过世面的小姑娘,要带着小姐出去搞对象,像这种对春兰的刺激特别大,她突然浑身像过电一样,然后跟着小姐指手画脚,我们就出去了,咱们就可以去找对象去了。像这种刺激,刺激她马上就是欢蹦乱跳的感觉。她最后有一句下场句,"管保蝴蝶入花园",把女孩子的坏都给念出来了,真是特别打动人,这句肯定是喝堂彩。他把熟戏给演生了,让你感觉不到他是在背台词。像这样的表演,荀先生的表现是特别清楚的,如果我们演不到,荀派就等于白学了。这是一个问题。

还有昨天看《玉堂春》,我的感觉,这个戏左了,这不叫《玉堂春》。《玉堂春》演得太左,最关键的一场是"关王庙",表示一种患难真情,这是比前面都重要的一场戏,比后面也重要的一场戏。我们老怕黄色,其实京剧能黄到哪儿去?在这点上永远是那么一种态度,因为在赵燕侠演这个戏的时候，确确实实全国的报纸都在批判赵燕侠，当时完全在骂，黄色、低级、下流，天天骂、天天弄，结果像上海刘厚生这帮人天天要给赵燕侠轰出上海。当时在中国大戏院连演55场，骂了55天，批了55天，报纸上天天的，满了55天。我觉得这种东西应该明白，观众需要什么，爱情是一个永恒的主题，在京剧也一样是这样。为什么后来梅兰芳一出现以后，原来是老生一统天下，为什么没有了？为什么变成旦角一统天下了？因为你老是帝王将相，观众不满意，所以梅兰芳一出来马上就吸引住观众。结果"四大名旦"每人都排出一百多出戏，都站住了，今天我们吃的都是他们的剩饭。为什么？因为他们的戏符合人们的欣赏需求。赵燕侠最后唱来唱去，最后得做很多检查，但是，有个叫吴冠中的画家，从国外回来，他说我就不信京剧怎么能黄色，就去看，看完以后认为非常好。这个黄色都骂了半天，最后周总理看了，周总理评价说这叫"中国的《复活》"，一下就翻案了，然后赵燕侠从此每个礼拜进中南海，她全对了。黄不黄色，我们应该有点脑子，都到这种状态了，我们京剧还到那种，可以说太木讷了，因为京剧表现男女爱情的东西，左的东西实在太多了。比如说开怀，16岁开怀不让用，缠头似锦也不让用，非得凌辱受尽，哪儿那么多凌辱啊？为什么很多妓女不愿意从良，那是很好的买卖，为什么把这个事情弄颠倒了。缠头似锦，很多妓女最后都是发了大财的，我们怎么来看待？她有真情，追求爱情，而且在一进、二进、两进嫖院，后面都有表述，唯有关王庙后面没有表述，结果你还把这个掐了，所以我觉得这戏就没法看了，这是我的感觉。

昨天看戏几个配角都不错，主演也挺好，尤其是沈燕林，为什么沈燕林好？因为舞台实践机会特别多，而且有真正的老师在教他，教得也好，自己也比较开窍。这个开窍只能在舞台上开窍，如果不上台，整天在教室里面学，你没有见观众，你不可能知道这个哏怎么逗，郭德纲逗出来的哏任何人逗不了，那是很深的功夫在里面，必须有跟观众的交流。像孙毓敏演红娘，每句都有哏，现在这些学生没有一句能有哏的，这个问题很严重。所以要继承荀派，要正视困难，要正视问题的严重性。

孙大乐：题目是"荀慧生早年艺术探微"（见论文）。

李佩伦：今天上午很有收获，大家尽兴侃侃而谈，尽管超越了时间，但从思维空间来说，显得很充实，应该谢谢。

我不是从事戏剧研究的，我自己出了一本戏剧专论的书，但我不是搞戏剧，我是搞古典文学的，搞戏剧是偶尔插足，所以在大家面前我仍然是小学生。我六岁的时候，也就是 76 年前，我看了一出戏，就是《苏三起解》，小时候不懂。76 年前是在天桥小小戏院看的，印象很深。看了以后，觉得这出戏唱起来没完，也不知道唱的是什么，从此我就对于苏三起解就拒绝。让我去听，我不去听，电视播我赶快转台，所以 70 多年以来，对苏三这个人物形象、人物命运我很不关切，因为这戏我实在不爱听。可是昨天许翠老师这个演出，第一次彩排在剧院，24 号我看了演出，一下让我感到惊愕，第一次让我感到震撼，第二次更加震撼。她对于苏三命运的演绎非常深刻，不是演个戏、演个苏三，或者演出一个人物，是活生生的人物，是有血有肉的人物，她对苏三解读地非常准确，我看到了一个真正的苏三，而不是某些流派演出的苏三。这点我不想更多的说，因为我准备写篇文章，我就不多谈了。

我很少写戏曲评论，最近一段时间，2014 年的时候，看北京京剧院演出的小剧场京剧《惜·姣》，我看完了以后，我下去跟演员打打招呼，结果他们说，对评论不满意，让我写一篇，我写了两千多字，发表到《文艺报》上。他们后来觉得挺好，我是瞎猫碰上死耗子，不是有什么真才实学。仅有我自己的理解，来自我对美学、对中国传统文化的浅尝辄止。

对于京剧艺术，我一直存有敬畏之感，我很不爱听某些杀手对于京剧的胡侃乱批。京剧艺术经过几百年的锤炼，创造出那么多精美的剧目，是千锤百炼，是无数人的心血，甚至是毕生的精力完成的许许多多的剧目，对剧目我们只能是一种敬畏之感，不能随便乱批乱改，我们没有这样的权力。我们今天的人，说实话，也没有这样的能力。这一点我们京剧艺术确实了不起，是中华民族的国粹。总书记讲，中华民族传统文化是中华民族的精神命脉，大家记住这句话，是命脉。中华民族传统文化是中华民族的命脉，它不同于经济，不同于政治，文化本身成为一种命脉，影响了整个社会、整个民族的发展，当一个民族失去自己命脉的时候，这个民族已经名存实亡。世界上那么多民族，从古到今已有上千个民族，都哪儿去了？消失了。为什么消失？文化消亡了。所以我们中华民族一定要非常非常敬畏地对待我们民族的文化，而不能采取非常轻浮的态度，那是无知的表现。所以我觉得在中国戏曲，京剧是国粹，它确实承载着中华民族文化的全部底蕴。一个民族文化，一个是它的美学，一个是它的哲学，一个是它的历史。中华民族文化美学是什么？写意性，无论是国画、书法，包括舞台艺术，包括诗歌。写意性是中国特有的审美标准、一种能量，但是在我们中华民族用起来得心应手，千变万化。京剧舞台写意性达到登峰造极，这个不多说，大家都很清楚，再说就显示自己太浅薄了。作为京剧艺术在写意性方面，可以说登峰造极，超越了所有的艺术形式，可见我们在中华民族传统美学上，京剧艺术达到极致，是超越所有的艺术品类。

  第二点，一个民族有它的历史，历史不是旧时的记忆，而是对未来行走的启示。一个忘掉历史的民族永远是落后的民族，所以我们现在呼唤历史的回归，呼唤对中华民族历史的重新记忆、重新评价。那么在京剧舞台上，以历史剧为主，我们大量的历史题材在京剧艺术当中呈现，尽管它是戏剧化的，是变形化的，但基本的核心，中华民族历史基本精神在舞台上依然呈现着，没有大的篡夺。所以过去旧社会讲，若知天下事，深山问老农。为什么问老农？因为他们看戏，山野之间小事很多，通过舞台了解中国历史，那是一种非常生动的历史，还有教训的历史，他们接触到了。所以在那个时期，我们历史教育非常普及，今天我们中国人这种历史的虚无主义，已经达到了登峰造极，对西方那种文化，拜倒在西方文化脚下，做牛做马，对中华传统文化、对中华民族历史却格格不入。京剧艺术承载着中华民族历史，中华民族历史，我们通过看戏，无论是什么人，只要你老看京戏，一个非常亮丽的，有情有义，最生动的历史，就会横亘在每个人心中，所以它是传播历史经验、传播历史真理的重要社会角色。

第三点，它所传扬的爱国主义精神或者说道德层面的东西。我们讲忠孝节义。现在我们在呼唤着传统道德回归，传统道德不是垃圾，而是人类文明的典范，是人类文明发展到最高处的从道德层面的展示，所以中华民族道德是非常了不起的，其中核心就是如孔子所说，仁者爱人。如果都能做到孔子所说的仁者爱人，天下何愁没有太平？所以现在总书记强调，中华民族传统文化是中华民族精神命脉，这一点抓住了振兴中华民族、振兴中国，也是拯救世界的一个根本真理，他提出来了，我们坚决拥护。所以在京剧方面，这方面做得非常好，我非常欣赏京剧，我爱听爱看，就是不太懂，外行。

另一方面，对京剧不要轻易随意改动，传统的经典应该尽量原汁原味呈现给大家，如果你想改，不如你新编，不要随便乱改。对荀派艺术、荀派特点，通过我给孙毓敏老师撰写序，我读了很多孙毓敏老师的文章，间接了解了荀派艺术的很多很多精华，通过她的文章，也看了她的表演，再看那本传记，通过这几个方面来了解荀派艺术，不是非常直接，但是让我比较全面认识了荀派艺术，但还需要进一步学习。荀派最大特点它是草根艺术，在四大流派里边它是草根艺术的代表，不管演什么角色，体现的是草根、市民文化，所以他的戏老百姓爱看，老百姓看见了没有隔膜、容易接受。他最大众化的一个流派，我们现在强调大众化，京剧艺术里面最大众化就是荀派。所以他的艺术无论体现他的人生追求，体现他的人格坚守，也体现出审美规范，都是面对大众、心系草根，这点孙毓敏老师和学生们都能做到这一点，他们的戏老百姓爱看，没文化照样爱看。

关于发展荀派艺术,我曾经给孙老师写过一篇文章,我这样谈到,第一点,学而通,通而化,不是占有荀门风光,而是开拓荀门新境。第二点,艺术创造是自我的,努力创造,我把自己创造成非常好的艺术家,是自我的,但是艺术传承是无我的,这点孙老师做到了。第三点,不自恋于我是荀派传人,有些人说我是这个传人、那个传人,很值得自傲,但更值得受尊敬的是钟情于我为荀派树人,培养后继者、后学者。这点孙老师做得非常好,对荀派艺术有这样的艺术大家支撑这个门面,荀派艺术必将会进一步发扬光大。特别感谢北京戏曲艺术职业学院刘校长、许翠副院长,他们对于京剧抓得很准,有的院校老师演不出这么场戏来,在我们北京戏曲艺术职业学院演出这么一场戏来,这点让我刮目相看。如果自己的老师都没有舞台上的成就,你怎么去教育学生?基于这一点,我向北京戏曲艺术职业学院表示衷心的谢意。谢谢大家。

齐会英:今天最大任务是来学习,的确听到了很多老师的高论。为了节约时间,我简单念一下。我论文的名字叫"尝鲜·品味·看大戏——从《勘玉钏》中看到的"(见论文)。

史晓丽:刚才李佩伦老师说他是小学生,本来那是我的台词,他说他是小学生,我只能是幼儿园了,因为在此之前我对荀派的了解,仅限于"四大名旦"。第一次接触荀派戏是去年看赵玉华老师的《勘玉钏》,那天我真的是怀着有点应付的态度去的,但是那天晚上我非常惊喜的发了一条朋友圈,当时非常非常惊喜,因为我不知道中国传统戏曲当中居然会有表演如此惊绝、生动活泼自然的人物,第一次看到,当时非常惊喜。后来有这样的机会,在这儿真是要感谢三个部门,第一个是北京戏校举办了这样的活动。然后感谢周所长给我这样一个任务让我去学习。在准备论文的过程当中,我发现很难找资料,于是我非常感谢孙毓敏老师,她在网络上流传下来的一些讲解，连说带唱带讲，那种惊绝，让人意犹未尽，一定要更加透彻了解荀慧生才行。同时要感谢和宝堂老师，他的《荀慧生文集》，他作为主编，给了我最基础的，对于我这样一个幼儿园学生入门的机会。我要跟和宝堂老师说一下，《荀慧生文集》106页上头那张图片的人名位置写错了。对于我幼儿园学生学习荀派艺术，已经属于《圣经》一般神圣的作品了。

昨天晚上去看《玉堂春》，其实我原来一直都像杨老师这样的态度，我不是太喜欢传统戏，我受不了那种磨磨叽叽，我喜欢的是现代观念，西方理论的现代观念，那些更加能够达到我心里去的那些艺术作品，我更加喜欢。但是昨天许翠老师的戏把我看哭了，传统戏让我有泪点，您是第一个，《玉堂春》是第一部。就我这样一个对传统戏素来有一些偏见的艺术研究人员，在一步步靠近荀派艺术过程当中，我感觉到荀派艺术魅力不朽的感觉。我当时想了两个字，但都被老师说了，一个是"活"，在我不知道"十字诀"之前，我今天上午刚知道有"十字诀"，"十字诀"里有"活"字。在这之前我已经感受到"活"字，这个"活"体现在对门派，从不墨守成规，说规矩是死的，人是活的，活人不但不应该老让老规矩给拘住，而且还有补充规矩的责任。生活在发展，规矩也应该跟着发展。正因为有着这种不墨守成规的灵活，荀慧生先生才有机会确立自己独特的艺术风格和流派。而这种规矩随着时代和生活的发展，不断向前发展的艺术理念，无论是今天还是明天都是不会过时的。

第二，从不固守流派，任何一个流派，在荀先生认为，它都是有值得借鉴的地方，同时有需要摒弃的地方。流派形成只是第一步，不断吸收、发展和创新，在老流派的基础上，产生出更多新的艺术流派，才是艺术发展的方向，而这种开放灵活的艺术观念，在今天、在未来也是依然不过时，而且依然在引领着当今传统艺术的发展方向。

还有一个，特别让我佩服，从不止步于荣辱，无论在北京，就是他刚开始转京剧的时候，他受到一些凌辱。还有他在上海受到的吹捧，包括他后来成为"四大名旦"之后，受到全国大众的追捧，从来都没有停下来，继续向前发展他的艺术，继续拓展自己的艺术视野，从来没有停下这样的脚步。一般的心理素质可能就结束了，但是荀派艺术的不朽体现在这儿，也是让我特别佩服。正是因为有他这种在艺术面前荣辱不惊、执着前行，摒弃门派之争，坚持发展和拓展艺术领域的信念，才有了今天灿若繁星般的京剧艺术宝库。

还有一个，除了"活"字，还让我感受到艺术魅力不朽的感觉，就是对人的重视。这个"人"老师们好多都已经说了，但是跟我的角度稍微有点不一样，因为这个"人"在我认为，在荀老师艺术特色当中，它不是一个符号，而是生命，它是对个体生命的一种尊重，一种重视。这种生命无论是演员，就是角色，角色在荀派艺术当中是一个个能呼吸的有血有肉的艺术个体，受到了极大的重视，而观众在他的心目当中，也不是像其他老艺人一样，只是一个衣食父母，去哗众取宠来讨好一下，似乎就达到了和观众交流，重视观众和观众交流的目的，其实不是。在荀慧生老师艺术观念当中，观众也是生命体，和他一样有着思想、有着血肉，甚至在艺术观念上是可以形成交流、互通，乃至成为知己的人，也可以参与到艺术创作当中。还有他的学生。古往今来，东方、西方，对生命的关注、对人性的挖掘是产生艺术精品和文化经典的基础。只有对个体生命的人文关怀，才能在精神和灵魂上，达成与人类的共鸣。荀派艺术中，对生命个体的尊重和关注，时时处处都可以感受到，这种关注不仅体现在荀慧生先生对角色的理解和敬畏中，也体现在他对演员和弟子的要求上，更体现在他对观众的关注和尊重。这种对生命个体的关注，别说在当时，即使在现在，也是深入人心的艺术体验，最大程度上诠释了荀派舞台跨越时空的常演常新到底从哪儿来。因为即使现在我们在艺术创作当中，去挖掘人性，从内心灵魂当中和观众形成情感共鸣，都是一种很难做到的顶尖的一种艺术追求。

而且在我才疏学浅的认识当中，如此具体深入把人的生命个体作为非常核心的艺术追求的关注点的艺术大师,在传统艺术里边,荀慧生老师应该是第一位,至少我认为是。如有不当,请大家多谅解。

对角色敬畏,我看到的是荀派艺术对人的关注点。演戏不演行,这是老师们都说到了,但是演戏不演行去抓人,去塑造鲜活的角色,在这点上是只有尊重生命、敬畏角色才能够做到的。60年代的时候,荀慧生老师还发表文章,提倡大家不要避讳春情,那是什么样的言论环境,他还敢这样说。艺术在他心目中永远是第一位的,而对生命的尊重也是第一位的,为什么不能塑造春情呢?你塑造得合理恰当,才能把戏演得情通理顺。荀先生认为,情通理顺是舞台表演的最低要求,同时也是最高标准。

角色在荀先生的心中,它不是平面的,而是立体的;不是死板的,而是鲜活的,是一个有生命、有呼吸、有情感、有心跳的个体生命体。因此昨天的他遇到了今天这个事,他是那种表现,今天再遇到这个事,就有所不同。世界上没有相同的两片叶子,怎么会有一个人遇到不同的事的时候,他会有不同的表现呢?所以荀先生的表演,他的弟子就说,都没谱,特难学,为什么?因为他在30年代的时候,对杜十娘是那样的理解,唱腔是那样的。到60年代唱腔又变了,这是我听孙老师讲的里头,就能感受到这种特别鲜明的变化。为什么?他尊重生命,包括他自己对生命的理解,全在他角色的塑造当中。人是变的,谱自然也就没了,肯定也是要变的。只有这样,才形成了荀派艺术不拘常规、鲜活灵动的艺术魅力。

第二个是对观众的观众,也是对人关注的一个体现。我在以前的了解当中,戏剧最早是对神明的祭祀开始,可以不用关注观众,自顾自表演,和神灵进行信息沟通就可以了。因为戏建立的演员和观众之间的神奇的情感关联就自然中断了,可是在荀先生这儿不是这样,因为观众都如同角色一样,都是有思想、有感情的。荀先生对尊重的尊重,特别有印象的是一个"隐"字和一个"透"字,他说你对角色了解了,你心里做到有了，但是你要把它透给观众，透给观众，而不是把它演绝了。引人入胜是什么？重点是引着观众去理解。昨天孙老师还在二楼说，三度创作就是要观众去了解，刚好是一脉相承的。荀派艺术是NO.1的艺术传承，在孙老师这儿完完全全体现出来了。金玉奴到最后的角色，原本的表演是特别圆满的结局，原谅了老公，跟莫稽又好了。在重新改编的时候，大多数观众都跟荀老师一样认为，这是特别窝火的，心里很别扭，后来也是尊重自己对这个的理解，也是尊重观众的理解，就把它改了，最后结局只是交代了她的生活有一个来源，终身并没有进行交代。

还有好多时候我们说学生是艺术传承的承载，教授学生是对艺术传承的一种方式，甚至是一种工具，但是学生在荀先生这儿来说，也是鲜活的单个的个体，并不是统一来学就完了，他从来不要求学生学得像自己，他甚至很讨厌学生学得像自己。刘长瑜老师在回忆当中也曾经提到这个。为什么呢？因为在老师这儿，每一个个体都有一个像他一样传承艺术、发展艺术、创新艺术的任务，所以每一个人在接受荀派艺术学习的过程中，一定要结合自己的特点，去重新阐释它，找到最适合自己的一条路来，因为每一个人都是单独的个体，这是我认为的荀先生的艺术理念当中提出要求的根源。他对生命体如此重视，我曾经想过到底为什么？他小的时候，过早地体会到人间冷苦，所以他在情感上非常敏感，和细腻有关系，和后来他在上海接触海派艺术有关系，也跟他在五四时候所接触的启蒙思想有关系，所以荀先生，在我认为，他最让我感动的一点，就是他对生命的那种敬畏是非常非常让人敬佩的。我认为在这点上，在艺术理念上、艺术观念上永远不会过时。作为我曾经对荀派艺术理解是零的人来说，能够体会到不朽，本身就能够证明荀派艺术不朽的魅力。今天上午杨老师提到互动、认知、交流那几个，前三个其实在荀派艺术自身已经具备这样的特质，怎样能够最好达到交流的目的，让它具有话语权呢？我们荀派的传人，还有喜欢传统艺术的那些戏迷们，乃至有文化自觉的国人们，包括我自己都是有责任的，任重而道远，吾将上下而求索。谢谢大家。

孙毓敏：我有两件事跟大家汇报。一件就是，我先说出来，您现在就想，等我说第二件的时候，您帮我把第一件解决了。因为《玉堂春》，咱们今天的例证就是以《玉堂春》为主，这里头有点争议，一个是"缠头似锦"和"凌辱受尽"。有一种意见，"缠头似锦"，都是我改的，我必须得说。"缠头似锦"有自恋之嫌，那阵我特好看，现在我穿罪衣罪囚，变得这么惨，这倒是对仗，说的都是一样。可是后来我一看，人张君秋都改了，人不"缠头似锦"了，人家改成"艰苦受尽"，于是我到新疆去演出，就说"艰苦受尽"。我不是喜欢张君秋吗？我就按他这个。戏演出来，一司令给我提意见，你别"艰苦受尽"，她不是干活的人进去，她就是接客嘛，最大的难受是"凌辱受尽"，我当时觉得眼前一亮，第二天我就改了。他们说孙毓敏真是谦虚，有人提意见就改。现在大家说她唱得不对，就是我的责任。这是一。看最后怎么着更好，我这人不绝对，你说"缠头似锦"没有自恋、自我欣赏之嫌，咱们改回来，这是一。

第二，"十六岁开怀"，我老觉得太具体了，"开怀"，可能我的思想极左，我改成"结交"，唱这么多年也是"结交"。大家觉得"开怀"成不成？"开怀"没关系，不算黄色，可以"开怀"，那咱还回来，我不绝对，咱就这么民主。咱们研究嘛，情通理顺，合情合理，合了就行。

还有一个地方，在关王庙内"在神案底下叙一叙"，还有动作。我觉得怎么这么一个德行，那神案这么老矮，钻在桌子底下，我觉得不卫生。后来我一想，我就找人给我改，"那一日金客来报信，与三郎山盟海誓叙一叙衷情"，我们在神的面前，我们绝对不变心，我们俩永远好下去。我的目的就是为了含蓄。我觉得那有点脏，鼻涕眼泪的，桌子底下，那么老矮，在那底下能干什么呀，我就是这么想的。提出问题，请各位专家帮我判断，看最后咱们用哪个，你说哪个合理，咱们就用哪个。

第二件事，好容易大家都来了，我们把我们做过的工作给大家汇报一下。我们搞了六次纪念荀先生的活动，荀先生1900年生，所以90年、95年、100年、105年、110年、115年，这次有刘院长的支持，这次更隆重一点，要不然我单枪匹马老自己弄，这个工作多半是由我组织，每次找一个由头，每到一地方都开座谈会，不是白演的，演完以后开座谈会，只是在北京折腾不太多。这次以艺术研究所的名义、学院的名义，搞得不错。我们还干了一件事，拍了电视连续剧《荀慧生》28集。荀慧生一辈子可怜倒霉，特别苦，什么形象都没留下。梅兰芳拍了三部电影，程砚秋一部还是两部，尚小云也是两部，就到荀先生这儿（以前没有）。这师娘有责任，我不是说她，就差8000块钱，她说凭什么给我们这么点钱（可能给了2.2万），那意思必须得跟梅兰芳一样，给梅兰芳3万，少了8000，她不干。那不成，我们到上海去拉演单，就拉去了。这么一拉演单，不到一年，还没恢复呢，"文化大革命"，男旦整个取消，根本没人给他拍电影，所以什么形象都没留下，就是86张唱片，很可怜。我觉得怎么没有形象呢？后来经过荀令香的同意，有好几个人写电视剧，有人写他有六个夫人，跟女的怎么着怎么着。人家说你从正面写，这么一比较，（按）同意的方案给拍成电视剧。做每一件事都得花钱，得找人，都弄得了，你问中央台放不放？绝对不放。我急了，我找丁关根部长，我说梅兰芳电影要出来，这两个撞在一块不合适，我们这个已经弄得了，放放就得了。因为他本身是中宣部部长，给电视台打电话，（说）放一下，八套放了，还得了两次奖。河北台给投资，弄得还可以。这功劳重点是刘继宏，他是一个话剧演员，弄得不错。《荀慧生》长篇小说录播也获奖了。荀慧生纪念馆是县委的行为，还有红娘公园，荀皓、刘长瑜、宋长荣，我们都去看过纪念馆。《荀慧生画册》是和宝堂和王家熙两人弄的，荀慧生画册，一个画册一千，拿走仨就是三千。出书，《荀学理论》"之一"和"之二"，是我的功劳，我给收集文章，好不好的反正使劲了。我们就想15号的座谈会能发，发现咱们这儿有座谈会，就送过来了。《荀慧生文集》是和宝堂的功劳。他本来还要出好多书，但一时出不来，那以后再说。唱片68段，王家熙在上海弄的，给荀慧生一共做了这么多事。我们尽忠尽孝，出了力了，给大家汇报。

我提的第一个问题,大家发言,你说"缠头似锦"还是"凌辱受尽",怎么着,大伙儿说。

黄珊珊:孙校长,您提出的问题让大家好好想一想。

李连仲:先声明一下,我也不是专家,我也不是学者,要是按大学生、小学生,我就是学前班。时间有限,我也用不了15分钟。只是说点感想,因为多年来由于工作的关系,接触了孙校长,并在她的麾下工作,也接触了长瑜老师,结识了宋长荣老师,也接触了荀皓大哥,接触了很多荀派艺术的老中青艺术家,这是非常幸运的。刚才孙院长介绍那活动,我从1995年就参加了纪念荀、尚、筱的活动,还有纪念荀、尚百年诞辰的活动,还有孙毓敏舞台生活50周年系列活动,还有到北京、天津、上海、武汉巡演工作,直到这次纪念荀慧生大师诞辰115周年系列活动。随孙校长到山东聊城、江苏淮安、上海、重庆、天津、武汉等地观摩演出,并且参加了荀派艺术传承人、荀派艺术继承人的授牌仪式。通过参加这些活动深有感触,并且有很多的收获,更进一步了解了咱们荀派艺术的繁荣发展,也亲眼看到了荀派艺术传承的成果。还有幸结识了一批荀派新秀,使我大开眼界。荀慧生大师创立了独树一帜的荀派艺术,他一生演出了三百多出戏,在京剧舞台上大放异彩,并且在表演理论上有非凡的建树,今天正好和宝堂主编的这本书也出版了,对荀派艺术的学习、进一步了解非常有益处。荀先生从1925年开始,一直到1966年,坚持写艺事日记,我觉得这是非常令人钦佩的事,恐怕没人能比。他撰写的文章,刚才很多老师都谈到了,比如演人别演行、三分生、用腔和创造、虚拟与真实、编剧琐谈等等这些文章,确实富有创见和创意,丰富了京剧理论的宝库,足够学人、后辈学习一阵子了。

前几年以孙校长为首的,还有家熙老师、和宝堂等人,他们对构建荀学的提出,是很重要的举措,是荀派艺术传承工程,我觉得荀派艺术传承是一项工程，是一项非常有创意、有远见的重要工作。今年荀派艺术研究会为荀派艺术传承人、荀派艺术继承人颁发荣誉牌，也是荀派艺术传承具有战略意义的一件事。正好赶上7月份国务院办公室发出的这些文件，我觉得这是一个大好的形势，面临大好形势，从我心里头我想，能够衷心希望我们京剧艺术，能够很好地得到传承。我们荀派艺术能够得到传承，并且得到繁荣和发展。话不多说，写了一首诗以表达我的心情。

荀师创意风格新，

派生一直高于群，

艺技高超显优雅，

术经典范富神韵，

永与芬芳牡丹艳，

世代传记留香魂，

长远弘扬担重任，

存于中华有后人。

藏头八个字为"荀派艺术永世长存"！

张燕鹰：我简单说一下。因为刚才大家说了很多荀派的艺术，我就不再重复多说了。但是我想从另外一个角度说一说，咱们说传承这块儿。传承现在讲国家级也好，北京市级也好，都叫非物质文化遗产传承人。现在从传承这个角度，是一种保护的措施，但是从另一个侧面来说，对它的发展并不一定是有利的，它只是保护。昆曲作为非物质文化遗产，咱们知道它是处于什么状态下才进行的保护。日本的歌舞伎也是被保护的。我们京剧这块，光保护和传承是不够的。现在我们谈得比较多的是传承人、再传弟子等等。我认为，作为京剧艺术，真正发展还是要创新。这个得从头说，从"四大名旦"说。说到"四大名旦"，首先是要一回顾这个来源，就是1927年《顺天时报》的评选工作。实际上，这个评选不是评选"四大名旦"，是评"五大名伶"的新剧，不是评选他们五个人当选为名旦或者名伶，而是指定他们作为名伶，评选的只是他们的新剧，是这么一个过程。

为什么这么说呢？因为我们编《中国戏曲志·北京卷》的时候，我负责大事记，资料组我也是领头的，干了十年的戏曲资料。我们戏曲志跟《中国京剧史》是同时进行工作的。《中国京剧史》上写的"四大名旦"是什么？是1927年京剧旦角名伶评选，说是《顺天时报》举行的，梅、程、荀、尚、徐荣膺"五大名旦"，说他们五个人各自什么剧目，荣膺"五大名旦"，这实际是不对的，或者说是不准确的。不知道他们的依据是什么。当时，为了搜集编写戏曲志，我在北京图书馆（也就是现在的国家图书馆）报库，查阅了与这次评选有关的1个多月的《顺天时报》原件。实际上是这么一个情况：《顺天时报》是日本人办的报纸，主编中岛真雄是日本人，他在中国办了六种报纸，有中文、日文、满文、英文四种文字，一共是六种报纸。在《顺天时报》，有一个特别喜欢中国戏曲的日本人，叫辻听花，他主张办的这次评选。评选的名字叫什么呢？名字叫征集"五大名伶新剧夺魁"投票，是以他们演的新剧目争夺魁首，不是人。"五大名伶"不是选出来的，是由辻听花选定的。这五个人不管评不评，怎么评，他们都是"五大名伶"。夺魁的不是名伶，是剧目。当时投票的最终结果依次是梅兰芳的《太真外传》、尚小云的《摩登伽女》，荀慧生的《丹青引》，程砚秋的《红拂传》，徐碧云的《绿珠》。投票投的是五个剧目，不是五个演员。它不像有些人的感觉这"五大名伶"是从很多参加评选的演员中选出的，不是这个概念，不像我们现在海选的头几名，不像科举考试的头三甲，那是从多少参加乡试、会试的书生中选上来的，不是这个意思。定就是这五个人，只不过是选这五个人演的新戏。最初是每个人两出戏，先演，根据效果每人再选出一出戏，最后选定剧目，拿这个去争剧目奖。如果与现在的评奖对比，不像梅花奖，倒像是文华新剧目奖的感觉。

名伶跟剧目是两回事，"五大名伶"也好，"四大名旦"也好，他们是以剧目立身的，没有他们的剧目，就没有后来的地位和艺术上的辉煌。

我希望咱们继承也好，创新也好，演员还是应该有自己的独有剧目的。当然他们每个人是有自己的一套班子的。以前好多老师说，咱们现在环境出不了流派，创新不了新的流派，建国60多年没产生一个流派。咱们生产、创作体制，其他方方面面都一样，不利于新流派的产生。而他自己有自己独立的财务，有属于自己的创作班子，有整个一套人马，有自己的琴师、化妆师，所有都是围绕这个演员自己运作的，专门为这个演员量身定制各种剧目、唱腔和表演动作，每个人都有专门为他服务的编剧。现在整体环境不太具备新流派产生的条件。

　　希望以后咱们在继承的基础上能够更好创新，能创出自己的特色。因为所有大师都说过类似的话：学我者生、像我者死，太像我就死，跟我一模一样肯定死，翻版没用，你没有自己的东西，大概就是这样的话，很多大师都说过这个意思。我希望京剧演员在继承传统，在有扎实功底的基础上能创新，能创作出属于自己的新的剧目，新的流派。因为据我所知，咱们现在很多演员，不管从身段也好，从嗓音也好，各方面的条件都有成为大师的条件。因为所有学校在招生的时候，已经根据条件去选择了，他们都有这种可能，有这种基础，只不过现在还没有更适合的土壤，让他们成长起来成为大师。希望以后不管学校也好，剧团也好，在这方面多努点力，为戏曲事业发展也好，采取各种各样的措施也好，包括资金的保证也好，我希望在这方面看到更好的前景。古人说得好："取法乎上，仅得其中；取法乎中，仅得其下。"我认为，一个好的演员，一定要有远大的目标。我想当大师，我可能当不了，我也许只能当一个名演员而已；我如果只想当一个继承人，我可能连继承人都当不好，目标就不一样。拿破仑不是也说过"不想当将军的士兵不是好士兵"吗？当然，不是说想到就能做到，但是如果你连想都不想，那就根本做不到。我就是这个意思。希望京剧演员们创作出属于自己的新剧目，希望更多的新的流派在他们之中产生。

薛晓金：我先说一下昨天那场戏。我觉得那场戏，真是属于那种含金量太重的一场戏，唱腔太讲究了，这样把演员真要累坏了。昨天每场戏都非常讲究，打动我的一段戏就是苏三起解以后，她一路上抱怨，她想起我的父母，他不应该把我卖到娼门，一路抱怨到皮氏。那段作为京剧剧本的美，真是太美了，编剧应该有很高的要求，一个旦角一直在唱，丑角一直跟着解释这件事情。我越抱怨越恨，越抱怨越恨，偏偏通过丑角，让她一步一步消解，等到最后的时候，其实那个丑角每次都说"咱们快点走吧"，但她还有这样的怨、那样的怨，可是那场戏完了以后，其实它表现的是中和之美，这个女演员一直是很漂亮的。咱们想窦娥，到最后的时候，"地，你不分好歹，何为地？"你感觉是声嘶力竭的，已经突破了中和之美的女性形象。这个戏以前看过，但是我从来没有注意到这块，就是编剧的技巧，为什么？以往那个旦角，因为是青衣应工，所以没有什么表情，她也是一边走一边思考，可是你没有感觉到她自身命运的那种。昨天许翠的表演，歪着头、嘟着小嘴，你感觉她还是小姑娘，所以她的怨不会上升到大悲剧的怨，基本还是浅层次的怨，从自己的出生，到自己的父母，看到三郎，又到沈燕林。沈燕林把你买回来，其实人家也是出了大价钱。而且那个皮氏，她是作为普通的老百姓，你分析这个人悲剧的时候，其实每个人都是有罪的。你说皮氏，那皮氏杀你的人，一个人独的时间惯了，你来了肯定受不了。我觉得崇公道一定是代表中国老百姓的。你就觉得一个字都少不了，这一段太令我佩服了。我一下觉得许翠那么可爱，嘟着小嘴、歪着头，特别特别可爱。

昨天曾宝玉也特别可爱，演"会审"的时候，他那个尴尬的表情，每一次都不一样，从前至后都很漂亮，他们俩太绝了，以后有机会应该给他们再编一些戏。昨天那个戏其实我在看的时候，我觉得最大的遗憾，为什么不把去把关王庙送迎的那场明写，而把沈燕林那场戏明写，我觉得沈燕林在路上出现就行了，他们应该在关王庙那儿无论如何见一面。你要是没有那儿的分离，你说在监狱里边两人见的时候，如果没有关王庙那一笔，在狱里再见的时候，玉堂春好不容易恩人一见面，去打人家，那合理吗？肯定不合理。当然也是玉堂春的特色，一个底层的妓女好不容易见到一个当了八府巡按的人，见面怎么会打呢？开始并没有表现他俩好到什么程度。其实他俩好到一定程度，见面就是可以打他的。反正不管怎么样，我觉得她们俩都非常可爱。这是我们门外汉看戏的感觉。

因为我对咱们荀派艺术确实也不太懂，但我一直比较关注中国文化产业这方面的事件。今年以来，有三件事情是值得关注的，一个是张火丁去美国的演出，连续几天纽约时报都给她做了广告，有一天用整版给她做专栏。我觉得像这样一个事情就说明咱们中国产品在世界上有接受的可能性，而且实际上他们演出还是非常成功的。当然咱们现在想她有一定的团队，但是不管怎样，中国的产品，如果你符合世界的审美眼光，实际没有任何问题。当然演的《锁麟囊》，人家编得可能更好一些。

第二件事情，咱们中国有一个电影《捉妖记》，同时上映的是《刺客聂隐娘》，但最后《捉妖记》是24.8亿的票房，主要票房来自三四线城市。对应的是什么？《捉妖记》对应的是时尚产品，可是时尚产品一定不是为了一二线城市的时尚，它是为了三四线城市的时尚。这表明什么？新收入阶层，新收入阶层不是中产阶级，咱们说屌丝青年买小米，他有了苹果的追求但是买不起苹果，他知道小米的好多性能是可以替代苹果的，这就是新收入阶层。《捉妖记》对应的就是他们，而且通过的是互联网。文化产品怎么送到目标群体中，《捉妖记》是一个很好的事。

第三件事值得大家关注，《清明上河图》在故宫展览，在80周年的时候，故宫每十年就要展览一次《清明上河图》，80周年的时候，也就是十年前2005年的时候，观看《清明上河图》，当时还有《五牛图》，根本没有什么人，但现在大家要排六到七个小时才能够看到《清明上河图》，好多外地人专门坐飞机过来看，六七点钟就在故宫门口排队。这说明什么？汹涌而起的文化消费的群体出现了。故宫门票40块钱，大家愿意搭飞机过来，甚至有的人说，从外国搭飞机过来。所以我在想这个问题对应的是什么？就是我们经典作品，你怎样去打动有一定文化艺术准备的人，怎么去达到那样一种，这对于我们戏曲来说，你没有一定的文化准备的话，实际上进剧场一下是看不懂的。反过来讲，作为这样的产品，像咱们的《玉堂春》这么好，我们怎么达到已经具备了一定文化准备的这些观众那里。昨天就演一场肯定是不行的。而且如果说，要是连着演，肯定也要把许翠累坏的。如果从经营的角度来说，《玉堂春》不如演四天，每天演半个小时，看似是个连续剧，但是你造成的影响会非常大，一天三个半小时很累。你怎样通过大家聚焦，当然故宫主要是开了微信的，提前已经把《清明上河图》细部都放上去了，但大家仍然愿意看。按说一个画，细部你已经看了，干吗还要看真品呢？但好多人还坐飞机过来看。中国的文化产品遇到了最好的一个时代，就是经济放缓了，大家有时间看戏了。我们要迎接这个伟大的时代。

方开柳：我真的是不敢说，因为在座这么多专家，我年龄、资历都特别浅，但领导让我说，我不敢不说，我就说两句。两个内容。第一个，汇报一下，我跟师父学戏是从 2008 年正式拜师，到现在 7 年时间，我都做了什么，给大家汇报一下。跟师父学了七出戏，发表了三篇文章，获得了四个奖项，其中有三个是我的，有一个是我的学生获得的。目前在主持着两个科研项目。从去年开始，我给自己一个梦想，就是给自己一个奋斗目标，我想挖掘一出荀派的传统剧目，很多年没有人演的，这个目标我感觉给自己定得太大了，因为这么长时间一直在揉，没有揉出什么结果来，心里挺着急的，给大家汇报一下，七年我干了这些事。

跟专家们汇报一下，虽然我基础很差、很弱，刚刚开始学习荀派，但是我一直在努力，希望大家坐在这儿的所有专家，你们在这儿说的这些东西，我要是每个人能够记住一句，都够我几个月消化的了，我要感谢大家，在这儿给我们这些后辈，实际上是在给我们创造好的条件，创造好的未来。所以我感谢大家花这么多时间和精力坐在这里讲这么多。

我想表达的就是这些。虽然我进步很慢,但是我从未放弃,一直一点一点在积累,在努力。希望在不久的将来,也能为荀学构建,为荀派艺术的发展略尽绵力。不辜负京剧教师这一社会角色,不辜负荀派传人这个称号和荣誉。感谢大家。

黄珊珊:后继有人,真是很欣慰。下面有请昨天的主角许翠副院长发言。

许翠:我原来写了一篇论文,对这次纪念活动,我就不念了,我这个论文说的都是我的表演体会,在座的专家刚才很多老师谈了,像岳惠玲老师,都说得很详细,《金玉奴》每出戏都谈得很好,我就不重复赘述了。我想说一下我今天听这个研讨会,在现场的一些感悟和领悟。

第一,我感觉到大家对荀派,刚才很多老师说了,尤其这次出的《荀慧生文集》,我也学习了。刚才李连仲老师说写艺事日记,我们学习荀派的人在这点上应该给自己提出要求。这的确是非常宝贵的东西,有很多东西我们演戏也是,我是有体会的,演戏教学都是这样,你当时的感受如果你不记录下来,以后就没有了,那是瞬间的东西,为什么荀先生会写得那么好?当天晚上演完出才会那个东西。我有的时候也出现,教学的时候突然间有一种感觉,但我没有记录下来,可能这个就丢了、就没有了,就像大夫临床似的,这是一种经验,我们演戏演员也是,每一场演出都不一样,每一次感受都不一样,每一次观众也不一样。刚才和宝堂老师说《红娘》那个戏的时候,我感受特别深,那是真没有效果,真干,就把喜剧演成没人理你,绝对能达到这种效果,而且《红娘》是名剧,这不是剧本的问题,你念的台词也一样,你做的表情也一样,就是没有舞台效果。

这个荀派戏是非常难演的。我的体会,演到现在,我是1991年拜的孙老师,20多年了,我现在体会是越学越觉得深奥,而且我感觉学荀派,基本功非常重要，就像写书法似的，荀派有点像草书。如果你的基本功横平竖直不好，不要唱荀派，你逾越不了，你学形，你会很难看。你说我有戏，你会很过分，你怎么都不对，我就这么理解，我学习体会就这么理解，我教学是这么体会。所以基本功应该是唱荀派，比唱梅派、唱程派更重要，为什么？因为他们都横平竖直，很直，荀派不行。无法之法，荀先生教学的时候，沈健瑾老师曾经跟我说，我们跟荀先生学戏没法学，今天一个样、明天一个样，我们喜欢他这个样，就比画成一个样，我们认为这样好学、是好老师。的确是这样。荀先生艺术里面没有这个，三分生，演戏都不会每天演一样的。可是我们现在有时候要求，恨不得形式动作达到一个僵化的状态。其实荀先生表演不是这样的。但这里面有个认知的问题，也有能力问题。比如我教学，我那小孩就得固定好了教，要不然就没法演、不会演。的确是这样。可是京剧难在什么地方呢？它不是话剧，你没有这一招一式，刚才说美感，就说站，我们那都不是随便站的，我就为了那个站，孙老师看我排戏三次，给我写了四篇纸，我天天背包里拿着，我一直在改，什么左边也不合适，右边，你就得站在最佳位置。我现在演的戏，很多地方都没有达到最佳位置，就这么难。而且你还不能站着，还得自然，还得好看，还得在戏里边。

我刚才说了，京剧太难了，的确太难了，你还得美，你不能说演出戏就行，样儿不行还不行。你的基本功如果不扎实，你在舞台上根本没办法完成唱念做打，很多演员都是在负担当中演戏，根本驾驭不了。人的能力是有限的，大家说喜欢京剧，你试试，你就学一个唱，就很大的负担，再给你扮上，让你练身上，让你练眼神，练内心，练感受，谈何容易？表现出来是非常难的。

所以我觉得，我们这些继承人也好，流派也好，我的体会就是还要潜心学习，还是积淀不够。我们没有机缘认识荀大师，我就跟孙老师学，就孙老师这些东西我们还差着很多很多，没有那个能力。你们现在说认可我的东西，那都是孙老师一点一滴教给我的。所有认可的东西都是孙老师的东西，应该是这么说的，孙老师那些东西多少是您的舞台经验，包括荀先生的艺术积淀，到我身上才看到，你们说的那一些好都是我的传承，而不是我的发明，绝不是。可能那些不好都是我自己的，我认为就是这样，就是这个体会。要不孙老师就说，你要是做对了，照着我这实践，观众就会给你回报，我是这样一个体会。

  我们演戏就是说，我们现在的人还是不够，从艺术积淀不够，刚才说演，要演上百场，实践不够，时间不够，态度也不够。刚才说敬畏的心理也不够，任何一个创新，没有一个深厚的底蕴我们不能创新，我觉得我创不了，就是这样的感觉。因为表演这个东西，就像写文章一样，你们都是学者，我知道如果你不读到一定的书、积累一定的能量，没法写作。不会写作，不知道写什么，只有认真研读，比如说读了80本书，我可能写出两篇字来。我就是这种感受，跟我们表演是一样的，我认为任何一门学问都是这样的，一定要积累、要努力。刚才说勤，荀先生这一生的伟大业绩，就是他勤奋，优势都不是很强，他勤奋。所以我的体会就是说，我们这后边的人，应该认清自己的能量，认清自己的水平，不要浮躁，要潜心学习，不要在还没弄懂的情况下，去盲目否定、盲目改，用自己的浅薄去掩盖自己的不足。好多观众说不喜欢，我觉得这是因素之一。当今在舞台上也好，当今有好多名家，为什么不能够站得稳、走得远？就是因为他的认知有问题，他是盲目地认为这个事情我只要改了，我就是名家。其实事实很残酷，走到今天，没有一个人是这样走出一个名家的，我认为这是理论。所以今天开这个会，我体会特别深，我最大的体会就是还要进一步学习，还要认真把自己不知道的，不会的，向领导请教也好，各位专家请教，每一位观众都值得尊重，这样演员才会有前途，也才会有发展，谢谢大家，我就说这些。

黄珊珊：最后我们请刘院长讲话，大家欢迎。

刘侗：我长话短说。非常感谢各位老师、各位专家参加我们这么一个特别重要的研讨会，特别是来自于外地的专家们，顶风冒雪，冒着特殊的严寒天气到北京来，而且这个活动从昨天晚上一落地、一进入，就开始了漫长的会议程序，看了三个多小时的戏，今天七个多小时了，大家很辛苦。在研讨会上，专家们各抒己见，从荀先生的艺术追求、修养、学习、教授、艺术风格的形成到成就、到影响，到传承各个方面进行了总结，对荀先生的艺术给予了无比崇敬的缅怀。

今天这个会对于北戏来说真的是非常重要。北戏和北京市艺研所以两块牌子的方式共同主办这个会，作为艺研所是荀先生曾经工作过的地方，第一任所长，北京市艺研所的同志们有责任、有义务来主持这样一个会。虽然我们艺研所现在状况在全国的位置上比较惨淡，已经成为北京戏校的组成部分，但是我还是愿意把这块牌子大张旗鼓地悬挂起来，向全国的同行们，向你们做一个告知。北京艺研所还存在，它和北戏是一体的，我们用这种方式来缅怀我们的先辈，来学习、继承京剧艺术是我们北京艺研所对民族传统文化在当代的一种发扬的一种姿态、一种坚守。

作为北戏来讲，我们主办这个会，这期间其实北戏非常忙碌，我们各个系部已经到了高度紧张的状态，举行了北戏教学成果汇报演出周，有话剧、有舞剧、有京剧、有评剧，还有音乐会，分别在不同的剧场。昨天晚上在许翠院长主演《玉堂春》的时候，我们在另外一个剧场，一个大型民族舞剧《夕照》通过了国家验收，那个戏取材传统戏曲《白蛇传》。为什么做这么一台舞剧？这也是用心良苦，北戏是综合艺术教育的学校，我们有很多很多丰富的艺术教育资源，想从传统戏曲里面提炼出来舞剧的元素，用于中国古典舞在当代的建设和发展。这个想法在脑子里萦绕了两年多的时间，2013年我到北戏之初，就开始了这样的构想，今年把它完成了。在这个舞剧里面，我们充分调动了京剧的水袖功夫，走圆场，包括把子功，为这部戏人物的刻画和情境的营造增添了很多色彩，值得期待。昨天在场的所有的专家、领导，文化部杨志今部长，市委宣传部的王海平部长，文化局吕先富局长都在场，评审专家、舞蹈界的专家们很多人都在场，给予这个戏一致好评，都认为这台戏是当代中国民族舞剧的一个重要收获。昨天吕先富局长出了大门的时候就表态，继续支持这部舞剧的加工提高，争取把这部舞剧推向国外。北戏舞蹈系的第一部舞剧就这样诞生了，诞生在我们戏曲富有营养的土壤里面，向全体戏剧工作者们，向我们的老师们、前辈们表示衷心感谢和祝贺。

同时我们在前两天，北戏影视系的孩子们、高职的孩子们推出了原创话剧《少年少年》，取材于当代农村留守儿童的故事。北戏影视系的老师们、同学们，用他们自己浅薄的知识、不太精湛的技艺，但是用他们对社会的一种担当、一种责任感，完成了这部戏的创作，参加了首都大学生戏剧节，我们一举拿回五项大奖，优秀剧目奖、优秀男演员奖、女演员奖、最佳造型奖和最佳组织奖。我们的孩子是什么条件，老师们都知道，咱们大专班的孩子，影视系的孩子们，都是各个高校里面的落网之鱼，才落到我们这儿，但是北戏没有放弃他们，一直给他们进行精心地教育，给他们提供条件。少儿戏剧场，影视系的孩子们演出了《雷雨》、莎士比亚《第十二夜》好多大戏。在这样一个环境下面，孩子们成长了。演出当天，我们就举行了这个毕业班的毕业推介会，很多用人单位非常有兴趣，对这个班的孩子们充满期望。这是我们影视话剧。杨老师我们特意请来，在这个戏开拍之前，给我们进行把关、提意见、提要求，帮助我们提高了很多。

今天晚上就是我们评剧全本《花为媒》，从许翠院长《玉堂春》到《花为媒》，这是北戏在传统艺术教育里面，我们本着规范全面传承的教学理念，使我们传承教学有序、规范开展，可以说是对传统的一种体现、一种全面的继承，这是对传统的全面继承。刚才谈到舞剧，是我们不同学科方面，不同艺术种类方面，交叉互融的 种影响。我们还有新创剧目《南海子》，是跟大兴区文委联合打造的新编京剧，孙老师看了，咱们以后提意见，为北京社会文化建设、为文化城市的打造提供北戏的一点能量，北戏的师生利用暑假的时间，我们京剧系的老师们、学生们，利用暑假的时间，汗流浃背排了两个多月的过程，拿出来。应该说这部戏也体现了北戏目前的基本教学水平，体现了我们对京剧的一种尊重、一种热爱，态度是严肃的，水平可能还不太高。这也是继《少年马连良》在北戏创排之后的第二部原创京剧作品，引起了业界的关注。陈局长在看完戏以后，上台跟孩子们见面的时候，说了两句非常好的话，第一个，学校的人才培养和艺术教育应该和社会文化的建设结合起来，这是第一句话，阐述起来很长。第二句话，老师、学生和专家同台演出，对于学生培养有着莫大的作用。他们能够互相影响，增加师生互相的尊重、理解，对艺术的这种理解、尊重，师德的建设。总之，用专家的水平和老师的努力来带动学生的成长，这是一条非常重要的途径。

我们还有一种形式的艺术教育，就是8号那天将在长安大剧院举行北戏的《燕落花枝》大型音乐会，这个音乐会很有意思，是对北京传统音乐的一种挖掘、整理和再现。北京传统音乐包括什么？宫廷音乐、民间音乐、文人雅乐、戏曲音乐。我们音乐系的老师们在黄院长的带领下，对传统音乐进行了系统整理、挖掘和部分创新，把它们搬出来放在教室里，放在舞台上，也是师生同台，大家来指点，使学生在短短的排练时间里面，有了迅速提高。国家大剧院的《春华秋实》，刚刚举行完的活动，北戏作为头一场演出，引起了全场雷鸣般的掌声。8号，如果老师们有时间的话，可以去国家大剧院看演出。

总之，北戏在用自己的方式，在继承我们先辈的艺术才华，在继承宝贵的京剧艺术，继承中华民族的传统和精神，对荀先生的纪念、研究、探讨不仅到此，本来我们今年要推出一台小剧场的京剧，有一台传统荀派其中一个剧目，但是因为我们编创能力有限，这出戏实在排不出来，所以就放到明年，请老师们来把关。

我们对荀派的研究，对荀派艺术的尊重，还表现在今后接下来一系列的工作里面，比如对孙毓敏老师，我那天在孙老师这本书的首发式上，我已经非常明确把这个态度表了，也跟许翠提了要求，明年我们已经立项了，"孙毓敏荀派京剧艺术研究"作为一个课题，孙毓敏是如何继承荀派艺术的，又如何发扬光大荀派艺术，如何成就了那么多后辈人才，这是需要我们好好总结和研究的，这也是一笔宝贵的财富。接下来还有，因为时间所限，我不多说。

总之，北戏一直在路上，无论是在教育，我们在路上，在研究，我们也在路上。在传统优秀文化艺术传承上，我们也在路上。我们会一直在路上，希望老师们给我们更多的支持帮助，最后祝愿所有专家身体健康，在京期间生活愉快、幸福。谢谢。

黄珊珊：我们今天的研讨会到此结束。再次感谢各位专家、学者、老师们对我们学校的支持、艺研所的支持，这只是一个开始，我们希望将来有更多的机会跟大家交流，一块为中华优秀文化的传承、荀派艺术的发展做出更大的新的贡献。

图书在版编目（CIP）数据

纪念荀慧生诞辰115周年文集 / 北京戏曲艺术职业学院编. — 北京：学苑出版社，2017.10
　　ISBN 978-7-5077-5356-1

　　Ⅰ．①纪… Ⅱ．①北… Ⅲ．①荀慧生（1900-1968）-纪念文集 Ⅳ．① K825.78-53

中国版本图书馆CIP数据核字（2017）第258183号

出 版 人	孟　白
责任编辑	潘占伟　李俊蓉
印制总监	张　翔
出版发行	学苑出版社
社　　址	北京市丰台区南方庄2号院1号楼
邮政编码	100079
网　　址	www.book001.com
电子信箱	xueyuanpress@163.com
联系电话	010-67601101（销售部）　67603091（总编室）
印 刷 厂	北京信彩瑞禾印刷厂
开本尺寸	710×1000　1/16
印　　张	17.25
字　　数	230千字
版　　次	2018年1月第1版
印　　次	2018年1月第1次印刷
定　　价	78.00元